U0629429

数学与餐饮成本核算

主编 张 翔 刘 岩

天津出版传媒集团

天津科学技术出版社

图书在版编目（CIP）数据

数学与餐饮成本核算/张翔，刘岩主编. --天津：
天津科学技术出版社，2021.7

ISBN 978-7-5576-9431-9

Ⅰ.①数… Ⅱ.①张… ②刘… Ⅲ.①饮食业—成本
管理 Ⅳ.①F719.3

中国版本图书馆 CIP 数据核字 (2021) 第 123080 号

数学与餐饮成本核算

SHUXUE YU CANYIN CHENGBEN HESUAN

责任编辑：吴 頔

责任印制：兰 毅

出 版： 天津出版传媒集团
天津科学技术出版社

地 址： 天津市西康路 35 号

邮 编： 300051

电 话： (022)23332377(编辑室)

网 址： www.tjkjcbs.com.cn

发 行： 新华书店经销

印 刷： 三河市佳星印装有限公司

开本 710×1000 1/16 印张 14 字数 270 000

2021 年 7 月第 1 版第 1 次印刷

定价：55.00 元

前　言

　　我国的餐饮成本核算教育已经走过了三十多个年头。三十多年，对于人生而言，可以讲已逾而立之年、已经走入成熟。然而，对餐饮成本核算专业的发展而言，这么短的时间恐怕仅仅只能孕育学科的胚胎、萌芽。所幸的是，这三十多年不同于历史进程中一般的三十多年，这三十多年来，我们一直在探索着前进的方向该如何去定，脚下的路该怎么走。由此，我们的视野得以扩展，我们的信心得以强化，我们的步伐得以加快。

　　随着我国餐饮业的迅速发展，餐饮市场的竞争日趋激烈，加上消费者对餐饮需求、餐饮质量的要求逐步提高，餐饮企业的生存与发展面临着严峻的挑战。要生存、求发展除了经营创新绿色营销外，更重要的还在于把餐饮食品生产前、中后的一系列成本进行严格的控制，降低成本，以优质保量、价格适中来赢得客人，从而提高企业的经济效益，增强企业的竞争力。因此，加强餐饮企业成本控制，最大限度地降低餐饮成本，尽可能为顾客提供超值服务是餐饮企业成本控制的宗旨。餐饮企业管理人员必须树立成本控制意识，并掌握相关成本控制知识，堵住各种成本漏洞，积极主动地迎接市场挑战，让企业在竞争中稳步发展。

　　本书从餐饮成本核算概述、原材料采购成本控制、原材料储存成本控制、食品生产成本控制、酒水成本控制、食品生产后销售成本控制、信息技术和餐饮成本控制、期间费用控制核算等方面，系统、全面、科学地阐述了餐饮企业餐饮成本控制的理论、方法和内容,并附有实例。

本书具有以下特点:

第一,定位明确、实用、简明充实、活泼四个目标的统一。

第二,紧密结合餐饮企业餐饮成本控制实务和教学实践:本书内容真实,体现了正确性、科学性、前瞻性、开拓性、实际性、可操作性。

目　录

第一章
餐饮成本核算概述

　　中国餐饮业历史悠久，丰富的饮食文化、多民族的饮食习俗、精湛的烹调技艺在世界享有盛誉。随着我国加入世界贸易组织，各行业的管理与国际接轨，如何提高企业的竞争能力，使传统的餐饮业更具活力，跟上时代的步伐，是我们从业人员必须面临的问题。

　　餐饮业是由从事餐饮生产经营的单位和部门所组成的行业，处于第三产业的商品通流层次，属于密集型产业，是国民经济的重要组成部分。除此之外，餐饮业还是国民经济领域中一个发展较快的行业，开展与加强对餐饮生产经营成本的核算和控制，对促使餐饮企业改善经营管理、降低消耗、制定合理的餐餐饮品销售价格，以获取合理利润，实施正确经营决策具有重要意义。

第一节　餐饮业经营特点

　　餐饮业是指专门从事加工、烹饪和出售制品，并提供消费场所、设备和服务性劳动，以满足顾客需要的行业。餐饮业一般包括各类面向社会服务的宾馆、饭店、酒家、餐馆、饭庄、快餐店、甜食店、小吃店、冷饮店、西餐厅、酒吧、茶社，以及餐饮排挡、摊贩；还包括交通运输、度假村、游乐场、歌舞娱乐中的餐饮部门。这些都是商业性餐饮业和部门，都是以营利为经营目的，并以此获得生存与发展，这是餐饮行业的主体。从广义上讲，餐饮业还应包括以后勤保障为主要目的的餐饮服务部门，如学校、医院、疗养院、各类社会团体、企事业单位的食堂等。

我国目前对餐饮业的统计范围主要限于商业性餐饮服务企业和部门。随着我国社会主义市场经济的逐步建立和完善，越来越多的事业性餐饮服务部门正在走向市场，餐饮业的范围和规模将获得迅速扩展。

餐饮业是国民经济领域中一个发展较快且发展前景看好的行业，它的经营活动既不同于一般的生产活动，又不同于一般商业企业的买卖活动，具有自己的特点。

一、具有加工生产、商品销售、消费服务三种职能

餐饮业的产品是通过自己的厨房制作出菜品或点心，直接销售给消费者，同时还要为消费者提供就餐的场所和体贴周到的服务。从餐饮产品的加工制作来看，它具有生产企业的性质；从餐饮产品的直接销售来看，它具有零售商业企业的性质；而从销售过程中为消费者提供场所、用具、服务等方面来看，它又具有服务企业的性质。因此，餐饮企业执行着生产、销售和服务三种职能。

二、经营服务过程与消费过程的统一

餐饮企业是直接向消费者提供产品和劳务的，必须直接接触消费者，才能达到经营服务活动的目的。它和工农业产品供应不同，工农业产品要经过流通、分配环节提供给消费者消费，在时空上、地点上都不一致；其生产、销售和消费不在同一时空和地点进行。而对餐饮业来讲，当顾客进入消费场所之时，企业服务员即要提供相应的服务。顾客点菜，本身是餐饮企业的一种销售行为。厨房生产人员按照顾客所需的品种和质量要求制作菜点，即为生产环节；菜点上餐桌供顾客食用时，即为消费环节。餐饮业的经营服务活动与消费活动是在同一时间和同一地点进行的，经营服务过程与消费过程同时发生。这种面对面的服务与消费的特点，对餐饮企业在硬件设备、工艺技术、员工素质等诸方面都提出了更高、更直接的要求。

三、餐饮业是劳动密集型产业

根据产业的生产要素供给的密集度，产业一般分为劳动密集型、资本密集型和技术密集型三种。所谓劳动密集型，就是劳动要素在生产要素的投入中所占的份额比较大。餐饮行业是一种单位劳动占用资金或资本少，技术装备程度相对不高，容纳劳动力较多的产业。同时，餐饮业要求技术工艺性强，主要是以单件生产和手工操作为主，而且餐饮业的切配、烹调技术、面点制作、造型与雕花、各地的名菜名点及特色菜点等，都有其独特的技艺与规程。饭店业多为手工作坊，餐饮产品多为手工单件制作，要借助于手工操作的技能技巧来发挥，绝非是机器所能完成的。因此，在相当一段时期内，餐饮业难以形成统一的现代化生产及管理。

现阶段，餐饮业是比较典型的劳动密集型行业之一，具有投资少、资金周转快、能吸收较多劳动力就业等特点，这一特点也决定了员工工资费用在餐饮成本中占较大的比例。根据国情，我国劳动力资源和自然资源相当丰富，积极发展劳动密集型的餐饮业，对于促进国民经济发展，创建和谐稳定的社会具有重大的意义。

四、具有较强的地方特色

餐饮是人们日常生活中的极其重要的内容，餐饮业是在长期的历史发展过程中，随着人类对餐饮的不断追求而发展起来的。不同国家、地区、民族的地理、气候和生活环境、生活习惯不同，餐饮产品在原材料的使用、加工方法、烹调技艺和饮食习惯上也有许多不同。

我国地广人多，又是一个多民族国家。各地区、各民族的生活习惯不同，消费方式各异。因此，形成地区间、民族间在餐饮和劳务需求上的差别。如，山西人爱吃酸、云、贵、川喜欢食辣、江南人偏爱甜、东北人偏重咸，等等。同时，餐饮业产品、劳务的交换活动也不同于一般的商品交换，不存在餐饮产品在时空上的转移，不存在餐饮业产品与劳务在地区间的调拨，而主要是就地服务。这就要求餐饮经营必须因地制宜，符合当地群众的餐饮需要。因此，餐饮管理的关键在于突出风味特点，办出经营特色，坚持以产品特色和服务质量取胜。

餐饮特色经营是餐饮产品和服务的创新，是餐饮业竞争力的体现，在经营中努力创造出经营特色，是餐饮经营的重要目标。什么是特色？特色就是个性、差异，就是与众不同。什么是餐饮特色经营？特色经营就是在经营过程中采取符合自身情况的、被消费者认可的、能带来经济效益的、具有明显个性特征的设计和做法。餐饮的经营特色是餐饮企业的经营者对生产力要素中人、财、物、信息、资源在市场中创造性的组合，是经营能力的综合体现。其主要体现在环境和设施、产品和服务、餐厅和餐饮、文化和娱乐等方面。餐饮经营者要加大开发力度，不断挖掘、借鉴、联想、创新，以地方风情、民族特点、绿色餐饮创造特色，并要让消费者认知特色、传播特色，扩大知名度。

扩大餐饮特色影响的主要途径，一是向消费者宣传；二是消费者认知后相互传播；三是利用新闻媒介进行宣传。

五、具有灵活多变的经营方式

过去人们用餐只是为了充饥，但是随着经济的发展，"吃"不再仅是为了果腹，而且还要满足心理、审美等多方面的需求。因此，在餐饮产品质量上人们提出了更高要求。"民以食为天""食以味为先"，中国菜讲究"色、香、味、形、养"，以味为核心。但是天天吃同一种菜肴，亦会食之无味，人们希望更换口味，追求新鲜感。在这种情况下，不论何种形式的餐饮，为了迎合消费者的这种需求，都要不断地推陈出新，在保持经营特色的基础上，开发出新餐饮产品、新风味。

在用餐方式上也要不断更新。传统的经营方法是顾客进餐厅后，由服务员提供菜单进行点菜，然后上菜就餐。而现在不少的就餐者在餐饮活动中常有一种求异、求新的心理，不再固守于旧的进餐方式，时时刻刻都在要求进餐方式的变革。如，现代人的消费观念转变了，不再讲究排场，而是力求简单、自由的就餐方式，同时在就餐的环境氛围上也提出了新的要求，或要求环境清静幽雅、温馨舒适，或要求环境气氛热烈。在这种情况下，各种方便、快捷的餐厅便应运而生了。如，连锁餐饮店满足了人们的快捷要求，超市餐饮更满足了人们追求自由、无拘无束的要求，而外卖式餐厅、休闲式餐厅等则满足了人们求新求变的心理需求。

灵活经营是一种餐饮营销策略，破除一日三餐的传统经营格局，采用灵活多样的经营方式，广泛吸引客人，扩大餐饮产品销售，其具体经营方式也得到不断地更新。如美食节、风味小吃一条街、啤酒节、烧烤吧、乡村绿色餐饮等。随着人们生活水平的提高、生活节奏的加快、消费观念的更新，餐饮企业不断转变经营方式，餐饮市场以连锁经营、特色经营、专业经营、配送服务等现代经营方式快速发展。

以上餐饮业的这些基本特点与其成本构成有着密切的关系，换句话说，正是这些特点，导致了餐饮业的成本构成与其他行业成本构成之间的差异。

第二节　餐饮业的成本构成

一、餐饮业成本的概念

餐饮业成本，是餐饮在一定的时期内的生产经营过程中，所发生的费用支出的总和，即餐饮营业额减去利润的所有支出，是企业在生产经营过程中耗费的全部物化劳动和活劳动的货币形式。它包括企业的经营成本、营业费用和企业管理费用。餐饮业成本概括起来主要有以下几项目：

第一，原材料（包括餐饮产品、材料）；

第二，人工成本（包括基本工资、附加工资、奖金津贴）；

第三，水电费；

第四，燃料费；

第五，物料用品；

第六，低值易耗品摊销；

第七，商品进价和流通费用；

第八，租赁费；

第九，折旧及摊销费；

第十，福利；

第十一，企业管理费（包括办证、接待、广告宣传费等）；

第十二，维修费；

第十三，零星购置；

第十四，其他费用支出（包括餐具破损费用、清洁、洗涤费用、办公用品费、银行贷款利息、电话费、差旅费等）。

在任何一家饭店里，主要成本（如原材料成本、人工成本等）在餐饮成本中比例都很高。可以说，主要成本的高低很大程度上决定餐饮管理能否实现财务目标。因此，应特别重视主要成本的管理和控制。下面简单介绍这两项成本。

（一）原材料成本

原材料成本，是指在餐饮生产经营活动中餐饮产品和饮料产品的销售成本。原材料成本占餐饮成本中的比例最高，占餐饮收入的比重最大，是餐饮部门的主要支出。一般情况下，餐饮原料的成本率高于饮料原料的成本率；普通餐饮的成本率高于宴会原料成本率；国内饭店餐饮原料的成本率高于外国行业的成本率。据测算，我国餐饮原料（餐饮产品、饮料）的平均成本率在45%左右。

（二）人工成本

人工成本，是指在餐饮生产经营活动中耗费的活劳动的货币表现形式，它包括工资、福利费、劳保、服装费和员工用餐费用。餐饮生产经营活动中人工成本率仅次于餐饮产品和饮料的成本率。因而，人工成本也是餐饮成本中的重要支出。目前，国内餐饮业中人工成本占营业额的20%左右。

为了更直观地说明原料成本和人工成本在餐饮总成本中的比重，以下列举一个餐饮企业所消耗的各种成本要素的比重，以供参考（见表1-1）。

表1-1 成本比例参考表

费用	比重（%）
原材料（餐饮产品、材料）	45
燃料	1
物料用品	1～3
低值易耗品	5
工资（基本工资、附加工资、奖金津贴）	15～25
福利	3.5
水电费	2
企业管理费	1
其他支出费用	5
合计	78.5～90.5

正因为企业经营中的所有耗费都是广义的成本，所以人们常常将成本和费用视作同义词。我国财政部制定的有关成本管理的条例，明确规定了不同行业的成本构成范围。一般来说，凡在生产经营过程中发生的各项直接支出，均列入营业成本，而在生产经营过程中发生的各项间接费用，则列入期间费用（包括经营费用、管理费用和财务费用）。这就将各个行业的成本与费用区别开来。

二、餐饮成本分类

（一）餐饮成本的分类

与其他成本一样，餐饮成本可以按多种标准进行分类。餐饮成本分类的目的在于根据不同成本采取不同的控制策略。餐饮产品成本根据其考虑问题的角度不同，其分类方法有不同。其主要有以下几种不同的方法：

1. 按是否与业务量有关，划分为固定成本和变动成本

第一，固定成本，是指不随业务量（产量、销售量或销售额）的变动而变动的那些成本。如，固定资产折旧费，在一定时期内，按财务制度规定，提取折旧费的大小是不随业务量的变动而变化的。

第二，变动成本，是指在一定时期和一定经营条件下，随着业务量的变化而变化的那些成本。例如，原料成本、水电能源等，会随着餐饮菜点的生产和销售的增加而增加。因此，原材料成本和水电能源支出属于变动成本。

此类划分主要是为损益分析和成本控制提供理论依据。餐饮企业中高层管理以控制固定成本为主；中低层管理以控制变动成本为主，尽量降低成本费用。在划分固定成本和变动成本后，就可利用数学方法分析业务量、成本以及利润（简称量本利）三者之间的盈亏平衡关系，对成本费用进行分析，加强对成本的控制和管理，提高企业的经济效益。

2. 按成本可控程度，划分为可控成本和不可控成本

第一，可控成本，是指在餐饮管理中基层和部门人员通过自身的努力所能够控制的那些成本。在短期内可以改变其数额大小的那些成本。一般而言变动成本属于可控成本。管理人员若变换每份菜的份额，或在原料油的采购、验收、贮存、生产等环节加强控制，餐饮产品成本则会发生变化。某些固定成本也是可控成本。如广告和推销费用、大修理费、管理费等。又如，有关操作人员通过个人精湛的技艺和工作责任心，可节约原料、物料消耗品和水电能源等耗费，使其耗费降低或控制在一定的成本水平之上。对可控成本的管理是餐饮成本控制的重要方面。

第二，不可控成本，是指在餐饮管理中基层和部门人员通过努力也难以控制，只有高层管理才能掌握的那些成本。固定成本一般是不可控成本。例如，租金、维修费、保险费、固定资产折旧费，以及按规定提取的福利费等。这些均是按有关制度规定支出的，都是经营管理人员无法通过努力来改变其数额大小的，因此，属于

不可控成本。

此两类成本为成本控制的分工和重点掌握提供了依据，即基层和部门以可控成本控制为主，中高层管理则以不可控成本控制为主。

3．按与产品形成关系，划分为直接成本和间接成本

第一，所谓直接成本，是指在产品生产过程中直接耗用而加入成本中的那些成本。主要包括原料成本、酒水成本和商品成本三部分。如，餐厅烹制菜肴和制作点心所需的各种原材料费，包括主料、配料、调料等就属于直接成本。

第二，所谓间接成本，指那些不属于产品成本的直接支出，而必须用其他方法分摊的各项耗费。如工资、水电费、燃料费、修理费、固定资产折旧、销售费用等。

此类划分的作用，在于为部门和全企业成本核算提供理论依据。部门以直接成本核算为主，全企业以间接成本核算为主。

4．按计算成本计算的对象，划分为总成本和单位成本

第一，总成本是指一定时期某种、某类、某批或全部菜点成品的成本总额。

第二，单位成本是指单个产品的生产耗费。

例如，制作色拉，批量为10份，10份色拉的总成本为35元，则每份色拉的成本为3.5元。餐饮业计算成本的对象是单件餐饮品，所以，通常说的餐饮业的产品成本，是指餐饮单位产品的成本。

精确计算餐饮产品的单位成本和总成本是成本核算的核心。

（二）餐饮成本的特点

从以上成本构成和类型看，餐饮成本具有以下特点：

1．变动成本比重大

餐饮部门的成本费用中，除餐饮产品饮料外，在营业费用中还有物料消耗等一部分变动成本。这些成本和费用随销售数量的增加而成正比增加。这个特点意味着餐饮价格折扣的幅度不能像客户价格那么大。

2．可控制成本比重大

除营业成本中的折旧、大修理费、维修费等不可控制的费用外，其他大部分费用成本以及餐饮原料成本，都是餐饮管理人员能够控制的费用。这些成本发生额的多少直接与管理人员对成本控制的好坏相关，并且这些成本和费用占营业收入的很大比例。

3．成本泄漏多

成本泄漏点是指餐饮经营活动过程中可能造成成本流失的环节。餐饮成本的大小受经营管理的影响很大。在菜单计划-采购-验收-贮存-发料-加工切配-烹调-餐饮服务-餐饮推销-销售控制-成本核算等各环节中，都存在成本泄漏的机会，即都可能成为成本泄漏点。其具体表现为：

第一，菜单计划和菜品的定价，影响顾客对菜品的选择，决定菜品的成本率。

第二，对餐饮产品饮料的采购、验收控制不严，或采购价格过高、数量过多，会造成浪费；数量不足则影响销售。

第三，采购原料不能如数入库，或者采购原材料质量差都会导致成本提高。

第四，贮存和发料控制不佳，会引起原料变质或被盗造成损失。

第五，对加工和烹调控制不好会影响餐饮产品的质量，还会加大餐饮产品饮料的折损和流失量，对加工和烹调的数量计划不好也会造成浪费。

第六，餐饮服务不仅关系顾客的满意程度，也会影响顾客对高价菜的挑选从而影响成本率。餐饮推销的好坏不仅影响收入，也影响成本率。例如，加大宴会上饮料的推销会降低成本率。

第七，销售控制不严，销售的餐饮产品饮料的数量与标准收入不符，会使成本比例增大。

第八，企业若不加强成本的核算和分析，就会放松对各个环节的成本控制。对上述任何一环节控制不严，都会产生成本泄漏，导致成本率增高。

三、餐饮产品成本的构成

根据餐饮业的经营性质，餐饮业成本应由生产、销售和服务三种成本构成。但是由于餐饮业的经营特点是产、销、服务统一在一个企业里实现，除原材料外，其他（如职工工资、经营费用、管理费用等）成本很难分清用于哪个环节，故难以分别核算，习惯上只计算其生产成本部分，即只以原材料作为餐饮产品成本要素，而不包括生产过程中的其他投入。原材料以外的其他各种投入，均另立项目，列在餐饮企业的经营管理费用中计算。对此，我国有关的成本管理条例曾有明文规定。

按照《旅游、餐饮服务企业财务制度》第七章（成本和费用）第四十八条之规定：企业在经营过程中发生的各项直接支出，计入营业成本，包括企业餐饮部和餐馆耗用的餐饮产品、饮料的原材料、调料、配料成本。这就从制度上对餐饮企业的成本构成了明确的界定。在具体实施过程中，餐饮原材料成本应包括构成餐饮品的主料、配料、调料成本，同时还应包括这些原材料的合理损耗；在加工制作过程中包括菜点的用料，应视同配料列入成本；在外地采购原料的运输费用和在外单位仓库储存原料的保管费、冷藏费亦应列入成本。

四、餐饮产品成本的要素

餐饮业用以烹制餐饮产品的原料，有粮、油，以及鱼、畜、禽、蛋、乳、蔬、果、山珍、海味、干货等。根据其在餐饮产品构成中的不同作用，大致可以划分为三大类：主料、配料（也称辅料）和调料（也称调味品）。这三类原材料构成了餐饮产品成本，是核算餐饮产品成本的基础，是餐饮产品成本构成的三要素。

（一）主料

主料是制成各种餐饮产品的主要原料，是餐饮产品的主体，通常以米、面、鸡、鸭、鱼、肉、蛋、山珍、海鲜、干货等为主，也有以水果、蔬菜、豆制品等作为菜肴主料的。一般来说，主料的单位价值较高、耗用量较大，故所占成本的比重也较大（70%以上）。主料成本是构成餐饮产品成本的主体。

（二）配料

配料，也称为辅料，是指制成各种餐饮产品的辅助材料。在各式菜肴、羹汤中充作配料的，以各种蔬菜的根、茎、叶、花、果为主，以鱼、肉、蛋、禽等次之，耗用量少于主料，单位价值也大都低于主料。

（三）调料

调料也称为调味品，是制成各种口味产品的调味用料（如油、盐、酱、醋、胡椒、味精等），主要起到味的综合调节作用。调料在各种餐饮单位产品里耗用量比较少，所占的成本也比较少。但随着调料不断推陈出新，一些餐饮产品的调料成本也呈不断上升的趋势。

主料和配料是构成餐饮产品的主体。主料、配料成本是餐饮产品成本的主要组成部分，核算餐饮产品的成本，首先要对主料、配料进行成本核算；调料在餐饮产品中的用量比主料、配料少，但调味品的成本也是餐饮产品成本的组成部分。因此，我们在进行餐饮产品成本核算时，一定要认真细致，不管是主料、配料还是调料，都不能遗漏。

第三节　餐饮成本核算的作用

一、餐饮成本核算的概念

餐饮成本核算，是指对餐饮企业生产和销售的一定种类和数量的餐饮产品（包括餐饮产品的组合筵席的原材料）进行综合计算，从而求出某种餐饮产品的总成本和单位成本。要知道餐饮产品的成本是多少，必须对餐饮产品的成本耗用进行计算，那就要记账、算账、建立和健全各项制度，以便对餐饮企业的经济活动过程进行记录和分析，对生产投入和产出成果进行比较。这种在餐饮生产经营活动中的记账、算账、分析、比较过程，就是一般意义下的餐饮产品成本核算。

餐饮成本核算是餐饮成本控制的必要手段，是进行餐饮成本控制的基础。所谓餐饮成本核算，不仅包括餐饮产品成本核算，还包括燃料、人工成本、水电费等营业费用，甚至还包括由于管理疏漏或观念陈旧而造成的利润损失。

二、餐饮成本核算的作用

餐饮产品成本是餐饮企业在生产产品过程中的原材料支出。餐饮企业在保证产品的产量和质量的前提下，产品成本率越低就表示企业工作质量越好，生产经营管理水平越高。正确计算餐饮产品成本，有助于合理制定餐饮产品销售价格，维护消费者的利益，有效降低消耗，争取以尽可能少的投入，取得尽可能多的产出，促进企业改善经营管理，不断改进成本管理工作，以提高经济效益。

（一）正确制定餐饮产品销售价格

餐饮部门生产制作各种菜肴点心，首先要选料，并测算净料的单位成本，然后按菜点的质量要求和构成内容确定主料、配料和调味品的投料数量。各种用料的净料单价和投料数量确定后，菜点的总成本即能计算出来。在此基础上，按企业规定执行的毛利率或成本率幅度，餐饮产品的销售价格便可准确计算出来。

$$餐饮产品售价 = \frac{成本}{成本率}$$

$$= \frac{成本}{1-毛利率}$$

显然，餐饮产品的成本是计算销售价格的基础，成本核算的正确与否，将直接影响销售价格的准确性。因此，要想制定合理的销售价格，必须依赖于准确的成本核算。

（二）有利于控制成本、降低消耗

成本核算的目的是为了控制成本，降低消耗，提高企业的经济效益。餐饮产品的成本要素是原材料，所以要降低产品的成本，必须从降低原材料的成本着手。从餐饮原材料的采购、验收、贮存保管、发放、粗加工、切配、烹饪、销售服务到结账收款等经营的每一个环节都会影响到产品的成本。从餐饮企业现状来看，原材料的使用仍不够合理和充分，各种损耗和浪费较大。此外餐饮原材料价格呈上升的趋势，也给餐饮企业带来压力。面对这种情况，餐饮企业应充分挖掘潜力，要通过严格的成本核算和管理，提高产品加工技术水平，节约原材料，提高原材料的利用率，减少损失浪费，降低费用开支。因此，餐饮企业必须加强餐饮产品的生产、服务、销售全过程的成本控制，精打细算，想方设法降低原材料成本和其他各项消耗。在产品的售价一定的前提下，每降低 1 元成本费用，企业就会直接增加 1 元的利润额。为此，应加强以下几项工作：

1. 科学地采购进货

采购进货是餐饮产品生产经营服务的第一个环节，也是成本控制的第一个环节。采购人员必须制定合理、符合实际的采购计划，详细列出原材料的品种、规格、单位、数量、单价、结算方式、要货时间、到货时间等。采购计划经厨师长或餐饮部经理审核批准后送交采购部门进行采购。采购要适量，做到不积压、不脱销。采购要做到货比三家，以最合理的价格购买优质的原材料；要多渠道采购，以保证原材料的供应。采购人员必须熟悉业务，熟悉市场供需情况，掌握有关原料的种类、用途，能鉴别原材料的品质优劣。另外，还必须对采购人员必须进行经常性的职业道德教育，增强其责任感，使其在采购中，树立成本观念，处处精打细算，减少费用损耗，使其购进的原材料价格合理并符合烹调的质量要求。

2. 做好原材料的贮存管理

企业应制定原料验收的操作规程，做好原料的质、量和价格方面的管理工作。购进原料后，验收人员依据采购发票进行查对验收。验收时必须严格执行过称、点数、验质、核对发票等手续。对于鲜活原料，除由验收人员验收质量和数量外，还要由生产部门再次验收，判断是否符合质量要求。原料购进后，应合理存放到不同仓库，在适当的温度下贮存。对于可长期贮存的原材料，应根据原料的分类和质地的特点，分别进行存放，注意通风和卫生，以防霉烂、变质；对于不宜长期贮存的原材料，通常不入库贮存，而直接由厨房领用。这类原材料时效性强，要特别注意勤进快销，以保证货品新鲜。

3. 在加工制作中控制原材料成本

在粗加工过程中，应严格按照规定的操作程序和要求进行加工，以达到并保持应有的净料率。对粗加工过程中剔除的下脚料等应尽量回收利用，提高原材料的利用率，降低成本。在切配过程中，应根据原材料的实际情况，整料整用，大料大用，小料小用，下脚料综合利用。配菜时必须严格执行餐饮产品原料耗用配量定额制度，按菜单的规定严格配菜，严禁出现用量不足、过量、以次充好等情况。主料要过秤，不可凭经验随手抓，力求保证菜点的规格与质量。烹调过程中应严格按照操作规程进行操作，掌握好烹饪时间和温度，提高烹调技术，合理投料，力求不出或少出废品，把好质量关。

4. 降低经营过程中的各种消耗

经营过程中的各种费用，包括支付给职工的工资奖金，为使用社会其他部门提供的服务而支付的费用，在业务经营过程中的各种物质消耗，以及业务经营过程中其他必要的支出等。因而要节约用水、用电及燃料，严格控制各种物料的消耗；加强经营费用的管理，降低各种消耗，建立和健全规章制度，提高劳动生产率，提高服务质量，努力扩大销售。

（三）促进和改善企业经营管理

成本管理是现代社会中必不可少的经济管理工作。随着市场经济竞争的日趋激烈，餐饮业要在竞争中立于不败之地，必须要强化成本管理。因为，在饭菜质量、服务质量相同的情况下，市场竞争最终体现为价格的竞争，谁的成本低，就意味着谁可以在同行业价格上显出优势，从而争取更多的客户和市场，获得更多的利润。

企业的一切经营活动都要围绕如何增加经济效益而开展。过去，成本由财务部门独家管理，这种管理实质上是纸上谈兵，是粗放式的管理方式。因为财务人员不可能时时刻刻都能深入到各个环节和生产的全过程去控制每一项费用支出，而只能从总量上去核算和管理，而成本费用发生于生产经营活动的全过程之中，因此，每个经营单位、每个生产环节、每个工作岗位，既是成本费用的支出者，又是成本费用的有效控制者。

成本是反映企业经营活动数量、质量的综合性指标。成本核算是企业经营管理的重要内容之一。通过全面地成本核算，能及时掌握餐饮部门的营业收入、劳动效率、菜肴及点心的质量和数量、原材料消耗以及各种费用开支等情况，以全面考察企业的经营是否合理、有效管理水平是否先进，从而为财务和管理部门及时提供确切的成本和各项费用资料。财务部门将这些来自生产第一线的资料，进行会计核算和财务分析，并编制有关财务报表；管理部门运用这些资料与计划进行对比、分析研究，从中发现经营管理中存在的薄弱环节，并采取相应的改进措施。此外，成本核算中提供的资料对新产品的研发、改进制作工艺、提高产品质量等都有极其重要的作用。

可以说，没有正确完整的核算资料，财务管理的决策、计划、管理、控制、分析就无从谈起，只有以核算方法、核算结果为根据，以科学的成本核算为手段，进行科学管理，企业才能达到提高经济效益的目的。因此，加强成本核算，是强化管理、提高企业的管理水平和经济效益的基础性工作。

（四）揭示产品成本升降的因素，寻求合理降低成本的途径

餐饮企业制定的菜谱标准成本，为厨房烹饪过程中的成本控制提供了标准依据。但是，餐饮产品成本实际耗用的原材料成本往往会偏离标准成本，即高于或低于标准成本。这时可以通过成本核算查找实际成本与标准成本之间产生差异的原因。如原材料是否充分利用？净料率测算是否准确？净料单价是否准确？是否按规定的标准投料？通过分析找出成本忽高忽低的原因，并提出改进的意见，促进有关部门采取相应措施，加强净料率的测算和净料成本的测算，使投料规范化、制度化，使实际耗用的原料成本越来越接近或达到标准成本，从而使这种偏差越来越小，达到成本控制的目的。

通过成本核算，可以从所取得的实际产品成本资料中分析产品成本升降的原因，揭示成本变动的规律性，寻求降低成本的合理途径，以改善经营管理、提高企业的经济效益。

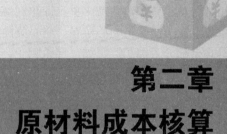

第二章
原材料成本核算

第一节　净料成本的核算

　　主配料是构成餐饮产品的主体。主配料是产品成本的主要组成部分，要核算产品成本，必须首先核算主配料的成本。

　　餐饮产品的主配料，一般要经过清理、拣洗、宰杀、拆卸、泡发、初熟等加工处理后，才能用来配制成品。没有经过加工处理，不能用以直接配制成品的原料称为毛料，如活鸡、活鸭、活鱼、干货、未经拣洗的蔬菜等；经过加工处理，可用来直接配制成品的原料称为净料，如光鸡、光鸭、净全鱼、净肉、已涨发的干货、经过拣洗的蔬菜等。

　　主配料净料成本的核算是餐饮业产品成本核算的环节，净料成本的高低，直接影响着产品成本的高低。影响净料成本的两个因素：一是原料的购进价格、质量优劣和加工处理前的损耗程度；二是净料率（出料率）的高低，同一种原料净料率越高，它的成本就越低；反之，净料率越低，它的成本就越高。根据加工处理过程的不同，毛料转化为净料后其原有数量都将发生相应的变化，一般来说，鲜货原料经过拣洗、宰杀、拆卸等过程重量将减少；干货原料经过清洗、涨发等过程重量则会增加。

餐饮业的原料加工有生料加工技术、半成品加工技术和熟制品加工技术三个方面。

生料加工技术是指对生原料或者鲜活原料进行整理、拣洗、宰杀、分档、出肉、切形、腌制以及干货涨发等，在这些加工过程中，生产人员有负责的态度，娴熟的技术，原料可用部分多些，即出成率就高些；生产人员责任心差些，技术不到家，原料可用部分就少些，浪费就多些，即出料率就低些。例如，摘洗空心菜时，责任心强、经验丰富的师傅将空心菜苗、空心菜梗都能做成菜肴；而有的师傅就摘下空心菜苗，其余部分丢掉了。又如，宰杀鸭子，有的师傅将鸭血、鸭内脏、鸭身、鸭头、脚一起要；有的师傅只要鸭身，其他却没有充分利用。再如，有责任心、有经验的师傅剔鱼肉时，能将鱼头、鱼肉、鱼骨、鱼尾分档下料，综合利用，制作出不同的菜肴出售；有的师傅只知道剔下鱼肉做成菜肴出售，其余的部分作为下脚料炒职工餐处理了。不同的态度，不同的技术水平，不同的加工方法，造成原料利用的程度不同，其创收效果也不同。

对原料的加工处理，根据加工处理过程的不同所得到的净料，可分为一料一档或一料多档两种情况。

一、一料一档成本的核算方法

所谓一料一档是指原料（毛料）经过加工处理后，只能得到一种净料。一料一档的成本计算方法有两种情况：

1. 毛料经过加工处理后，只有一种净料，而没有可以作价利用的下脚料。这种情况下，可用毛料总值除以净料重量，即求得净料单位成本。其计算公式如下：

$$净料单位成本 = \frac{毛料成本}{净料重量}$$

或

$$净料单位成本 = \frac{毛料总值 \times 毛料单价}{净料重量}$$

[例1] 现厨房购进芹菜 18 千克，价款 54.00 元，经过去叶、根后，得净芹菜 12 千克，求净芹菜的单位成本。

解：

$$净芹菜单位成本 = \frac{毛料成本}{净料重量} = \frac{54.00}{12} = 4.50（元/千克）$$

答：净芹菜的单位成本为 4.50 元/千克。

[例2] 购进冬笋 40 千克，单价为 15.60 元/千克，经过剥壳并切除不能食用的老根后，得净冬笋 12 千克，求：（1）冬笋的单位成本是多少？（2）若一份菜肴需用净冬笋 150 克，该菜肴中冬笋的成本是多少？

解：

（1）净冬笋单位成本$=\dfrac{毛料总值×毛料单价}{净料重量}=\dfrac{40×15.60}{12}=52.00$（元/千克）

（2）一份菜肴冬笋的成本$=0.15×52.00=7.80$（元）

答：净冬笋的单位成本为 52.00 元/千克，一份菜肴冬笋的成本是 7.80 元。

2. 毛料经过加工处理后，只得到一种净料，但同时又有可以作价利用的下脚料，此种情况，则必须先从毛料总值中扣除这些下脚料的价款，再除以净料重量，即求得净料单位成本。其计算公式如下：

$$净料单位成本=\dfrac{毛料总值-下脚料的价款}{净料重量}$$

[例 1] 活鸡一只重 1.8 千克，每千克进价 20.00 元，经过宰杀、洗涤得光鸡 1.2 千克，鸡爪作价 1.20 元，鸡肝、月屯作价 1.80 元，试求生光鸡的单位成本是多少。

解：

$$光鸡的单位成本=\dfrac{毛料总值-下脚料的价款}{净料重量}$$

$$=\dfrac{1.8×20.00-(1.20+1.80)}{1.2}$$

$$=27.50（元/千克）$$

答：生光鸡的单位成本是 27.50 元/千克。

[例 2] 某饭店购进去膛光鸡 5 千克，其进货单价为 22.00 元/千克，加工处理后得净鸡肉 3.2 千克，鸡骨作价 6.00 元/千克。求：（1）净鸡肉的单位成本是多少？（2）若一份菜肴需用净鸡肉 250 克，该菜肴中鸡肉的成本的多少？

解：

（1）经鸡肉的单位成本$=\dfrac{毛料总值-下脚料的价款}{净料重量}$

$$=\dfrac{5×22.00-\left[(5-3.2)×6.00\right]}{3.2}$$

$$=31.00（元/千克）$$

（2）每份菜肴净鸡肉的成本$=0.25×31.00=7.75$（元）

答：净鸡肉的单位成本是 31.00 元/千克，一份菜肴的成本是 7.75 元。

二、一料多档成本的核算方法

所谓一料多档是指原料（毛料）经过加工处理后，得到一种以上的净料，那么就应当分别计算每一种净料的成本。一料多档的成本核算方法有以下几种情况：

1. 如果所有净料的单位成本都是没有计算的（未知的），则可根据各种净料的重量，本着按质论价的原则，并参照市场行情，逐一确定它的单位成本。各档净料的成本之和应等于毛料进价的总值。用公式表示，即：

净料①总值+净料②总值+净料③总值+……净料、总值=毛料进价总值

[例] 购进带皮带骨猪肉 20 千克，单价为 22.00 元/千克，经分档取料，得到瘦肉 11.5 千克、肉皮 1.4 千克、汤骨 1.8 千克、膘肉 5.1 千克、损耗 0.2 千克。根据质量并参照市场行情各档净料的单价：瘦肉 28.00 元/千克，肉皮 6.00 元/千克，汤骨 20.00 元/千克，膘肉 14.00 元/千克。即：

$$毛料进价的总值=20×22.00=440.00（元）$$
$$各档净料的成本之和=11.5×28.00+1.4×6.00+$$
$$1.8×20.00+5.1×14.00=437.80（元）$$
$$毛料进价总值-各档净料成本之和=440.00-437.80=2.20（元）$$

由例题各档净料的成本之和应等于毛料进价的总值，如按市场行情：各档净料的成本之和大于毛料进价的总值，说明在分档取料上损耗小；如各档净料的成本之和小于毛料进价的总值，说明在分档取料上按市场行情损耗大。如果各档净料的成本之和与毛料进价的总值相差过大，则应对净料的已知单价做出调整，根据各档净料的重量、单价将差额分摊到各档净料当中去。

2. 如果所有净料中，只有一种净料的单位成本需要测算，其他净料的单位成本都是已知的，则可以从毛料总值中扣除已知净料的总成本之后，再除以该种净料重量，求得它的单位成本。计算公式如下：

$$某种净料单位成本=\frac{毛料总值-其他各档净料成本总和}{某净料重量}$$

[例] 现制作"剁椒鱼头"，购一条大头鱼重 2.5 千克，单价 16.00 元/千克，经宰杀、去脏、去鳞，分档取料得鱼头 1.2 千克，中段部分 0.8 千克，鱼尾部分 0.3 千克。现中段部分单价为 12.00 元/千克，鱼尾部分单价为 10.00 元/千克，求鱼头的单位成本。

$$鱼头的单位成本=\frac{2.5×16.00-(0.8×12.00+0.3×10.00)}{1.2}$$
$$=22.83（元/千克）$$

答：鱼头的单位成本是 22.83 元/千克。

3. 如果所有净料中，有些净料的单位成本是已知的，有些是未知的，可先把已知的那部分净料的总成本计算出来，从毛料总值中扣除，然后根据未知的净料的重量，依照市场行情逐一确定其单位成本。

[例] 厨房购进一批去膛光鸭共 24 千克，其进货单价为 16.00 元/千克，经加工处理后得鸭脯肉 5 千克，鸭腿 10 千克，鸭爪 2 千克，鸭骨、鸭脖 7 千克。参照

市场行情，已知：鸭腿肉 20.00 元/千克，鸭爪 12.00 元/千克，鸭骨、鸭脖 6.00 元/千克，求鸭脯肉的单位成本是多少（不计损耗）。

解：

$$鸭脯肉的单位成本=\frac{24\times16.00-(10\times20.00+2\times12.00+7\times6.00)}{5}$$

$$=23.60（元/千克）$$

答：鸭脯肉的单位成本是 23.60 元/千克。

第二节　半成品、熟制品成本的核算

除了将毛料经加工处理后得生净料外，在行业中一些原料需经调味、腌制、加热成熟等工序加工处理，形成半成品或熟制品，为下一步形成菜肴做准备。例如，对新鲜植物性原料进行焯水；动物性原料的腌制以及水煮、卤制、过油、油炸、干货涨发等。

餐饮业产品熟制加工过程是原料加工的最后阶段，也是对产品质量把关的最后一道关卡。在熟制加工阶段，调味准确、火候适度，是确保产品色、香、味、形、质俱佳的关键，这也对产品的成本、企业的创收有影响。例如，制作菜肴时，调味料下多了，不仅造成菜肴味道不合适，而且也增加了成本和损耗。如果火候没有掌握好，过火了或多次熟制加工，损耗率就会加大，出料率就降低。如卤牛肉、卤猪肚等，每卤一次，都有一定的损耗率。有责任心、有经验的师傅，对新鲜植物性原料焯水时，焯到适度，出料率就高些、如果责任心差、经验不足的师傅，由于粗心大意或者技术的原因，掌握不好，将原料焯过了火，出料率就低些。又如，责任心强、有经验的师傅涨发干货时，力争原料发足发透，出料率就高些；否则就低些。有责任心、有经验的师傅腌制肉类原料时，如腌制肉片、肉丝，按要求比例下料进行腌制，不但改变了肉质，使肉质变得嫩、滑、脆，而且增加了重量，出料率也就增高了；如果过油过老，影响原料的嫩滑、爽脆，出料率也相对降低。油炸的鱼块、排骨、花生等，也要掌握适度，最好能当天销售完毕，不要剩得过多，次日每翻炸一次，都有一定的损耗率。

一、半成品成本的核算方法

半成品是指原料经过初步熟处理后，但还没有完全加工成为成品的净料，如白煮肉、肉丸、油发肉皮等。成熟后的半成品重量上有所改变，在计算过程中要根据半成品重量的改变进行，注意减去损失的重量或加上增加的重量。半成品根据加工

方法的不同,可分为无味半成品和调味半成品上,调味半成品需加上调味品的成本。半成品单位成本的计算公式如下:

$$无味半成品单位成本=\frac{原料进价总值-副产品总值(含下脚料价值)}{半制品重量}$$

$$调味半成品单位成本=\frac{原料进价总值-副产品总值(含下脚料价值)+调味品成本}{半制品重量}$$

[例1] 干肉皮 2 千克用油炸、水泡软,发成 6 千克。在油发过程中耗油 400 克,已知干肉皮为单价 18.00 元/千克,油的单价为 15.00 元/千克,求油发肉皮的单位成本。

解:

$$油皮肉皮的单位成本=\frac{干肉进价总值+耗油价值}{油皮肉皮重量}$$

$$=\frac{2\times18.00+0.4\times15.00}{6}$$

$$=7.00(元/千克)$$

答:油发肉皮的单位成本为 7.00 元/千克。

[例2] 购进五花肉 4 千克,单价为 24.00 元/千克,经用水白煮后出料率为 80%,试计算白煮五花肉的单价。

解:

(1)先计算出白煮五花肉的出品重量,即

煮后五花肉的出品重量=4×80%=3.2(千克)

(2)根据公式

$$五花肉的单价=\frac{原料进料总值}{半成品重量}=\frac{4\times24.00}{3.2}=30.00(元/千克)$$

答:白煮五花肉的单价是 30.00 元/千克。

二、熟制品成本的核算方法

熟制品也称制成品,是指原料经加工处理后进行熟处理的半成品或成品,多系卤、熏、拌、煮、烤等方法加工而成,可以用作冷盘菜肴的制成品。其成本结构与调味半成品类似,由主配料成本和调味品成本构成。熟制品单位成本的计算方法如下:

$$熟制品单位成本=\frac{毛料总值-下脚料总值+调味品价值}{熟制品重量}$$

[例1]购进鲜牛肉 3 千克,单价为 68.00 元/千克。经加工制得熟肉丸 3.8 千克,计耗用调味品约 4.00 元,求肉丸的单位成本是多少。

解：

$$肉丸的单位成本 = \frac{原料进价总值 + 调味品价值}{熟肉丸重量}$$

答：肉丸的单位成本是 54.74 元/千克。

[例 2]　青鱼一条重 2 千克，单价为 18.00 元/千克，经剖洗加工，其净料腌制后熏制得熏鱼 1-3 千克，耗用调味品约 4.00 元，试求熏鱼的单位成本是多少。

解：

$$熏鱼的单位成本 = \frac{2 \times 18.00 + 4.00}{1.3} = 30.78（元/千克）$$

答：熏鱼的单位成本是 30.78 元/千克。

对于调味品成本多采用估算方法，但如果我们在实际运用中找出规律，分类掌握其调味品的标准成本，则只要把无味半成品成本计算出，然后加上调味品的成本就行。

[例 3]　瘦猪肉 8 千克，单价为 26.00 元/千克，经加工成叉烧，称重为 5.2 千克，耗用调味品按每千克叉烧 1.20 元计算，求叉烧的单位成本是多少。

解：

$$叉烧的单位成本 = \frac{8 \times 26.00}{5.2} + 1.20 = 41.20（元/千克）$$

答：叉烧的单位成本是 41.20 元/千克。

第三节　调味品成本的核算

我国的餐饮产品历来讲究色、香、味、形，其中尤其强调以味为本。餐饮产品丰富多样的鲜美滋味，除了来自主、配料具有的滋味外，很大一部分来自各种各样的调味品。不同的餐饮产品，使用调味品的量有较大的区别，有的餐饮产品使用调味品的成本占整个产品成本比例很小；有的餐饮产品使用调味品的成本占整个产品很大，甚至超过主、配料的成本。随着复合调味品的迅速发展，天然风味调料的开发利用，保健调料的兴起，以及新科技在调料中的应用，调味品的种类将更加丰富多彩，调味品的质量也将有所提高，调味品成本在餐饮产品成本中的比重也将越来越大。因此要精确地核算餐饮产品成本，必须要同样认真地做好调味品成本的核算工作。

一、调味品用量的估算方法

调味品种类繁多，但用量较少，而且在使用时往往是随取随用，故难以在事前或烹调中称量，而多采用估算的方法来确定调味品的耗用量。通常可采用以下三种估算方法：

（一）容器估量法

容器估量法就是在已知某种容器容量的前提下，根据调味品在容器中所占部位的大小，估计其数量，再根据该调味品的购进单价，算出其成本。这种方法一般用来估量液态调味品，如酱油、料酒、蚝油、番茄酱等。例如，卤制某原料估量耗用酱油约 150ml，该酱油单价为 2.80 元/500ml，那么耗用酱油的成本为 150/500×2.80=0.84 元。

（二）体积估量法

体积估量法就是在已知某种调味品在一定体积中的数量的前提下，估计其数量，而后按该调味品的购进单价，算出其成本。这种方法大都用于粉质或晶态的调味品，如盐、糖、味精、鸡精、胡椒粉、干淀粉等。例如，现烹制拔丝苹果，估量耗用白砂糖 300 克，白砂糖的单价为 5.20 元/千克，那么耗用白砂糖的成本为 5.20×0.3=1.56 元。

（三）规格比照法

规格比照法就是比照主、配料质量相仿，烹调方法相同所生产的某些老产品的调味品用量，来确定新产品调味品的一种方法。此种方法对主、配料相似，烹调方法相同的餐饮产品的成本核算较为方便。例如，比照拔丝苹果的用糖、油量来估算拔丝芋头的用糖、油量，得出拔丝芋头的用糖、油量的成本；比照糖醋排骨调味品的用量来估计糖醋咕噜肉调味品的用量，得出糖醋咕噜肉调味品的成本。

二、调味品成本的核算方法

餐饮产品的生产加工，基本上可分为两种类型，即单件生产和批量生产。单件生产以各类热炒菜为主，批量生产以卤制品和各种主食、点心为主。因此调味品的成本核算须根据不同类型的生产加工，采用不同的方法。

（一）单件调味品成本的核算

单件调味品的成本核算是指单件制作产品的调味品成本，也称个别调味品成本，各种单件生产的菜肴的调味品成本都属于这一类。核算这一类产品的调味品成本，先要把各种调味品用量估算出来，然后根据其购进单价，分别计算出其价款，最后加以合计即得。

（二）批量生产调味品成本的核算

批量生产调味品的成本是指批量生产的产品的单位平均调味品成本。烧、卤制品和各种主食、点心类制品等都属于这一类。在批量生产的情况下，调味品的使用量较多，使用时应尽量过秤，力求调味品的投放量准确。批量生产调味品的成本核算可分为两步进行。

第一，先按调味品的用量和购进单价，分别计算出产品各种调味品的成本，并算出调味品的总成本。

第二，用产品的数量（或重量）来除调味品的总成本，求出每一单位产品的平均调味品成本。

第三章
餐饮产品成本核算

饮食产品成本核算是饮食成本核算的主要内容，是制定饮食产品价格的基础。产品的成本核算不精确，销售价格就难以合理，其结果不是影响企业收益，就是侵害消费者利益。原料成本的一切核算，也将完全失去意义。因此，精确地核算产品成本有着十分重要的意义。

第一节　饮食产品成本核算的方法和特点

一、饮食产品成本核算的方法

饮食产品的成本是它所耗用的各种原料及燃料的成本之和，即所耗用的主、配料成本（通常以生料成本或半成品成本形式出现）与调味品成本及燃料成本之和。所以，要核算某一单位产品的成本，只要将其所耗用的各种原料及燃料成本逐一相加即可。

饮食产品的加工制作有成批生产和单件生产两种类型。因此，产品成本的核算方法，也相应有两种方法。

（一）先总后分法

先总后分法，就是先求出每批产品的总成本，而后求出其每一单位产品的平均成本。这一方法适用于求成批制作的产品的成本，如卤制品、主食点心等。因为，对于成批制作的产品来说，其各个单位产品的用料和规格质量基本一样，所以，求其单位产品的成本时，都是先计算出每一批产品的总成本，然后根据这批产品的件数，求出其每一单位产品的平均成本。

先总后分法计算产品成本的公式是：

$$单位产品成本 = \frac{本批产品所耗用的原料成本 + 燃料成本}{产品数量}$$

其中，本批产品所耗用的原料总成本=本批产品所耗用的主料成本+本批产品所耗用配料成本+本批产品所耗用调味品成本。

（二）先分后总法

先分后总法，就是先计算出单位产品中所耗用的各种原料的成本，而后逐一相加，再加上所耗用的燃料成本，即得出单位产品的总成本。这一方法，适用于单件制作的产品成本，如小炒荤菜、花色冷盘等。因为，对于单件制作的产品来说，其每一产品的用料和规格质量不尽相同，所以，求其单位产品的成本，就必须个别计算。

先分后总法计算产品成本的公式是：

单位产品成本=单位产品所用主料成本+单位产品所用配料
成本+单位产品所用调味品成本+单位产品所耗燃料成本。

亦可以写作：

单位产品成本=（单位产品所用主料成本+单位产品所用配料
成本+单位产品所用调味品成本）×（1+成本燃料率）

或写作：

产品成本=原材料成本×（1+成本燃料率）

饮食业的成本，一般是根据所耗用的原材料和燃料每月计算一次。如果厨房领用的原材料、燃料当月完全用光而无剩余，领用的原材料、燃料金额就是当月全部产品的成本。如有剩料和半成品，则采用"以存计耗法"倒求成本。其计算公式是：

本月耗用原料、燃料成本=月初原料、燃料结存额+本月领用原料、
燃料总额-月末原料、燃料盘存额（包括剩余及半成品等）。

饮食业基本上都采用以存计耗法计算所用的原材料、燃料成本。因此，必须要把盘存工作组织好，及时地对厨房（包括隶属厨房的小仓库、保管室等）的剩余原料、燃料和半成品进行全面的精确盘点，并且合理地进行计价，以便成本核算工作顺利进行。

二、饮食产品成本核算的特点

在一般情况下，饮食品的制作生产很少受生产工具和原料种类的严格限制，不论什么主料或配料，都可进行适当的调理搭配，制作出一种特定产品。也就是说饮食品的原料组成具有较大的随机性。加上市场变化，主配料的进货情况每天有所不同，菜点产品、花色品种千变万变，多种多样，甚至一天当中早、晚都不尽相同。从这一情况看，饮食产品的成本核算是比较烦琐和复杂的。也就是说，饮食产品的成本核算在时间上没有一定的规律性，必须根据每天购进原材料的情况随时进行核算工作。负责核算工作的生产业务人员，必须充分认识到产品成本核算中的这一特点，从而严守工作岗位，增强核算工作的责任感。

第二节 主食、点心的成本核算

一、核算主食、点心成本的方法

主食、点心，如米饭、馒头、包子、油条、烧卖等大多数是成批生产的。但有少数品种、如炒面、果羹等有时也是单件生产的。根据不同的生产方式，可以用不同的方法核算各种主食、点心的成本。

[例] 小笼包每100份的用料是富强粉5千克（单价4元），腿肉6.5千克（单价20元），肉皮2千克（单价6元），味精0.04千克（单价30元），胡椒粉0.01千克（单价50元），红糖0.1千克（单价6元），小磨麻油0.125千克（单价22元），生姜0.4千克（单价3元），酱油1千克（单价2.8元），红醋0.5千克（单价3.2元），黄酒、碱、盐少许（0.55元），燃料8.80元，试求每份小笼汤包的成本是多少元。

解：根据小笼汤包的制作方法，已知是成批加工的，适宜于用先总后分法进行核算。第一步，按设料定量和单价先求出100份产品所耗用的各种原料和燃料总成本：

富强粉为20元，腿肉为130元，肉皮为12元，味精1.2元，胡椒0.5元，红糖0.6元，小麻油2.75元，生姜1.2元，酱油2.8元，红醋1.6元，料酒、碱、盐共0.55元，燃料8.8元。

第二步，代入计算公式：

（20+130+12+1.2+0.5+0.6+2.75+1.2+2.8+1.6+0.55+8.80）/100=1.82（元）

答：每份小笼汤包的成本是1.82元。

[例] 三鲜炒面每份用料是：0.15 千克（单价 3.60 元），肉丸 0.03 千克（单价 34 元），熟猪肉 0.03 千克（单价 32 元），熟猪肝 0.03 千克（单价 40 元），食油 0.07 千克（单价 20 元），各种调味品 0.30 元，耗用燃料 0.30 元。试求三鲜炒面每份的成本为多少元。

解：由于三鲜炒面提单件生产的，因此，它的成本必须用先分后总法进行核算。按计算公式其成本应为：

面条成本+丸子成本+猪肉成本+猪肝成本+食油成本+调料成本+燃料成本=成品成本

代入计算公式，可知每份成本是：

0.15×3.6×0.03×34+0.03×32+0.03×40+0.07×20+0.30+0.30=5.72（元）答：三鲜炒面每份成本是 5.72 元。

二、核算主食、点心成本的基本要点

第一，必须坚持单一品种核算。要建立"产品成本核算单"，逐日记载原料领用和实际耗用量，逐日结出余额，表示已领而未用完的原料、半成品和尚未售出的制成品数额。

第二，必须坚持凭单发料的制度。保管部门必须凭生产部门的领料单，严格按每个品种规定的分量标准或其他核算标准发料，以控制各个产品的配料定额，贯彻节约用料的原则。

第三，必须坚持每天盘点的制度。生产部门领用的原料并不等于实际耗用的原料，所生产的制成品也未必当天全部售完。因此，必须在生产和销售工作结束后进行盘点，并对已领而未用完的原料按进价计算，对未售的制成品和在制的半成品折合原料计算价值。以便计算已售出的产品原料耗用数量，从而精确地确定其成本，并检验其是否同原定的投料标准和成本相符。

第四，生产部门各品种间相互调拨的原料，也必须及时做调入或调出转账，以免造成产品的虚增或虚减，影响核算的准确性。

第三节 菜肴制品的成本核算

一、菜肴制品成本核算的方法

菜肴品种繁多，但基本上可分为两大类，即热菜和冷盘。不论哪一类菜大都是单件生产的。但也有少数品种，如珍珠丸子、卤制品等则是批量生产的。要核算个

别单件生产的菜肴的成本，只要将制作这份菜所需要耗用的各种原料和燃料的成本，逐一相加即可。

[例] 炸猪排一盘，耗用原料计净猪肉 0.2 千克（单价 20 元），面粉 0.05 千克（单价 3.6 元），鸡蛋一个（单价 0.50 元），食油 0.1 千克（单价 16 元），盐、味精等调味品适量（共 0.50 元），燃料少许（0.40 元），试求每盘炸猪排的成本为多少元。

解：这盘菜既有主料（净猪肉），又有配料（面粉、鸡蛋）和调味品（食油、盐、味精等），炸制过程中还要耗用燃料，其成本是由这四种要素所构成的。所以，可运用先分后总法进行核算，其计算公式应为：

猪肉成本+面粉成本+鸡蛋成本+食油成本+调味品成本+燃料成本=产品成本

代入计算公式，可知每盘成本是：

$$0.2×20+0.05×3.6+1×0.5+0.1×16+0.5+0.4=7.18（元）$$

答：炸猪排每盘的成本是 7.18 元。

[例] 珍珠丸子每 1000 个的用料是：净猪肉 15 千克（单价 20 元），糯米 2 千克（单价 4 元），鱼茸 0.5 千克（单价 40 元），鸡蛋 20 个（单价 0.50 元），小葱 1 千克（单价 6 元），味精 0.05 千克（单价 30 元），胡椒 0.02 千克（单价 50 元），盐等其他调料适量（计 3.50 元），经测定该企业的燃料成本率为 5%。试计算每个珍珠丸子的成本为多少元。20 个珍珠丸子为一盘，其每盘成本又是多少元？

解：珍珠丸子系批量制作生产的，所以可运用先总后分法进行核算。

代入计算公式，可知珍珠丸子每个的成本是：

$$[（15×20+2×4+0.5×40+20×0.5+1×6+$$
$$0.05×30+0.02×50+3.5）×（1+5\%）]/1000$$
$$=0.3675（元）$$

$$珍珠丸子一盘的成本是：0.3675×20=7.35（元）$$

答：每个珍珠丸子的成本是 0.3675 元，每盘的成本是 7.35 元。

二、核算菜肴制品成本的基本要点

第一，要在历史经验的调查研究以及实际试制结果的基础上，核算各个菜品的原料耗用量及成本。

第二，原料耗用定量和成本定额合理地确定下来以后，应保持相对稳定，并悬牌公布，便于群众监督，促进企业和企业员工能认真做到主料过秤，辅料合理，定份下锅，均衡装盘，逐日盘存，坚持日清日结，算作一致，使毛利准确，质价相符。

第三，在执行原料耗用定量和成本定额中，既要防止短斤少两，以劣充优的不良经营作风，也要防止用料偏松，不讲核算的错误倾向，避免成本忽高忽低、毛利时大时小的现象。

生产部门往往以填报"菜肴产品成本核算单"的方式，直接计算出菜肴产品成本。

第四节　筵席的成本核算

筵席是由冷盘、热炒、大菜、点心等各种菜点按一定规格组成的，筵席是一组系列化菜点。在掌握了主食点心和菜肴制品成本核算方法以后，只要将组成筵席的各种产品成本相加，其总值即为筵席的成本。在前者的基础上，这种核算是较易于掌握的。此外，由于在实际经营中，筵席往往是由顾客预定的，这就要根据预定的标准，先核算出筵席的成本总值，再依各种组合菜点所占有筵席成本总值的比率，核算出各种菜点成本。

一、中餐筵席成本的核算

第一，根据组成筵席各种菜点的成本，计算筵席成本。

[例] 普通筵席一桌，计四冷盘、四热炒、五大菜、一道点心、一道甜汤。计耗成本如下：白鸡（9.20 元），香肠（6.80 元），皮蛋（5.40 元），黄瓜（1.80 元），爆墨鱼卷（16.80 元），爆腰花（16.00 元），炸三丝卷（14.40 元），烂鱼片（15.80元），海参鹑蛋（38.20 元），酿冬菇（14.40 元），香酥鸡（22.60 元），清蒸武昌鱼（31.60 元），橘瓣鱼丸汤（18.40 元），佛手包（5.00 元），银耳果羹（13.60 元），制作筵席的成本燃料率为6%。试计算该桌筵席成本为多少元？

解： 筵席成本=［菜点①成本+菜点②成本+……+菜点（n）成本］×（1+成本燃料率）

代入计算公式，可知：

$$（9.20+6.80+5.40+1.80+16.80+16.00+14.40+$$
$$15.80+38.20+14.40+22.60+31.60+18.40+$$
$$5.00+13.60）×（1+6\%）=230×106\%=243.80（元）$$

答：该桌筵席成本为243.80 元。

第二，根据顾客预定的筵席标准（指筵席销售单价），计算筵席成本和各类菜点成本。

筵席，一般分为特级筵席、高级筵席、中级筵席和普通筵席四类。由于各地区的消费水平不同，且差异较大，所以，筵席的等级分类标准（销售单价）可根据各地区的消费水平而定。

[例] 一位顾客预订中级筵席一桌，售价 800 元，试计算该筵席成本应为多少元？组成该筵席的各类菜点成本又为多少元？

解： 第一步，根据筵席等级和售价、按照本地区的餐饮市场行情及顾客的具体要求等设计筵席内容（菜单），并征得顾客同意。

第二步，根据筵席等级和售价，按照规定的成本率计算该筵席的成本。其计算公式是：

$$筵席成本 = 筵席售价 \times 成本率$$

（成本率：即成本与销售价格之间的比率）

如规定中级筵席的成本率为 55%，代入运算公式，则：

$$筵席成本 = 800 \times 55\% = 440（元）$$

第三步，根据筵席成本总值和该等级筵席各类菜点成本所占有的比重，计算出各类菜点的成本。

在实际业务工作中，还应在分类菜肴成本的基础上，按各类菜肴所应有的件数，进一步核定各种菜点的成本。

二、西餐宴会成本的核算

西餐，有冷餐会、酒会、宴会等多种形式。西餐宴会成本的核算方法与中餐筵席成本的核算程序和方法，基本上是一致的。只是其等级标准，不是按每席的费用来划分，而是按参加宴会的每人的费用来划分。另外，由于中外饮食习惯不同，所以筵席的菜点结构类别也不尽相同，成本构成比重也有较大差别。

一般西餐宴会其菜点分为：（1）面包、黄酒、小吃；（2）冷菜；（3）汤菜；（4）热菜；（5）点心；（6）水果；（7）饮料等。其成本结构一般面包与小吃约占 10%，冷菜占 15%，汤菜、热菜占 60%，水果、点心、饮料等占 15% 左右。

[例] 某公司宴请外商举办冷餐酒会，每人 200 元，预定 35 人参加，试问该酒会成本应为多少元？

解： 先根据每人收费标准和参加人数计算销售额，再按规定的成本率，即可核定酒会的成本额进行计算。

如上例酒会的成本率规定为 40%，则：

$$酒会成本 = 200 \times 35 \times 40\% = 2\ 800（元）$$

答：该酒会成本应为 2 800 元。

第五节　餐饮成本报表

餐饮企业的成本核算人员为了及时向企业管理层报告饮食成本耗用状况，必须按时编制饮食成本报表，以供企业领导及时了解情况，发现问题，解决问题，促进企业不断改善经营管理。饮食企业的具体产品品种很多，成本报表不可能逐一反映，成本报表所反映的是饮食产品的成本总额或各类饮食成本额的核算情况。餐饮成本报表主要有日报表和月报表两种。

一、饮食成本日报表

饮食的日成本主要由直接采购原料成本和库房发料成本两部分组成。所谓直接采购是指原料购进后直接送至厨房（多为鲜活原料）供生产加工耗用的形式，因为购进时就计作成本，所以只要算出每日购进总额即可。这个数据可从原料采购验收日报表的直接采购原料份额中得之。凡采购后不是将原料直接送入厨房，而是先送入库房的，则是由厨房向库房取，亦即库房向厨房发送原料时才记入成本。因此，只要根据当日库房收存的清单汇总即可得出该日发料总额。将直接采购原料成本和库房发料成本两者相加，即为当日饮食成本总额。

饮食日成本总额计算公式如下：

直接原料采购额（取自原料采购验收日报表）

+库房发料总额（汇总领料单数据）

-厨房间的原料调拨额（汇总调拨单数据）

-职工用餐成本额（转经营费及企业管理费）

-招待用餐成本额（转经营费及企业管理费）

-其他杂项扣除额（转经营费及企业管理费）

=饮食日净成本额

在计算出饮食日成本额后，还应从出纳会计处获取日销售额数据，这样就可以计算出成本对销售额的比率——成本率。

采用以上方法计算出的饮食日成本是比较粗略的，因为厨房领用的原料和直接采购的原料不可能当天全部消耗掉，有的原料当日计入成本，可能几天内才逐渐消耗掉，如油、盐、味精、胡椒等调味品及其他原料等。因此，计算出的饮食日成本额与实际日成本额存在一定的误差。为了减少误差，有必要统计成本的累计数据，累计时间越长，数据的精确度就越高。所以，有的饮食企业在编制"饮食成本日报表"的基础上，还编制"饮食成本五日报表""饮食成本旬报表"。为了更好地搞好成本控制和加强管理，有的企业还将成本日报表和销售日报表合并在一起，编制成饮食营业日报表。

饮食营业日报表的主要内容包括：

第一，整个企业饮食成本耗用情况；

第二，各个餐厅饮食成本耗用情况；

第三，饮食成本调整情况；

第四，各餐厅就餐人数、营业额和平均消费额。

饮食营业日报表能反映出当日整个企业和各餐厅的饮食销售情况与成本控制情况。如销售或成本控制不理想，可及时找出销售不佳和成本泄漏的责任部门，便于及时采取措施，加强管理，以提高企业的经济效益。

二、饮食成本月报表

为了减少日成本核算误差的影响，加强企业的成本控制，必须认真核算每月的饮食成本。计算月饮食成本与计算日饮食成本的不同点，在于月饮食成本是根据库存的实际盘点额来核算，不但要知道库房的库存额，还要核算当月厨房的库存额，这样，才能使月成本核算额更为精确。

饮食月成本总额计算公式如下：

月初库房库存额（上月末实际库存额）

+月初厨房库存额（上月末实际库存额）

+本月库房购进额（验收单据汇总）

+本月直拨采购额（验收单据汇总）

−月末库房库存额（月末实际盘点库存额）

−月末厨房库存额（月末实际盘点库存额）

−成本调整额

=各项扣除额

本月净成本额

其中，成本调整额包括：

第一，各厨房向酒库和酒吧领用的供作调料的酒水。这些成本额应分别加在各厨房的成本额中，并应分别在酒库和酒吧成本中扣除。

第二，各酒吧间向库房和各厨房领用的调酒用料。这些成本额必须加在各酒吧间成本额中，并应从库房和厨房成本中扣除。

第三，各厨房间的原料调拨成本额。凡具有多个餐厅和厨房的饮食企业，所属各厨房间的原料调拨，必须作相应的换算。如从甲厨房调入乙厨房的原料、半成品、成品的成本额，必须从甲厨房的成本额中扣除，加入乙厨房的成本额中。

各项扣除额包括：

第一，向顾客赠送的水果、饮料等。这是一种促销手段，故此项支出，可计入推销费用中。

第二，招待用餐成本。企业为拓展业务所开支的招待费用，应分别计入各部门的营业费用中。

第三，职工用餐成本。这部分成本应从饮食营业成本中扣除，列入企业费用开支。

第四，其他杂项扣除。如有的企业以成本价出售的原料，其收入应从原料成本中扣除。有的企业组织厨师技术训练或新产品试制等所发生的一些开支，也应从饮食成本中扣除，计入营业费用中。

总之，饮食成本月报表应包含以下内容：反映企业一个月消耗饮食原料的总额和燃料的总额；显示饮食成本的调整额和各项扣除额；列出一个月餐饮成本的净额；还应在月报表上列出餐饮营业额，并计算出实际成本率。

$$餐饮实际成本率 = \frac{餐饮实际成本率}{餐饮营业额} \times 100\%$$

通过饮食成本月报表所提供的简洁信息，可使企业管理人员一眼便清楚地了解到企业月成本控制的效果。如某饮食企业的标准成本率为45%，但从这个月的成本报表中反映出的实际成本率为48.5%，这就说明企业在这个月成本控制方面还存在许多问题，有待进一步查找原因，加以改进。如果说从这个月成本报表中反映出的实际成本率为43%，这就说明企业在这个月成本控制方面已经取得了很大成绩，为企业提高经济效益打下了坚实的基础。

第四章
餐饮成本的核算与管理

　　餐饮企业在经营和为客人提供服务的过程中，既要耗费一定的生产资料（物化劳动），又要耗费一定的劳动时间（活劳动），还要耗费其他的一些成本。在财务核算中，上述消耗统称为成本费用。根据现有的财务管理制度，又将成本费用具体分为营业成本、营业费用、管理费用、财务费用。根据经营管理的需要，在实际工作中又往往根据成本费用的状态，将成本费用划分为固定费用、变动费用两类。在酒店餐饮规模一定的情况下，如何减少变动费用的支出，成为酒店餐饮成本费用控制的关键，而在变动费用中，营业成本所占的比重最大，与餐饮经营收益有直接的关系，因此控制变动费用支出的重要意义在于如何控制餐饮营业成本的支出。成本的高低直接影响酒店餐饮的经营好坏，也对企业的竞争能力产生巨大的影响，成本的高低也反映了餐饮的经营管理水平。

第一节　成本核算的要求和程序

一、成本核算的要求

　　成本核算是按照国家有关成本费用开支范围的规定，核算企业在生产经营过程中所支出的物质消耗、劳动报酬以及有关费用支出的数额、构成和水平。成本是综合反映一个企业生产经营成果的一项重要指标，原材料和能源消耗的节约及浪费、生产工艺及设备利用是否合理以及劳动生产率的高低，都会综合反映在产品成本的水平上。为了充分发挥成本核算的作用，对成本核算有以下要求。

（一）坚持成本核算与成本管理相结合的原则

成本核算是加强企业管理，特别是加强成本管理的重要手段，成本核算应该从满足加强企业管理的要求出发，做到成本核算与加强企业管理相结合，为企业管理和企业决策所用。因此，成本核算不仅要对企业生产费用进行事后的记录和计算，还要在生产费用发生之前进行审核和控制，审核费用支出是否符合财经政策和财经制度，是否符合计划定额，做好费用的审核工作。进行成本核算，计算产品成本，为提供成本管理所需要的成本资料，成本计算必须正确、及时。只有成本资料正确，才能据以考核和分析成本计划的完成情况，才能保证国家的财政收入和企业再生产资金得到合理的补偿。同时，成本计算的正确与否，衡量的标准首先要看提供的核算资料能否满足管理的需要。在成本计算中，既要防止片面的简单化，不能满足成本管理要求的做法，又要防止脱离成本管理要求，为算而算，搞烦琐哲学的倾向。因此，必须从管理要求出发，在满足管理需要的前提下，按照重要性原则分清主次，区别对待；主要从细，次要从简；细而有用，简而有理。成本核算要做到算为管用，算管结合。

（二）正确划分各种费用界限

为了加强各种费用的控制，正确计算成本，应当严格划清以下费用的界限。

1. 正确划分资本性支出和收益性支出的界限

凡支出的效益涉及多个会计年度的，应作为资本性支出，如固定资产的购置和无形资产的购入均属于资本性支出；凡支出的效益只涉及本年度的应作为收益性支出，如生产过程中原材料的消耗、直接人工、制造费用及期间费用均属于收益性支出。

构成企业资产的资本性支出，要在以后的使用过程中逐渐转入成本费用。收益性支出应计入产品成本，或者作为期间费用单独核算。收益性支出全部由当期销售收入来抵偿。区分资本性支出和收益性支出的目的，是为了正确计算资产的价值和正确计算各期的产品成本、期间费用及损益。如果把资本性支出列作收益性支出，其结果必是少计了资产的价值，多计了当期费用；反之，则多计了资产的价值，少计了当期的费用。无论哪种情况都不利于正确计算产品成本。

2. 正确划分应计入产品成本费用和不应计入产品成本费用的界限

企业生产过程中的耗费是多种多样的，其用途也是多方面的，要正确核算成本费用，计算产品成本，必须按费用的用途确定哪些应由产品成本负担，哪些不应由产品成本负担。要严格遵守成本费用开支范围的规定，坚决抵制乱摊成本和擅自扩大产品成本费用开支范围的非法行为，以保证产品成本计算的真实性。

3．正确划分各个会计期间的费用界限

根据我国会计准则的规定，企业应按月进行成本计算，以便分析考核生产经营费用计划和产品成本计划的执行情况和结果。因而必须划分各个月份的费用界限。本月份实际发生的费用应当全部入账，而不能由以后月份负担。本月份发生（支付）而应由本月及以后各月共同负担的费用，应当记做待摊费用，在各月间合理分配计入成本费用。本月虽未支付，但应当由本月负担的费用，应当通过预提的方法，记作预提费用，预先分配计入本月成本费用，待到期支付时，再冲减预提费用。正确划分各个月份的费用界限，实质上是从时间上确定各个成本计算期的费用和产品成本，是保证成本核算正确性的重要环节。

4．正确划分各种产品应负担的费用界限

为了保证每个成本计算对象正确地归集应负担的费用，必须将发生的应由本期产品负担的生产费用，在各种产品之间进行分配。凡是能直接认定某种产品应负担的费用，应直接归入该种产品成本；不能直接确认而需要分配计入的费用，要选择合理的分配方法进行分配，计入各种产品成本。特别应注意防止在可比产品和不可比产品之间，在盈利产品和亏损产品之间转移生产费用，借以掩盖成本超支或以盈补亏。

5．正确划分完工产品成本和在产品成本的界限

在企业月末有完工产品和在产品的情况下，要正确计算本月末完工的在产品成本和已完工的产成品成本，这就需要将该种产品的累计全部成本，采用适当的方法在完工产品和在产品之间进行分配与划分。所采用的方法要准确、合理而又简便，要有利于成本管理。

（三）正确确定财产物资的计价和价值结转方法

企业的财产物资是生产资料，包括固定资产及生产经营过程中所要耗费的各种存货，其价值是要转移到产品成本、费用中去的。这些财产物资可以认为是尚未转移为成本、费用的价值储存。因而，财产物资计价和价值结转的方法，也是影响成本费用正确性的重要因素。

《企业会计准则》规定："各项财产物资应当按取得时的实际成本计价。物价变动时，除国家另有规定者外，不得调整其账面价值。"固定资产的正确计价和价值结转，应包括其原值的计算方法、折旧方法、折旧率的高低以及固定资产与低值易耗品的划分标准。低值易耗品和包装物，在按其取得时的实际成本计价的同时，还要合理制定其摊销方法。各种原材料应按实际采购成本计价，其价值的结转，在材料按实际成本进行日常核算时，企业可以根据情况，对发出材料选用先进先出法、加权平均法、移动平均法和个别计价法等，确定其实际成本；在材料按计划成本或者定额成本方法进行日常核算时，应当按期结转其成本差异，将计划成本或者定额成本调整为实际成本。这时，材料成本差异率的计算、合理规定材料成本差异率的

种类（个别差异率、分类差异率、综合差异率、上月差异率或本月差异率）以及采用分类差异率的类距大小等，就显得十分重要。

为了正确计算成本费用，对于各种财产物资的计价和价值的结转，以及各种费用的分配，都要制定比较合理、简便的方法。同时，为了使各企业和各时期的产品成本可比，有的要在全国范围内规定统一的方法，有的应在同行业同类型企业范围内规定统一的方法。而方法一经确定，必须保持相对稳定，不应任意改变。要注意防止任意改变财产物资计价和价值结转的方法，如任意改变固定资产折旧率及不按规定方法和期限计算、调整材料成本差异等，其结果都必然造成成本费用失去真实性，给企业和国家造成严重危害。

（四）做好成本核算的各项基础工作

要正确、及时地计算产品成本，进行成本审核与控制，还必须做好成本核算的各项基础工作。

1. 做好各项消耗定额的制订和修订工作

生产过程中的原材料、燃料、动力和工时等项消耗定额，与产品成本计算的关系十分密切。制订先进而又可行的各项消耗定额，既是编制成本计划的依据，又是审核控制生产费用的重要依据。而在计算产品成本时，也常需要按照产品的定额消耗量比例，进行费用的分配计算。因此，为了加强生产管理和成本管理，企业必须建立、健全定额管理制度，凡是能够制订定额的各种消耗，都应制订定额，并随着生产的发展、技术的进步、劳动生产率的提高，还要不断地修订定额，以充分发挥定额管理的作用。

2. 建立原材料、在产品、产成品等各项财产物资的收发、领退、转移、报废、清查盘点制度

成本费用以价值形式核算产品生产经营中的各项支出，但是价值形式的核算都是以实物计量为基础的。因而为了正确计算成本费用，必须建立和健全各种实物收进和发出的计量制度及实物盘点制度，这样才能使成本核算的结果如实反映生产经营过程中的各种消耗和支出，做到账实相符。

3. 建立和健全各项原始记录

原始记录是反映生产经营活动的原始资料，是进行成本预测、编制成本计划、进行成本核算、分析消耗定额和成本计划执行情况的依据。因此，企业对生产过程中材料的领用、动力与工时的耗费、费用的开支、废品的发生、在产品及半成品的内部转移、产品质量检验及产成品入库等，都要有真实的原始记录。成本核算人员要会同企业内计划统计、生产技术、劳动工资和产品物资供销等有关部门，认真制定既符合成本核算需要，又符合各方面管理需要，既科学又简便易行，讲求实效的原始记录制度；还要组织有关职工认真做好各种原始记录的登记、传递、审核和保管工作，以便正确、及时地为成本核算和其他有关方面提供

资料和信息。

4. 严格计量制度，完善各种计量检测设施

成本核算必须以实物计量为基础，只有严格执行对各种财产物资的计量制度，才能准确计算产品成本。而要准确地进行实物计量，就必须具备一定的计量手段和检测设施，以保证各项实物计量的准确性。因而应当按照生产管理和成本管理的需要，不断完善计量和检测设施。

5. 制订和修订厂内计划价格

在规模较大、管理基础较好的企业中，应对原材料、半成品、厂内各车间相互提供的劳务（如修理、运输、动力等）制订厂内计划价格，作为企业内部结算和考核的依据，以便分清内部各单位的经济责任，考核和分析内部各单位成本计划的执行情况，并简化和加速核算工作，如前述材料按计划成本进行日常核算就是如此。厂内计划价格要尽可能符合实际，保持相对稳定，一般在年度内不变。在制订了厂内计划价格的企业中，各项原材料的耗用、半成品的转移，以及各车间与部门之间相互提供劳务等，都首先要按计划价格计算。这种按实际生产耗用量和计划价格计算的成本，称为计划价格成本。月末计算产品实际成本时，再在计划价格成本的基础上，采用适当的方法计算各产品应负担的价格差异（如材料成本差异），将产品的计划价格成本调整为实际成本。企业不得用计划成本代替实际成本。

（五）根据企业的生产特点和管理要求，采用适当的方法计算产品成本

产品成本是在生产过程中形成的。产品的生产工艺过程和生产组织不同，所采用的产品成本计算方法也应该有所示同。计算产品成本是为了加强成本管理，因而，还应该根据管理要求的不同，采用不同的产品成本计算方法。企业应该按照本身的生产特点和管理要求，选用适当的成本计算方法，才能正确、及时地计算产品成本。

二、费用的分类

企业生产经营过程中的耗费是多种多样的，为了便于归集各项费用，正确计算产品成本和期间费用，进行成本管理，需要对种类繁多的费用进行合理分类。费用可以按不同的标准分类，在日常核算中，主要有以下几种划分方法。

（一）费用按经济性质分类

费用按经济性质（经济内容）划分的类别称为费用要素。由于企业的生产经营过程是劳动对象、劳动手段和活劳动的耗费过程，因此，费用要素主要包括劳动对象方面的费用、劳动手段方面的费用和活劳动方面的费用三大类。前两类属于物质消耗，后一类属于非物质消耗。为了具体反映费用的构成和水平，还应将费用进一步划分为以下费用要素：

第一，外购材料。外购材料是指企业为进行生产经营而消耗的一切从外部购进的原料及主要材料、辅助材料、半成品、包装物、低值易耗品和修理用备件等。

第二，外购燃料。外购燃料是指企业为进行生产经营而消耗的一切从外部购进的各种燃料，包括固体燃料（如煤炭）、液体燃料（如石油液化气）和气体燃料（如天然气）。

第三，外购动力。外购动力是指企业为进行生产经营而耗用的从外部购进的各种动力，如水、电、气等。

第四，职工薪酬。职工薪酬是指企业支付的应计入生产经营费用的所有职工的各种薪酬。

第五，折旧费。折旧费是指按照规定计算提取的固定资产折旧费。

第六，利息净支出。利息净支出是指应计入财务费用的借款利息支出减利息收入后的净额。

第七，税金。税金是指应计入企业管理费用的各种税金，如房产税、车船税、土地使用税、印花税等。

第八，其他支出。其他支出是指不属于以上各项要素的费用支出，如差旅费、办公费、保险费、邮电费、租赁费、咨询费、广告费和业务招待费等。

费用按经济性质分类，可为分析该企业在一定时期内费用的结构和水平，考核费用预算提供资料；可为核定资金定额、编制采购资金计划和劳动工资计划提供资料；也可为计算工业净产值和国民收入提供资料。

（二）费用按经济用途分类

费用按经济用途，可以分为计入产品成本的生产费用和不计入产品成本的期间费用。应计入产品成本的生产费用，有的直接用于产品生产，有的则用于管理和组织生产。按照计入产品成本的生产费用的各种用途，可进一步划分为若干项目，即产品成本项目，简称成本项目。一般可分为以下四项：

第一，直接材料。直接材料是指直接用于产品生产、构成产品实体的原料、主要材料、外购半成品以及有助于产品形成的辅助材料。

第二，直接人工。直接人工是指直接参加产品生产的工人工资及以其他形式发放的职工薪酬。

第三，燃料和动力。燃料和动力是指直接用于产品生产的外购和自制的燃料和动力。

第四，制造费用。制造费用是指直接用于产品生产，但不便于直接计入产品成本以及间接用于产品生产的各项费用。

需要说明的是，以上四个成本项目只是一般企业应该设置的主要成本项目，由于各个企业的生产特点和管理要求各不相同，所以设置的成本项目也不尽相同。例如，有的企业外购半成品、自制半成品在成本中所占比重较大，就可增设"外购半成品""自制半成品"成本项目；有的企业需要单独考核废品损失、停工损失，则可以增设"废品损失""停工损失"成本项目。

以上成本项目之和构成产品的生产成本。现行制度规定，在制造成本法下，产品成本即产品生产成本或制造成本，主要包括以上四项内容，而不包括期间费用，即用于产品销售的销售费用，用于组织和管理生产活动的行政管理费用以及筹集资金而发生的财务费用。因为期间费用与产品的生产没有直接联系，这些费用容易确定其发生的期间，而难以判别其所应归属的产品，因而在发生的当期便从当期的损益中扣除。这样做既易于保证费用分配的合理性，又有助于考核企业生产经营单位的成本管理责任及进行成本预测和决策。

费用按经济用途分类，可以正确反映产品成本的构成情况，有助于考核各项费用消耗定额和计划的执行情况，分析成本计划升降原因，以便积极采取措施，寻求降低成本的途径。

（三）生产费用按计入产品成本的方法分类

按照计入产品成本的方法不同，生产费用可分为直接计入费用（简称直接费用）和间接计入费用（简称间接费用）。直接费用是为生产某种产品耗用，并能根据原始凭证直接计入某种产品成本的费用，如直接材料和直接人工，一般能分清是为生产哪种产品所耗用，在发生时即可直接记入核算该种产品成本的账户。间接费用是指为生产几种产品共同耗用，不能根据原始凭证直接计入，需要按适当标准分配计入产品成本的费用，如间接材料、间接人工以及其他制造费用。按照这一标准划分生产费用，有助于掌握生产费用与产品成本形成的关系，正确组织成本核算。

（四）生产费用按其与生产工艺的关系分类

按照与生产工艺的关系不同，可将生产费用分为基本费用和一般费用。基本费用是指直接发生于工艺技术过程的费用，如原材料、辅助材料、燃料、动力以及生产工人工资和以其他形式发放的职工薪酬。一般费用是指与生产工艺过程无关的用于管理和组织生产而发生的费用，如车间管理人员工资、差旅费、办公费和租赁费等。一般来讲，基本费用大多是直接费用，一般费用大多是间接费用。但并不绝对，如在只生产一种产品的企业，基本费用和一般费用都可直接计入该种产品成本，都是直接费用；但在用同一种原材料、同时生产几种产品的联产品生产企业中，基本费用和一般费用都是间接费用，必须通过分配才能计入某种产品成本。这种分类，有助于分析企业在不同时期的成本管理水平，以便改变构成产品成本的费用结构，降低一般费用在单位产品成本中的比重。

（五）生产费用按其与产品产量的关系分类

按与产品产量的关系，可将生产费用划分为变动费用和固定费用。变动费用是指随着产品产量的增减变动而成比例地增减变动的费用。产量增加，变动费用总额也增加，相反则减少，但单位产品中所包含的变动费用却基本稳定不变，如直接材料费用、生产工人的计件工资以及某些间接材料。固定费用是指与产品产量无直接关系、相对固定的费用。即产品产量在一定相关范围内增加或减少时，固定费用总额都基本稳定不变，但单位产品中所包含的固定费用则会随之降低或升高。这种分类有助于企业依据产品产量的变动控制各项费用的水平，促使企业在不增加固定费用的前提下，增加产品产量，提高生产能力的利用水平。

三、成本核算的一般程序和运用的主要账户

（一）产品成本核算的一般程序

企业为了及时、正确地核算产品成本，在生产费用的发生和产品成本的形成过程中，应当按照一定的顺序进行。产品成本核算的一般程序如下。

1. 对费用进行审核和控制

在费用发生时，企业就应以国家规定的成本费用开支范围和费用开支标准以及有关财务、会计制度和有关法令为据，严格控制和审核每一项费用支出，并确定费用是否计入产品成本。在审核时，关键是要划清产品费用与期间费用的界限。前者是指计入产品成本的费用，如直接材料、直接人工以及各项制造费用；而期间费用，如销售费用、财务费用和管理费用，则不能计入产品成本，应在发生时直接作为当期费用入账，从当期收入中补偿。

2. 在各种产品之间归集和分配生产费用

在划清应计入产品成本和应计入期间费用的界限后，企业就应以产品作为成本核算对象，设置各成本核算账户，分别归集各种应计入产品成本的生产费用。有些费用，如直接材料、直接工资，可直接计入有关成本核算对象；而有些费用，如制造费用，通常都不能直接计入，应当采用适当的分配方法在各种产品之间进行分配。分配标准应与被分配的费用有一定的依存关系。如有些产品耗用材料的多少，与产品的重量有关；有些产品耗用材料的多少，却与产品产量有关，因而可分别采用各产品重量比例或产量比例分配这些材料费用。通过在各种产品之间归集和分配生产费用，最终可反映各种产品的生产成本总水平。

3. 在完工产品与月末在产品之间归集和分配生产费用

对于既有完工产品又有在产品的产品，在月末已将该产品发生的全部生产费用归集在某一成本核算账户后，还应按照一定的方法将其在完工产品与月末在产品之间进行分配，计算出完工产品成本和月末在产品成本。

（二）成本核算应设置和运用的账户

为了按照一定的用途归集各项生产费用，正确地计算产品成本，企业应设置和运用以下账户。

1."基本生产成本"账户

基本生产是企业为完成主要生产目的而进行的商品生产。该账户是一个成本类账户，用以归集进行基本生产所发生的各种要素费用和计算基本生产的产品成本。企业为进行基本生产所发生的各项费用，可直接或分配记入该账户借方；月末完工入库的产品成本，记入该账户的贷方。该账户的借方余额表示月末在产品的成本。月末没有在产品的企业，该账户不应保留余额。该账户应按照产品品种分设基本生产明细账，亦称产品成本明细账或产品成本计算单。明细账中按成本项目分设专栏，登记各产品、各成本项目的月初在产品成本、本月发生的生产费用，本月完工产品成本和月末在产品成本。基本生产成本明细账，如表 4-1 所示。

表 4-1　基本生产成本明细账

产品名称：（产品成本计算单）

20xx 年		凭证		摘要	成本项目				成本合计
月	日	种类	号数		直接材料	直接人工	燃料和动力	制造费用	
				月初在产品正本 本月生产费用 生产费用合计 结转完工产品成本 月末在产品成本					

2."辅助生产成本"账户

辅助生产是指为基本生产和管理部门服务而进行的产品生产和劳务供应活动，如工具、模具、修理用备件的生产和修理、运输等劳务的供应。"辅助生产成本"是一个成本类账户。企业进行辅助生产所发生的费用，应记入"辅助生产成本"账户的借方，完工入库产品的成本或分配转出的劳务费用，记入该账户的贷方。月末，该账户借方余额表示辅助生产在产品的成本。在辅助生产全部为提供劳务、不生产产品情况下，月末，归集在"辅助生产成本"账户的生产费用要全部转入各受益对象的成本费用账户，该账户不保留余额。该账户应按辅助生产车间和生产的产品、劳务分设明细账，明细账中按辅助生产的成本项目或费用项目分设专栏进行登记。辅助生产成本明细账，如表 4-2 所示。

表 4-2 辅助生产成本明细账

车间名称：

| 20xx 年 | | 凭证 | | 摘要 | 直接材料 | 直接人工 | 燃料和动力 | 制造费用 | | | | | | | | 合计 |
月	日	种类	号数					折旧费	修理费	办公费	水电费	运输费	保险费	消耗材料	其他	小计	

3."制造费用"账户

该账户是一个成本类账户，主要用来核算企业为生产产品和提供劳务而发生的各项间接费用，包括职工薪酬、折旧费、修理费、办公费、水电费、机物料消耗、劳动保护费、季节性修理期间的停工损失等，不包括企业行政管理部门为组织和管理生产所发生的管理费用。企业发生的各项制造费用，记入该账户的借方，将本月制造费用分配计入有关成本计算对象时，记入该账户的贷方。除季节性生产企业外，该账户月末应无余额。该账户应按不同的车间、部门设置明细账，明细账内按制造费用项目设置专栏。制造费用明细账，如表 4-3 所示。

表 4-3 制造费用明细账

车间名称：

| 20xx 年 | | 凭证号数 | 摘要 | 职工薪酬 | 折旧费 | 修理费 | 办公费 | 水电费 | 保险费 | 劳动保护费 | 消耗材料 | 其他 | 合计 | 转出 |
月	日													

4."销售费用"账户

该账户用来核算企业在产品销售过程中发生的费用，包括运输费、装卸费、包装费、保险费、展览费、广告费以及为销售本企业产品而专设的销售机构的职工薪酬、业务费等经常费用。发生以上费用时，记入该账户借方，月末从其贷方转入"本年利润"账户借方，结转后无余额。

5."财务费用"账户

该账户用来核算企业为筹集生产经营所需资金而发生的费用，包括利息净支出、汇兑净损失、支付银行及金融机构的手续费等。发生各项筹资费用时，记入该账户借方，月末从其贷方转入"本年利润"账户借方，结转后无余额。

6."管理费用"账户

该账户用来核算企业行政管理部门为组织和管理生产经营活动而发生的各种费用，包括职工薪酬、折旧费、工会经费、职工教育经费、业务招待费、技术转让费、劳动保险费、研究开发费、房产税、车船税、土地使用税、印花税、无形资产摊销、开办费摊销、坏账损失、咨询费和诉讼费等。发生各项费用时，记入该账户借方，月末从其贷方转入"本年利润"账户借方，结转后无余额。

以上介绍了企业进行成本核算应设置的主要账户。如果企业需要单独核算废品损失和停工损失，可以增设"废品损失""停工损失"账户；如果管理上要求计算自制半成品成本，也可以增设"自制半成品"账户；如果企业有开办费，租入固定资产改良支出等摊销期在 1 年以上的费用，还可以增设"长期待摊费用"账户。

第二节　餐饮成本管理的意义

一、餐饮成本管理

餐饮成本的管理是饮食业经营管理的重要组成部分。餐饮成本控制的好坏，对餐饮企业经营的成败具有至关重要的作用和意义。

第一，餐饮成本控制是餐饮市场激烈竞争的客观要求。随着企业的迅速发展，市场竞争必然日趋激烈，另外人们对餐饮业需求质量的逐步提高，餐饮企业的生存与发展面临着严重的挑战，要生存求发展，必须降低成本，提高企业的经济效益，增强企业的竞争能力。

第二，餐饮成本控制是增加利润的重要手段。企业取得利润的多少，主要取决于价格和成本的高低。在价格一定的情况下，成本越高，利润就越少，成本越低，利润就越多。餐饮企业只有加强内部管理，重视成本控制工作，才能取得较好的经济效益。

二、原材料采购的管理与要求

餐饮成本管理的内容，狭义的是指：原材料（财与物）的管理。但从广义的角度还应包括：劳动和技术力量的管理、生产场所和设备的管理、生产的安全和卫生管理等。

（一）原材料采购的具体要求

第一，品种必须适销。即采购货物的原材料必须适销，也就是说所采购的原材料能生产出畅销的产品。为此，原材料的采购要"以销定进"和"以进促销"。

第二，质量必须优良。就是所采购的原材料必须具有较高的使用价值，货真价实，出品率高，坚决防止变质原料被购入企业。

第三，价格必须合理。就是所购货物的价格与价值基本相符，所购原材料价格与其他商品价格的比价合理。要认真核算其出品率，切实保证原材料价格的合理性。坚决杜绝在进货价格中弄虚作假、拿回扣等贪污舞弊行为。

第四，数量必须适当。要求进货数量既能保证企业日常生产、供应的需要，又不造成人为的库存积压。进货数量适当是库存合理的基础，要根据本单位生产经营情况和市场货源情况正确地确定进货数量。一般来说应该"勤进、少量"，即进货次数可以多些（间隔期短），但每次的进货量应该少些。

第五，费用必须节省。采购中的费用可以少花的应尽量少花；能够不花的坚决不花，这样才能直接地降低成本和费用开支。

第六，凭证必须齐全。切实做到每笔采购都要有单据，都要进行检斤、过秤、检查质量、验收。各项经济手续清楚完备，以便堵塞各种漏洞，防止原材料不应有的散失和损耗。

（二）采购的方式

原料采购管理的一条重要原则，就是降低购进原材料的成本。达到降低经营成本的目的，必须采取灵活多样的采供方式：

第一，本地采购与外地代购相结合。餐饮经营中，大量的原材料都在本地就近购买。但由于市场经济的作用，各地产品的价格都不相同。尤其是海鲜、干货、调料、酒水等，由于进货的途径不同，各地的价格差异较大。这就需要深入市场调查研究，摸清本地和外地的价格行情，有计划地去外地购买同等质量不同价格的食品，存放冷库备用。

第二，采购的时间与采购的地点相结合。由于采购的时间和地点的不同，原料价格也有所差异。就市场行情来看，一般早上一手批发的鸡、鱼、肉、蛋、蔬菜等价格较便宜，上午价格最高，下午价格比上午又稍低一些。因此，在早上采购时机最好。一个地区销售市场较多，销售价格也不相同，采购中就要随时了解和掌握不同市场的价格行情。把握好采购的时间和地点，使其有机结合起来。

第三，货比三家与讨价还价相结合。同等质量的产品不同的供应商或销售者的价格也不相同，在采购中要多询问几家，就质量和价格进行比较。展开讨价还价，把价格降到最低，以最低的价格取得优质的原料。

第四，固定采购与分散采购相结合。为了确保食品的质量和采购的稳定性，可在市场固定采购点，但要灵活不可绝对化。如固定点的质量、价格不如其他市场的，那么就不去固定点采购，与分散市场采购结合起来，这样才能严把采购的质量和价格关。

（三）原材料采购的管理

餐饮成本的构成主要是原材料的采购价格和相关的采购费用，通过餐饮成本管理，采取切实可行的措施，降低原材料成本支出。目前，采购餐饮原材料基本是由使用部门申请，采购部门负责采购，这种分工合作有其优点，但也存在一定的弊端，其突出表现是：使用部门往往强调材料质量而忽视对价格的控制，致使成本率上升。为改变这种局面，首先要明确餐饮行政主管和各餐厅厨师长为餐饮成本控制的责任人，要参与采购原材料品种、数量、质量和价格的确定工作；其次采购部门要尽可能多地提供不同档次的可供选择的品种，可尝试大宗采购的招标、集团采购等办法，从采购数量和稳定供货等方面，尽量压低采购价格。

1. 制定合理的采购程序

餐饮采购工作程序就是通过设计科学合理的采购步骤，降低采购成本，增加企业效益。采购程序既要尽量减少中间环节，又要保持各环节的紧密联系和及时沟通，以节约采购时间，节省采购费用。

采购工作是与餐饮企业各使用部门、库房以及财务部门紧密相连的。采购工作的程序应包括申请采购、采购审批、验收入库、经费报销等。

2. 制定科学的采购质量标准

餐饮原料的质量通常是指原料的新鲜度、成熟度、纯度、清洁卫生情况、固有的质地。原料的质量要求既包括对原料的品质要求，同时也包括对原料的使用要求。餐饮企业根据各自的特殊需要，对所采购的各种原料都做出了详细而具体的规定，如原料的产地、等级、性能、大小、色泽、包装要求、肥瘦比例、切割情况、冷冻状况等，将这些规定写成书面的形式作为订货、购买、与供应商之间沟通的依据，从而指导采购，减少浪费。目前一些餐饮企业中经验化的、随意性的采购标准不利于餐饮企业质量的稳定和餐饮企业集团化的发展。因此，餐饮企业应该制定科学的、书面形式的、有固定格式的采购质量标准。这样一来不仅可以大大减少采购失误，而且，即使有采购失误也能明确责任，便于查找原因，完善管理，最终从根本上杜绝采购成本的浪费。

3. 确定最佳采购批量

原料每次采购数量的多少关系到采购价格的高低，最终影响到菜肴成本的高低。一次采购数量多，虽然有价格折扣，但占用过多的资金，影响资金的周转，一旦原料贮存时间过长，会引起质量下降，增加贮存成本。一次采购数量过少，失去大批量采购所能获得的价格折扣；也容易导致库存不足，无法生产某些食品，引起顾客不满；紧急采购既费时，又可能导致高价采购。因此，最佳采购批量的确定既要考虑满足生产部门的需要，及时供货。同时，又要使库存较少，节约资金。

4．执行合理的采购价格

采购工作的目标之一就是要获得理想的采购价格。餐饮原料的价格受诸多因素影响，因而波动较大。影响原料采购价格的因素主要有：采购数量的多少，供货商的远近及他们之间的竞争，原料的上市季节、原料运输所采用的形式等。要想得到合理的采购价格必须坚持"以质论价、择优进货，多渠道、少环节，灵活采购"的原则。具体方法包括如下几方面：

第一，根据市场行情适时采购。

每种原料在市场上都有旺盛期，当某种原料处于销售的旺盛期限及供大于求时，价格必趋于低价，而此种原料又是饭店大量需求的，只要质量符合标准并可储存，可趁这个机会购进，以备原料缺货时使用。而应季原料刚上市，预计价格会随时间的延续而降低时，采购量应尽可能地减少，随时采购，能满足正常需要即可，等价格降低或趋于稳定时再行购进。

第二，集中采购以降低购货价格。

连锁经营的餐饮企业，由于其食品生产已达到标准化、规范化，其分店使用原料的种类、质量标准较统一，易于集中统一采购。这样一来，由于一次采购量较大，价格相比也较低。另外，当某些食品的包装规格有大有小时，由于集中采购可购买大规格包装的原材料，也可以降低单位价格。

第三，竞争报价，以确定购货渠道。

竞争报价是由两个以上的食品原料供应商向餐饮企业采购部门提供食品原料报价（包括原料的种类、规格、质量、价格等），采购部门根据本企业食品原料的需求情况和供应商的情况，从中选择最优的供应商。通过竞争报价确定供应商，形成固定的供货渠道。采购部门只能向那些指定的供货商购货，或者只许购置来自规定渠道的食品，因为企业已同这些供应商商定了优惠的价格。

三、原材料保管的管理与要求

原材料的管理，是餐饮经营管理的一个重要组成部分。它对餐饮成品的质量和企业的成本也有着举足轻重的作用。因此，要降低成本费用，必须加强对饮食原料保管的管理。

（一）原材料保管的要求

采购部门采购回来的原料经验收后部分进入厨房，部分进入库房，原料管理人员必须加强对原料的保管，其主要要求是：

第一，对入库原料进行验收，防止不合格原料进入企业。

第二，保证生产部门用料得到及时充分的供应。

第三，记录生产部门用料成本，控制用料数量。

第四，对入库原料实行有效的保管，保证原料的安全。

（二）原料保管的管理

1. 原料的验收

验收是检查采购的原料与名称是否相符,质量是否符合规格标准,订购的数量、价格与报价是否一致的一种方式。它既是对采购工作的监督和检验,同时也是下一步搞好贮存工作的前提。

验收的方法:

第一,在原料入库前,验收人员检查、核对订单。

第二,检查原料名称、质量是否符合采购规格标准。

第三,检查订购数量、价格、报价是否与饭店订购的一致。

第四,所有原料、物品都应称重、计数和计量,并作如实登记,填写报表。如发现名称、数量、质量、价格方面有出入或差错,应按规定尽快采取妥善处理措施。

验收的管理:

第一,餐饮企业的管理者,应定期与不定期地对验收工作进行督导,使验收工作得以顺利进行。

第二,验收工作应与采购工作分开,不能同一个人或同一个部门来管理。

第三,指定专人负责验收工作,不能谁有空就谁来验收o

第四,验收要在指定的验收处进行。

第五,发现进货有质量问题,应督促验收人员退货。

第六,原料一经验收,应立即入库或进入厨房,不可在验收处停留太久,以防失窃。

2. 原料贮存的管理

（1）原料贮存的方法

粮油和一般干货原料、调味品的储藏保管,大多数是由仓库或保管部门直接负责的。所以,仓库或保管部门必须做好以下工作:

第一,要准确记账。对所储藏原料要按品种建立分类账,并在出入仓库时认真及时地做好记录,做到账货相符。

第二,要严格验收。原材料购进之后,要有专人验收。验收人员应根据进货发票所列的品种、规格、单位、数量、金额等认真细致地逐一点收。如发现规格、数量、金额等不符的情况,应及时与发货单位联系更正;如遇原料质量很差甚至已霉烂变质时,应作退货处理,以保障人民身体健康。

第三,要及时发料。原料入库后,生产车间领用,应填写"领料单"或"领料卡",办理领料手续,保管人员凭单或卡及时发料。并且要贯彻先进先出原则,即先入库的先发,后入库的后发,以防原料日久变质。

第四,要随时检验翻晒。对库存原料,要随时进行检验,并及时进行翻晒。在梅雨季节和对某些滞销易腐品尤其要特别注意。

第五，要定期盘点结算。原则上应 10 天盘点结算一次。目前，在饮食业中普遍实行月末盘点的制度，应该说这是最低的要求。结算时要认真进行盘点，做好盘点记录。如果遇有账货不符，应认真分析原因，如自然损耗、整进零出损耗等（最好能摸索出各种原料的增损规律），并及时进行复查。同时，还要认真准确地盘点结存，以保证饮食成本的真实性。

（2）鲜活原料的储藏保管

鲜活原料一般由生产部门直接保管，而且大多数采用冷藏的方法。鲜活原料较一般干货原料更易变质，在保管上尤其应当心。

鲜活原料的保管方法：

第一，要专人负责。对所进鲜活原料，一定要有专人负责保管。保管者应加强业务学习，丰富业务知识，不仅要懂得各种原料的性质，而且要熟悉其可储藏期，以防止原料的变质。

第二，要坚持先进先出和先拆先用。原料购进后，必须及时宰杀拆卸处理，而且要先拆先用，防止原料的变质。特别在梅雨季节和夏季，更应引起足够的重视。

第三，要勤翻冰箱。冰箱是鲜活原料储藏保管的主要工具，作为一名烹饪工作者，一定要懂得使用冰箱的一般常识。冷藏在冰箱里的鲜活原料，一定要根据季节特点和各种原料的可贮期及时进行翻箱，以调节原料的受冷面，降低其内部的温度，否则极易发生霉变，造成损失。

在具体使用上还需要注意以下六点：

① 冰箱要勤冲勤洗。夏天每周至少两次，冬天不少于一次。这是因为箱底有血污沉积，容易引起细菌繁殖，污染原料，造成变质。在冰箱冲洗时，应把凝冻在管子上的冰块除掉，使冷气易于透出。

② 鸡鸭和鱼虾要分开存放，因为鸡鸭碰到鱼虾，烧熟后皮色会发黑，甚至脱皮。

③ 猪肉肉皮要朝上，否则会影响质量。

④ 经过热处理的原料，要待冷后放入冰箱，否则极易损坏冰箱。

⑤ 娇嫩的原料，冷气一定要足，否则容易变质或影响质量。

⑥ 有腥味的原料与无腥味的原料要分开储藏，否则无腥味的原料会吸附腥味。

第四，要勤换水。有些净料要浸放在水罐里，以防变质或影响质量，饮食业中称之为"水料罐选"或"水罐头"。水罐头不能用铝桶、木桶，而要用陶器罐头。这是因为铝桶容易生锈，木桶吸水性强，容易吸附气味，而且易使原料变质。换水工作，一般应注意以下三点：

① 要多看、多嗅、多换，发现问题，应及时处理

② 要时时保持水质清洁，如水稍浑或有泡沫泛出，应赶紧处理。

③ 豆腐、血等软性易碎原料换水时，不能把水直接冲到原料上，以免冲碎而导致损耗。

第五，要搞好活养。有些原料采购时是鲜活的，要设法不使其死亡而影响质量。养活河鱼，不能直接用自来水，而应将自来水放置过夜，让水中氯的成分大部逸出，再行应用，如能用河水或井水则最好。养黄鳝除用水同上述要求外，还要放入泥鳅，让其上下钻窜透气，方能久养不死。养海中甲壳类（蛏子、蛤子等）或青蟹一类，可在水中酌加食盐，使与海水盐分浓度相近。此外，还需防止蚊咬猫食，因为甲鱼被蚊咬后就很容易死去。有些浑水河鱼本身有泥土气，如在清水中养几天后再行宰杀，可免除或减轻气味。

要采用合理的方法解冻。凡冰冻原料购进后不急需应用的，不要化开，这样可延长储藏期。冰冻原料要用自来水解冻化开，不要性急图便，用热水来化冻，以免影响质量。从冰箱中拿出来的原料，必须及时用掉，否则容易变质。

认真检点原料。每天落实后及次日上市前，应对剩下的净料或鲜活原料进行一次检点，以防变质。如发现散失、短缺等情况，应及时查清原因。

第六，半制成品、制成品和某些调味品的保管方法。

半制成品和制成品的保管，也是生产部门（如切配、烹调等部门）直接负责的。这些半制成品一般也应该放在冰箱中，其保管制度和方法，可参考鲜活原料的储藏制度和方法。此外，还需注意下列两点：

① 隔夜原料（包括卤味、制成品、调味品中的熟油和高汤等）一定要回锅重烧，特别在梅雨季节更要这样做。同时，对这些品种的加工数量要根据销售量掌握好，防止过多，因回烧一次就损耗一次，这样会影响企业的毛利率。当然，也要防止储备过少而脱销。

② 对某些易变质的调味品，例如熟油、果酱、甜酱、番茄沙司等，应做到少领、勤领、随用随领，以防时久变质。

3．库存原材料发放管理的目的

一是为餐饮成本核算提供原始记录；二是保证厨房用料得到及时的供应；三是控制厨房原料使用数量。

凭领料单发放原料，任何原料的发出都必须填写原料领料单，坚持"没有领料单不发货，领料单没有经过有关管理者审批的不发货，领料单上有涂改的不发货，手续不全的不发货"五不发原则。

第一，正确如实地记录原料使用情况。如果有的原料当天领出后，不是在当天使用（如大型宴会、酒席等，需要提前做准备）应在领料单上注明使用情况，以便部门进行当日的成本核算。

第二，正确计价。原料从库房发出后，库房管理员有责任在领料单上列出各项原料的单项价格，算出各项原料单上的领料总金额。

第三，内部原料调拨的处理，有的餐饮企业设有餐厅、酒吧及多个厨房，它们之间常常会有食品原料的互相调拨，为便于各自的成本核算，各部门间的原料调拨均应填写原料调拨单。

4．库存原料的盘存

仓库所有的原材料应于每月中旬进行一次小盘点，月底进行一次大盘点，半年和年底进行一次彻底盘点。并将盘点结果填写盘点表和登记明细账。库存原料的盘点要求全面清点所有物资，检查实际存货额是否与账面额相符，以便于控制库存物资的短缺和积压。通过盘点能计算出每月月末的库存额和餐饮成本。

盘点的方法主要有永续盘存制和实地盘存制两种：

永续盘存制是设立明细账，并逐日逐笔记录其收入和发出数，并随时计算出结存数的一种核算方法。物资的收、发、存都能在账面上得到全面完整的反映，有利于对物资数量和金额的控制。但记账工作量大，需耗用较多的人力和费用。

实地盘存制是期末通过盘点实物，来确定本期耗用的数量，并据以计算库存物资耗用成本的一种方法。它平时只记录物资的收入，不记发出，月末以盘存数为基础计算耗用数。其方法简单，但不能随时反映物资的收、发及库存情况。

月末账面库存数量的计算：

月末账面库存数量＝月初库存数量＋本月购进数量－本月发出数量

月初库存数由上月末库存数转入。本月购进数由本月进货验收单库存部分汇总而得，本月发出数由本月领料单汇总而得。

库存物资盘点的要求：

第一，盘点应有财会人员参与。

第二，必须是对库存的所有物资，分别进行清点或称量。

第三，对盘点中发现的问题，如原料的腐烂变质、不合理的短缺，应查明原因，及时处理，

四、劳动和技术力量的管理

劳动和技术力量的管理，实际上就是行业中常说的对人的管理。虽然不直接构成餐饮产品成本，众所周知，其影响直接，特别是处于生产第一线的技术人员，其专业技术的掌握和发挥、职业道德等，都直接影响餐饮产品生产、销售质量和成本的高低。所以，必须予以足够的重视，建立健全各项规章制度，明确责任，奖惩分明，完善管理。使餐饮业的生产、加工、经营和管理趋于科学化、标准化、规格化、制度化。

管理规章制度：

1．购货质量查验制度

购货前要检查、检验供货方的真实身份，验明有关资质条件、产品质量、许可

生产等有关证件，并建立购销登记台账。不得从非法渠道购入食品，不得购入来路不明的食品，不得购入没有合法产品质量检验合格证明的食品；购货者要严格查验有关包装及标志，发现互相矛盾的及有违法嫌疑的不得购入；购入的食品应该留有相关的进货凭证，以备执法部门查验。

2．及时报告制度

经营者购入食品，在查验时发现有质量问题的，应及时向工商部门报告，以从源头上遏制问题食品流入市场。

3．入库查验把关制度

购入货物入库前要有专人进行查验，对上述环节进行复查，发现问题拒绝入库。

4．库存食品质量管理制度

食品要严格按照保质期限销售，过期食品须及时清理下架；对容易腐烂变质的食品要严格管理，发现腐烂变质的要及时清理。

5．信誉卡或者发票制度

对售出食品必须提供相关凭证，以明确食品质量责任。

6．食品销售安全责任制度

在建立购销台账、健全索票、索证等各项制度的基础上，进一步明确食品加工、烹调、销售、服务、包装、储藏、运输等环节的质量责任。

7．生产流程管理制度

任何餐饮产品，特别是名菜点，要严格生产流程的管理，按照自然的生产流程科学地组织生产活动。要规范操作工艺和产品标准要求，以提高产品质量和生产效率。

8．岗位责任制度

结合企业的性质和经营特点，制定各工种、岗位的责任制度。

9．政治和业务学习制度

分别建立政治和业务学习制度，通过经常性的业务和政治学习，不断地提高职工的业务素质和政治素质，树立为人民服务的社会主义道德风尚，形成一支又红又专的职工队伍。

10．奖惩制度

结合岗位责任制度和有益的活动，制定合理、可行、科学的奖惩制度，激励员工努力工作。

五、生产场所、设备和安全卫生管理

生产场所的环境、条件和生产设备，是保障正常生产、安全生产和保证产品质量、提高生产效率的重要条件。餐饮产品的生产又具有品种繁多、工艺复杂、加工时间相对集中、卫生条件要求高等特点。因此，不论是从事生产的技术人员或是管理人员，均应做好如下几项工作：

（一）认真学习《食品卫生法》，严格遵守食品卫生"五四"制

1. 由原料到成品实行"四不"

第一，采购员不买腐烂变质的原料；

第二，保管验收员不收腐烂变质的原料；

第三，加工人员不用腐烂变质的原料；

第四，营业员（服务员）不卖腐烂变质的食品（零售单位：不收进腐烂变质的食品；不出售腐烂变质的食品；不用手拿食品；不用废纸污物包装食品）。

2. 成品（食物）存放实行"四隔离"

第一，生与熟隔离；

第二，成品与半成品隔离；

第三，食物与杂物、药物隔离；

第四，食品与天然冰隔离。

3. 用（食）具实行"四过关"

一洗、二刷、三冲、四消毒（蒸汽或开水）。

4. 环境卫生采取"四定"办法

定人、定物、定时间、定质量。划片分工，包干负责。

5. 个人卫生做到"四勤"

第一，勤洗手剪指甲；

第二，勤洗澡理发；

第三，勤洗衣服、被褥；

第四，勤换工作服。

（二）成立安全监督小组

餐饮产品生产过程中，存在着较多的不安全因素，如煤气、锅炉、油锅、电器、刀具、机械、电梯等。应经常性地开展安全教育，提高消防意识，杜绝事故隐患；组织专人负责，及时检查、维修，实行班前、班后检查制度；建立主要设备运行档案；建立安全生产责任制。

第三节　降低经营管理费用的途径

一、增强核算意识、加强经济核算

餐饮业成本核算，直接关系到企业的经济效益。无论是专业核算人员或是各部门的专业技术人员，都应认识到成本核算的重要性，在准确地核算餐饮产品成本的同时，对生产、经营过程中的各项费用支出应进行有效的控制。充分调动全体员工参与成本、费用管理的积极性。

客观地制定经营、管理费用指标。经营、管理费用包括可控费用和不可控费用两种。固定资产折旧费、管理费、卫生费、保险费等属于不可控之列；水电费、招待费、办公费、维修费、损耗费等都属于可控范围。加强对可控费用的管理和控制，是经营之道。客观地制定可控费用指标，贯彻精打细算、勤俭节约的原则，制定对生产工具的维修和保养措施，有效地控制可控费用的支出，是经营之本。

二、改善劳动组织、提高劳动生产率

餐饮业的特点是工种多、用人多、劳动报酬支出大。这就需要科学地改善劳动组织，合理地安排、组织和使用人力；大力提倡技术革新，开展技术练兵、技术竞赛活动，使员工成为刻苦钻研、精通业务、任劳任怨、精益求精的学习型人才；力求企业员工既有精兵，又有强将，科学有效地提高劳动生产率。

三、减少重点项目的费用开支

第一，节约办公费用，控制招待费用。

第二，节约旅差费用，控制会议费用。

第三，节约用水、用电、用气，节约生产成本，降低能耗，控制非生产性商品购买力。

第五章
餐饮企业期间费用控制

　　餐饮企业借助一定的环境和设施向客人出售食品和服务，无论是食品的制作还是向客人提供餐饮服务的过程，都是通过人来完成的。企业在生产经营过程中除食品原材料成本以外，还要发生人工成本、能源成本、餐具损耗、棉织品消耗、费用支出等。本章着重介绍人工成本控制、能源成本控制、餐具损耗率控制、棉织品消耗控制等期间费用控制。

第一节　餐饮企业人工成本控制

　　餐饮企业借助一定的环境和设施向客人出售食品和服务，无论是食品的制作还是向客人提供餐饮服务的过程，都是通过人来完成的。餐饮企业是劳动密集型和情感密集型的企业，人工成本占营业收入额的比重达 20%左右，有的企业甚至达到30%～40%。我国餐饮企业降低劳动力成本的潜力是很大的。

一、人工成本控制概述

（一）人工成本的含义及构成

1. 餐饮企业人工成本的含义

餐饮企业人工成本是指企业在一定时期内，在生产、经营和提供劳务活动中因使用劳动力而支付的所有直接费用和间接费用的总和。

第一，狭义人工成本。

狭义人工成本主要包括：基本工资、奖金、各种福利和补贴、各项社会保险、福利费、员工教育费、劳动保护费、工作餐费、制服费、员工住房费和其他人工成本费用等。除此以外，节日和年终企业发给员工的红包和礼物，也是人工成本。

第二，广义人工成本。

广义人工成本除了狭义人工成本以外还包括企业招聘员工的费用、借聘员工的费用，以及为员工举办的各种培训、职业教育等其他费用。

2．人工成本的构成

人工成本范围包括：职工工资总额、社会保险费用、职工福利费用、职工教育经费、劳动保护费用、职工住房费用和其他人工成本费用。其中，职工工资总额是人工成本的主要组成部分。

第一，工资总额。

员工工资总额指餐饮企业在一定时期内，以货币形式直接支付给本企业全部员工的劳动报酬总额。包括计时工资、计件工资、奖金、津贴和补贴、加班加点工资、特殊情况下支付的工资。

第二，社会保险。

社会保险费用指国家通过立法规定企业承担的各项社会保险费用，包括养老保险、医疗保险、失业保险、工伤保险、生育保险和企业建立的补充养老保险、补充医疗保险等费用。此项人工成本费用只计算用人企业缴纳的部分，不计算个人缴纳的部分，因为个人缴费已计算在工资总额以内。

第三，员工福利费用。

员工福利费用是指在工资以外按照国家规定开支的员工福利费用。主要用于员工的医疗卫生费、员工因工负伤赴外地就医路费、员工生活困难补助、文体福利事业补贴（包括集体、生活福利设施，如员工食堂、托儿所、幼儿园、浴室、理发室、妇女卫生室等，以及文化福利设施，如文化宫、俱乐部、青少年宫、图书室、体育场、游泳池、员工之家、老年人活动中心等）、物业管理费、上下班交通补贴等。

第四，员工教育费。

员工教育费是指企业为员工学习先进技术和提高文化水平而支付的费用。包括就业前培训、在职提高培训、转岗培训、派外培训、职业道德培训等方面的培训费用和企业自办大中专、职业技术院校等培训场所所发生的费用以及职业技能鉴定费用等。

第五，劳动保护费。

劳动保护费用是指企业购买员工实际使用的劳动保护用品的费用。如工作服、保健用品、清凉用品等。

第六，员工住房费。

员工住房费是指餐饮企业为改善员工居住条件而支付的费用。包括员工宿舍的折旧费（或为员工租用房屋的租金）、企业交纳的住房公积金、实际支付给员工的住房补贴和住房困难补助以及企业住房的维修费和管理费等。

第七，其他人工成本费用。

其他人工成本费用包括工会费，企业因招聘员工而实际花费的员工招聘费、咨询费、外聘人员劳务费，对员工的特殊奖励（如创造发明奖、科技进步奖等），支付实行租赁、承租经营企业的承租人、承包人的风险补偿费，解除劳动合同或终止劳动合同的补偿费用等。

（二）影响人工成本的因素

人工成本的影响因素有外部的影响因素和内部的影响因素两种。

1. 外部影响因素

外部影响因素包括当地的经济发展水平与居民生活水平、劳动力市场的供求关系、国家相关的法律法规和政策等。

2. 内部影响因素

内部影响因素包括食品原材料加工烹制工作量，菜肴品种数量，厨房、餐厅的布局、机械化程度，服务形式，菜肴的销售量，培训等。

（三）人工成本控制的内容

人工成本的控制并不是简单地将人工成本降到最低，人工成本控制的主要目的是提高劳动效率。在确定合理的人工成本标准后，应通过合理定编，合理排班，适当培训和激励等管理手段有效降低人工成本，提高服务质量。

二、人工成本控制策略

餐饮企业为降低劳力成本，提高经济效益，可采取下列方法来控制人工成本：

（一）制定科学的劳动定额

劳动定额是指餐饮企业员工在一定营业时间内应提供的服务或应生产制作的餐饮食品数量的规定。科学的劳动定额应根据餐饮企业确定的服务或食品质量标准及工作难度等内容来制定。

餐饮企业通常按各工种的上班时间来确定其劳动定额，如厨师、洗碗工等岗位的定额大多以每天 8 小时来确定，通常要求厨师在 8 小时内烹制 80~120 份菜点。而服务人员的劳动定额则按早、午、晚三餐营业时间来确定，如早餐 2 小时、午餐 3 小时、晚餐 4 小时等，一般要求餐厅服务人员每小时接待 20 位点菜客人。酒吧服务人员的劳动定额也应按实际营业时间来确定。

（二）配备适量的员工

在制定各岗位科学的劳动定额的基础上，餐饮企业应根据各自的规模、营业时间、营业的季节性等因素来配备适量的员工。企业可以按每月、每周或每天的营业量来配备员工，但应经过一定时间的试验期以使员工的配备更具有准确性。在试验期内，企业应记录每天或每餐的营业量，以判断各岗位员工的实际生产效率是否符合预先规定的劳动定额，从而做出增减员工的决定。

（三）合理排班

餐饮企业的工作岗位较多，且工作性质各异，因此，员工的班次安排必须适应餐饮经营的需要。应根据企业的营业量及有关员工工作时间的法律规定灵活、合理地排定班次。餐饮企业的常见班次有一班制、两班制、三班制及间隔班（跳班）等。企业管理人员在排班时，应在满足餐饮经营需要的前提下，既要发挥员工的潜力，又要考虑员工的承受能力和实际困难，还需符合《中华人民共和国劳动法》的有关规定，在提高员工工作效率的同时，保障员工的身心健康。

三、人工成本控制标准

人工成本控制标准可分为质量标准和数量标准两类。

第一，质量标准的建立。本企业员工工作质量标准的制定是建立在本企业经营特色与充分了解顾客市场性质的基础之上。为忙于公事的商业顾客和急于赶路的购物者供应简单快餐的餐馆与为公司高级职员供应商业性的、高级餐式的餐馆或餐厅所建立的工作质量标准是完全不同的。前者无须过多的服务，而后者要为顾客提供周到和具有一定档次的服务。显然，后者工作质量标准的建立要复杂得多。

第二，数量标准的建立。数量标准指一定时间内完成某种质量水平工作的次数，管理人员必须决定每小时、每餐、每天、每名员工的工作数量。目前世界上已有许多技术可用来制定数量标准，但一般来说，具有重复性的工作比较容易建立数量标准。例如，在流水线上，每个人负责一项任务，运用时间和动作研究方法就能计算出每小时做这种工作的次数。运用这种方法的关键在于该工作的重复性及制成品的不易腐烂性。

餐饮产品具有易腐烂变质和不可存储的性质，再加上厨房生产的任务很大程度上依赖于顾客需求，以及生产人员的工作也不像流水线上的工人一小时接一小时，一天接一天地做重复的工作（菜单可能每天有所变动），因此，数量标准的建立就变得复杂了。

一些快餐经营者，已经利用典型的工业企业里使用的技术，采用时间和动作分析建立数量标准。他们生产某种事先分量化的快餐食品，冷冻并存放起来待售。像汉堡包这类食品甚至可以在流水线上生产。但是，许多餐馆或餐厅却不能采用流水线的方法生产，那些在某种程序上使用的，也只适合于有限的人员（大多为固定成本人员）。因此，餐饮经营者必须寻找其他的方法建立工作的数量标准。

餐饮企业常用的方法是通过对一段时间内不同的销售量所需人力的观察，找出在该时间内完成某销售量的配比关系，从而制定出人工成本控制的数量标准。这个标准就是人工小时数，即每类工作完成其某个预测的工作所需的人员时间数。例如，假定 3 小时午饭时间有 500 名顾客就餐，需要 8 名服务员，那么所需的人工小时数计算如下：

$$8×3（小时）=24 人工小时数$$

这个 24 人工小时数就是午饭期间为 500 名客人提供服务的标准，任何超过 24 人工小时数的人员安排都表明在工作安排中的低效率，少于 24 人工小时数的人员安排则可能给顾客提供了劣质的服务。

这样，管理人员就可以为不同销售量水平建立起一个人工小时表，把它与销售量预测结合起来，对于尽可能有效地预测人工数和安排人员是很有帮助的。

四、人工成本的指标体系

人工成本分析指标体系主要分为三类：一是人工成本总量指标；二是人工成本结构性指标；三是人工成本的效益指标。

（一）人工成本总量指标

人工成本总量指标反映的是企业人工成本的总量水平。

不同企业员工人数不同，因此，常用人均人工成本来反映企业人工成本水平的高低。该指标可以显示本企业员工平均收入的高低，企业聘用一名员工大致需要多少人工成本支出，企业在劳动力市场上对于人才的吸引力有多大等。人均人工成本能够表示企业员工的工资和保险福利水平，也就能作为企业向劳动力市场提供的劳动力价格信号。企业要提高员工的劳动积极性、吸引高素质的劳动者到企业来，就需要建立人均人工成本指标，以便企业对人工成本水平进行更全面的分析和控制，以有利于企业的生产发展。

（二）人工成本结构性指标

人工成本结构性指标是指人工成本各组成项目占人工成本总额的比例，它可反映人工成本投入构成的情况与合理性。其中，工资占人工成本的比重是结构性指标中的主要项目。

（三）人工成本的效益指标

人工成本效益指标（人工成本分析比率型指标）是人工成本分析的核心指标，是企业进行人工成本分析控制常用的指标，是一组能够将人工成本与经济效益联系起来的相对数。人工成本效益指标包括劳动分配率、人事费用率、人工成本利润率、人工成本占总成本比重指标。其中劳动分配率、人事费用率为主要指标。

第一，劳动分配率，是指人工成本总量与增加值的比率。表示在一定时期内新创造的价值中用于支付人工成本的比例。它反映分配关系和人工成本要素的投入产出关系。

第二，人事费用率，是指人工成本总量与销售（营业）收入的比率。表示在一定时期内企业生产和销售的总价值中用于支付人工成本的比例。同时也表示企业员工人均收入与劳动生产率的比例关系、生产与分配的关系、人工成本要素的投入产出关系。它的倒数表明每投入一个单位人工成本能够实现的销售收入。

第三，人工成本利润率，是指人工成本总额与利润总额的比率。它反映企业人工成本投入的获利水平。

第四，人工成本占总成本的比重=（人工成本总额÷总成本）×100%。

人工成本占总成本的比重，反映活劳动对物化劳动的吸附程度，这一比值愈低，反映活劳动所推动的物化劳动愈大，反之，活劳动所推动的物化劳动愈小。该指标用于衡量企业有机构成高低和确定人工费用定额。

五、确定劳动生产率

餐饮企业衡量劳动生产率的指标主要有两个：一是劳动生产率；二是劳动分配率。劳动生产率用于衡量企业中平均每位职工所创造的毛利。

提高劳动生产率的首要因素是要培训员工树立经营理念，积极开拓市场，节约开支，提高企业的毛利；其次是要合理地安排员工的班次和工作量，尽可能减少职工的雇用数量，减少员工无事可干的时间，减少人工费用。

根据标准生产率，配合顾客数量的不同进行人工分配，分配时需注意每位员工的工作量及时数是否合适，以免影响工作质量。

第二节　餐饮企业能源成本控制

随着能源费用投入的不断增加，餐饮企业的利润空间被进一步压缩，企业运营的压力越来越大。很多餐厅的经营者已经注意到了节能在企业运营中的重要性，纷纷采取各种措施节能。

一、能源成本含义及构成

（一）能源成本控制对餐饮企业的重要性

能源就好比是餐饮企业的血液，没有能源，企业将无法生存、无法运转。可以说，能源牵动着企业的每一个细胞，影响着企业每一处的经营活动。因此，加强对企业能源成本的控制非常重要。

（二）餐饮企业能源成本构成

餐饮企业能源成本主要包括水费、电费、燃料费，能源成本是餐饮企业成本控制中一项重要工作，能够合理有效地控制能源，就可以减少能源浪费，提高利润。

二、餐饮企业能源成本控制

（一）水费控制

第一，根据操作的需要，各部门安装不同类型的水龙头。比如，炉灶使用专门的开合式水龙头，砧板使用易开式水龙头，洗手池最好使用按压式或感应式水龙头。

第二，控制冲水量及冲水时间，随时关紧水龙头。

第三，洗涤原料的时候要讲方法，先浸泡，再冲洗。冻肉要提前拿出来化冻，不要到用时才取出用热水冲来化冻。

第四，每日要检查水管是否有漏水现象，水龙头是否有关不紧现象。如有问题及时报工程部或请专业人员维修。

（二）电费控制

第一，厨房的照明可以分成两组，非营业时间可以只开一组。

第二，根据经营量的多少决定开鼓风和排气设备的时间。

第三，各种电力加工设备用完后要及时关闭开关，避免无效工作，浪费电量。

第四，定期检查空调设备的冷凝器、蒸发器，请专业人士清理上面的污垢，保证空调设备正常运行，减少耗电量。

（三）燃料费控制

大多数餐饮企业都是以燃料来加工食品的，因此燃料费属于经常性支出费用。应根据食品制作需要的标准时间，合理使用燃气炉制作食品。

一般燃气使用主要是在厨房，使用者是厨师，因此餐饮企业经营者要对厨师用气进行控制，节约用气。可以让厨师采用以下6种方法来节约用气。

第一，合理调整燃具开关大小。在烧水时火焰应尽可能开大，以焰不蔓出锅壶底部为宜；在煮饭或烧菜时，在水烧开以后应将火调小并盖上锅盖。

第二，防止火焰空烧。炒菜前要先做好准备工作，以防点燃火以后手忙脚乱；水烧开以后应将火关灭以后再提开水壶，防止提去水壶忘记关火；不要先点燃火以后才去接水放锅。

第三，调整好炉灶。发现火焰是黄色或冒烟应及时处理，因为此时炉灶的热效率较低，可调整风门，清理炉盘火头上的杂物，检查软管或开关是否正常，检查锅底的位置是否合适（不要使它压在火焰的内锥上），还应设法避免穿堂风直吹火焰。

第四，尽可能使用底面较大的锅或壶。因为底面大，炉灶的火可开得大些，不但锅的受热面积大，灶具的工作效率也高。

第五，烧热水时尽量利用热水器。因热水器的热效率大大高于灶具，用热水器烧热水可比用灶烧节气三分之一，同时还节省时间。

第六，改进烹调方法。改蒸饭为焖饭，改用普通锅为高压锅，省时省气。

（四）制定厨房节能措施

第一，不要过早地预热烹调设备，通常在开餐前 15~20 分钟进行。

第二，某些烹调设备，如烹调灶、扒炉和热汤池柜等，暂时不需要它们工作时，应关闭开关，避免无故消耗能源。

第三，油炸食品时，应先将食品外围的冰霜或水分去掉以减少油温下降的速度。

第四，用煮的方法制作菜肴时，不要放过多的液体或水，避免浪费热源。

第五，烤箱在工作时，每打开 1 秒钟，其温度会下降华氏 1 度。

第六，油炸食品时，最好用一重物按压食品，从而加快烹调速度。

第七，带有隔热装置的烹调设备，不仅对厨师健康有益，还节约了能源。通常，它会提高食物的烹调效率，节约 25% 的烹调时间。

第八，在烤制用锡箔纸包裹的食物时，要注意烤制的先后顺序，这样可以节约大量的热源，因为通常烤制锡纸包裹的食物会节约 75% 的热效能。

第九，定时清除扒炉下破碎的石头。

第十，连续和充分地使用烤箱可以节约许多热源。

第十一，食物摆放在烤箱中时，应使被烤食物保持一定距离，一般的间隔距离是 3 厘米，以保持热空气流通，加快菜肴的烹调速度。

第十二，厨房中使用的各种烹调锅都应当比西餐灶的燃烧器的尺寸略大些，这样可充分利用热源。

第十三，向冷藏柜存放食品或从冷藏柜拿取食品时，最好集中时间，以减少打开冷藏箱的次数。

第十四，不需要冷热水时，一定要将水龙头关闭好。

第三节 餐饮企业餐具损耗率控制

一、餐饮企业餐具的特征

餐具可分为瓷餐具、玻璃餐具、银餐具三类。餐具的体积小，易携带，而且其种类繁多，小到筷箸、调匙，大到餐盒、碟子，因此容易导致非正常流失。例如，仅一位吃西餐的客人可能使用的餐具就有：各种调匙，如汤匙、咖啡匙、甜点匙；各种刀叉，如鱼刀、肉刀、面包刀、黄油刀及叉；各种餐盘，如水果盘、沙拉盘、鱼肉盘；各种盆碟，如黄油碟、海鲜盅、分格蔬菜盆。如此复杂的餐具，若堆放、保管不当，服务人员动作不当，客人使用不当，或洗碗间洗涤不当，都会造成餐具损耗。此外，餐具以瓷器为主，容易打碎。

二、餐具用量定额控制

在保证餐厅正常运营的情况下，尽可能少的餐具备货可减少资金的占用，也可以减少过多的餐具备货可能带来的损耗和管理成本。因此，餐厅应备多少餐具，应按定额管理的方法，根据餐桌的数量以及上座率等指标确定。

三、根据行业和企业实际情况制定餐具损耗率

餐饮企业餐具的损耗也是费用支出的重要项目。餐具在使用过程中，总会有一些损耗。这些损耗作为经营的耗费进入经营费用，从收入中得到补偿。每当餐具发生损耗，需要补充时，按照新补充餐具的实际成本计入当期的费用。餐具极易丢失和损坏，控制不好，会造成费用的大幅度上升。为了降低损耗率，需要对这些物品实行管用结合的办法，制定出合理损耗率作为控制依据，损耗率的计算公式为：

$$餐具损耗率=\frac{餐具损耗}{营业收入}\times100\%$$

根据经验或历史资料，餐具损耗率一般控制在 0.5%以下。在编制预算和费用控制时，可以用餐具损耗率来测算餐具损耗费用，并将其作为日常经营时的控制标准。如月营业额 100 万元，则餐具损耗费用应控制在 100 万×0.5%=5000（元）。为此要建立餐具损失统计表，员工损坏餐具要如实填上，并按合理损耗率进行考核。

四、餐饮企业餐具损耗责任制

（一）洗碗间员工

洗碗间员工在洗刷餐具之前应先检查各餐厅（或楼面）撤回的餐具是否有破损，将破损餐具挑出，及时查找餐厅（或楼面）当事人，并做好书面记录，由责任人、责任人领班及楼面经理签字确认，月末由洗碗间负责人交管事部进行统计扣罚。

（二）餐厅（成楼面）员工

餐厅（或楼面）员工在将刷洗干净并经消毒的餐具取回餐厅前需对餐具进行检查，如果发现有破损的立即挑出，由洗碗间员工负责破损餐具的赔偿；若已取回餐厅发现有破损，则由餐厅负责人对破损餐具进行赔偿，流程同上。

（三）厨房各部门（各档口）人员

厨房各部门（各档口）人员到洗碗间取餐具时，需检查餐具是否破损，如有破损，应将破损餐具挑出，及时查找洗碗当事人，并做好书面记录，由责任人及厨师长签字确认，月末各部门（各档口）负责人交管事部进行统计扣罚。

（四）服务员

服务员传菜时和服务时必须检查所取餐具是否有破损，如有破损应送回厨房，由厨师长落实相关部门（档口）责任人，由责任人和厨师长、餐厅（或楼面）经理

签字确认后交管事部存放，其他程序同上。

（五）相互监督

各环节需按规定进行日常监督，如因监管检查不严而使该破损餐具流入到本岗位，在不能确认上一环节的前提下，视为自身责任。

五、制定餐具赔偿及处罚标准

第一，各区域员工自己打破的餐具，由该员工自己赔偿。

第二，客人打破的餐具，开具相应的单据，由客人进行赔偿。

第三，员工自己打破的餐具不如实做记录或私自处理者，按餐具价格的十倍进行惩罚性罚款。

第四，各班组餐具如有具体责任人的，破损或丢失后由直接责任人负责全额赔偿。

第五，对于新餐具破损经共同鉴定不影响使用的不予赔偿，彻底损坏或丢失需进行 100% 的赔偿。

第六，对于三年以上的老瓷器如在瓷器破损率之内，不予赔偿。如超出企业当月规定破损率，按一定比例赔偿。

第七，凡餐具无故消失，则由相应的班组总人数按人均进价 100% 赔偿。

第八，所有赔偿单据经相关人员签字后统一汇总至管事部，由管事部按月度、班组的不同进行存档处理，此档可保存 1 年。

第四节　餐饮企业期间费用控制

餐饮企业期间费用支出占营业收入比例很大，及时、有效地监督和控制企业生产经营过程中的费用支出，是提高企业效益的重要途径。

一、期间费用内容

期间费用是在一定会计期间发生的，与生产经营没有直接关系和关系不密切的销售（营业）费用、管理费用、财务费用等。期间费用不计入主营业务成本，直接体现为当期损益。

（一）销售（营业）费用

销售（营业）费用是指餐饮企业营业部门在经营过程中发生的各项费用。

按经济内容划分，销售（营业）费用的内容包括运输费、装卸费、包装费、保管费、保险费、燃料费、水电费、展览费、广告宣传费、差旅费、邮电费、洗涤费、物料消耗、修理费、低值易耗品的摊销、折旧费以及营业部门人员的职工薪酬、工作餐、服装费和其他营业费用等。

（二）管理费用

管理费用是指餐饮企业为组织和管理经营活动而发生的费用以及由企业统一负担的费用。按其经济内容划分，管理费用的内容包括公司经费（指企业行政部门的行政人员的职工薪酬、工作餐费、服务费、办公费、差旅费、会议费、物料消耗以及其他行政经费）。劳动保护费、董事费用、外事费、租赁费、咨询费、审计费、诉讼费、排污费、绿化费、土地使用费、土地损失补偿费、技术转让费、研究开发费、税金、燃料费、水电费、折旧费、无形资产摊销、低值易耗品摊销、开办费摊销、交际应酬费、坏账损失、存货盘亏和毁损、上级管理费以及其他管理费用。

（三）财务费用

财务费用是指餐饮企业筹集经营所需资金等而发生的费用。包括利息支出（减利息收入）、汇兑损失（减汇总收益）、金融机构手续费、加息及筹资发生的其他费用。

二、期间费用控制

（一）棉织品成本控制

棉织品在餐饮企业中又被称为布件，它是指餐饮企业内所有能多次洗涤、使用的布制品总称，主要包括台布、围裙、手巾、口布、员工制服、窗帘、椅套、坐垫等。

棉织品成本要在各个环节上进行控制，这里主要从使用、保养、洗涤、处理四个环节作简单介绍。

1. 棉叙品的使用成本控制

对棉织品使用成本的控制主要体现在用量控制上。餐饮棉织品使用量大，特别是台布、手巾、口布，相对储存量也较大。因此，对棉织品的用量加以控制对降低成本有重要意义。

第一，确定棉织品用量。

① 在用量。在用量是指餐饮部已经领取的数量，满足企业早、中、晚餐厅上座率为100%时的周转需要的棉织品。

② 备用量。备用量是指存放在仓库的棉织品数量，它们是为在用棉织品的更新、补充等而准备的。一般每件餐桌台布等的储备标准最少是五套：三套在餐厅，一套在洗涤，一套在仓库。

第二，控制棉织品的用量。

① 定期盘点

定期盘点是指定期对棉织品进行盘点，随时掌握棉织品用量库存状况。对棉织品的盘点应当是全面的，不但要盘库存量或餐厅存放量，还要盘存正在洗涤的棉织品。

② 更新控制

织品配备好后，必须按规定的更新期更新。

第三，使用方法控制。使用方法的正误也会影响到棉织品的成本。如果使用方法不当，会大大缩短棉织品的使用寿命。

2．棉织品的保系成本控制

棉织品的保养贯穿于使用到储存的整个过程当中，棉织品的保养成本主要指棉织品保养所需要的成本及棉织品因保养不当而带来的成本。对棉织品的保养成本的控制包括对保养不当的成本控制和日常保养的成本控制。

3．棉织品的洗漆成本控制

棉织品的洗涤成本包括能源耗用成本，还包括不正确的洗涤方法和程序带来的棉织品成本。要控制洗涤成本，主要应从棉织品的洗涤方法和程序着手。

第一，选择合适的洗涤原材料，如水质、洗涤剂的选择。

第二，选择合适的洗涤方法（分类洗涤法、去渍法、合理脱水法、恰当烘干法、科学熨烫法等）。

4．棉织品的处理成本控制

棉织品在使用过程中难免会发生破损或出现一些黄色斑、黑色油污等污迹，即使没有破损或污迹，由于长期使用、洗涤、晾晒等，也会让棉织品的颜色变得暗淡而显得陈旧。对这类棉织品必须报废。

第一，建立完善的餐饮棉织品报废制度。

① 建立统一的报废标准。

② 制作统一的"棉织品报废表"。

第二，合理处置报废的棉织品。

（二）有效控制房屋租赁费

餐饮企业房屋租赁费必须每月支付，是一项比较大的费用。餐饮企业可以用以下方法控制房屋租赁费。

第一，延长营业时间。房屋租赁费是固定成本，因此可以通过延长营业时间来分解每小时的利用率。

第二，增加餐数，如早餐、早茶、午餐、午茶、晚餐、夜宵等，增加收入。

第三，提高翻台率。提高翻台率也就是提高餐饮上座率，可以增加有效用餐客人数，从而增加餐饮企业收入。

第四，开外卖窗口。餐饮企业如果店面比较大，可选择开外卖窗口，卖自己企业的食品。但一定要注意不要影响到企业的整体形象，不能造成喧宾夺主的效果，那将是得不偿失的。

第五，处理好与房东的关系。

第六，房屋租赁费交付时间。租金交付尽量不要年交，最好是半年交、季交，因为如果由于经营不善或其他原因导致餐饮企业无法经营下去时可能需要退租，这就会造成违约，需要交付违约金，从而浪费资金，增加成本费用。

（三）合理设置广告费

餐饮企业根据自己的实际情况选择最佳时间、最佳广告方式进行广告促销，以扩大影响、吸引顾客。这对降低广告促销费用是最佳方法。

（四）有效控制停车费

许多餐饮企业都是租用停车场来为就餐客人免费提供停车服务，需要支付租用停车场的费用。因此，企业必须有效控制停车费。

（五）有效控制设备修理费

餐饮企业的各种设备在损坏时会产生设备修理费。因此，企业所有员工在平时必须注意设备的保养，减少修理次数，从而减少设备修理费。

三、期间费用控制方法

（一）预算控制法

预算控制法是以预算指标作为经营支出限额目标的方法。预算控制是以分项目、分阶段的预算数据来实施成本控制的。具体做法是，把每个报告期实际发生的各项成本总额与预算指标相比，在接待业务量不变的情况下，要求成本不能超过预算。当然，这里首先要有科学的预算指标，餐饮企业一般会编制滚动预算，这样可以使预算具有较大的灵活性，更加切合实际情况。

期间费用控制的作用就是将日常开支的各种费用纳入既定的轨道，对每一项费用在经营年度开始之前，根据销售预算中预计的业务量，按一定的方法测算出预算年度该费用应该发生的金额，作为今后该费用实际发生时的控制依据。

费用预算的测算有两种，一种是定额法，另一种是费用率法。

（1）定额法

定额法是按照业务量和标准成本来测算费用。例如人工成本，有关人员的工资、福利费、工作餐、工作服及洗涤费用等都可按照预计的用人数、级别与各标准成本计算。客人用品也可按照销售预算中就餐人次数与人均消费标准加以测算。

（2）费用率法

所谓费用率是指某项费用与销售额的比率，其计算公式为：

$$某项费用的费用率=\frac{费用}{销售额}\times100\%$$

用费用率法进行费用预算时，将销售预算提供的预算销售额乘以某费用率，就得到该费用的预算额，如：假定能源费用率为 10%，而下一年的预算销售额为 2000 万元，则能源费用为 2000 万×10%=200（万元）。

（二）主要消耗指标控制法

主要消耗指标是对餐饮企业成本有着决定性影响的指标。主要消耗指标控制，也就是对这部分指标实施严格的控制，以保证成本预算的完成的方法。控制主要消耗指标，关键还在于规定这些指标的定额，定额本身也应当切实可行。一般企业都制定原材料消耗定额、餐具损耗率、物料消耗定额、能源消耗定额、经营费用开支定额等。定额一旦确定后就应严格执行。在对主要消耗指标进行控制的同时，还应随时注意非主要消耗指标的变化，使成本控制在预算之内。

（三）制度控制法

制度控制法是利用国家及餐饮企业内部各项费用管理制度来控制成本开支的方法。如各项开支消耗的审批制度，日常考勤的考核制度，设备实施的维修保养制度，各种材料物资的采购、验收、储存、领发制度等。成本控制制度还应包括相应的奖惩办法，对于降低成本费用有显著效果的要予以重奖，对成本费用控制不力造成超支的要给予惩罚。只有这样才能真正调动员工节约成本、杜绝浪费、降低消耗的积极性。

（四）定额控制法

费用定额控制是指采用科学的方法，经过调查、分析和测算，制定在正常经营条件下应该实现的费用定额。它是对各项费用规定一个绝对金额作为定额，以此对费用支出进行控制。在具体执行过程中，又有两种方法：第一种是支出不能超过某个定额数，一旦达到定额后财务部门不予支付，这也称为绝对限额指标控制；第二种是用下达费用指标的方法来实行定额控制，即以是否超过指标来衡量费用支出情况的好坏，并根据指标完成情况及时进行调整和控制。

（五）费用率控制法

费用率也称为"费用水平"，是费用总额占餐饮企业收入的百分比，它表明每百元收入中有多少元是费用。费用率高低在一定程度上能够衡量费用开支所带来的经济效益。费用率越低，节约成绩越大，经济效益越高，费用控制水平越好。反之，费用控制效果不好。

费用率控制就是核定一定时期各部门费用水平应该是多少，并作为目标指标执行，将实际完成的费用率与目标费用率进行差异分析，同时与奖惩制度挂钩，以此来调动员工节约费用、提高经济效益的积极性。

四、餐饮企业期间费用控制的意义

在餐饮企业营业收入、原材料成本固定的情况下，降低期间费用即意味着餐饮企业利润的增加。因此，加强餐饮企业的期间费用控制，对于提高餐饮企业的经济效益具有十分重要的意义。从另一角度来看，期间费用控制的好坏也直接影响餐饮企业的定价水平。如期间费用控制不佳，就必须提高餐饮产品的售价，以达到盈利。

第六章
餐饮成本控制方法

第一节　餐饮采购成本控制

对于一个餐饮店来说，其经营的目的就是为了盈利，盈利是收入减去成本的盈余，要使利润增大可以考虑两个途径，一个途径是增加收入，另一个途径是减少成本。在收入不变的情况下减少必要的成本支出，所剩下的利润自然就会增长，这就要求餐饮店必须做好成本控制工作，在成本控制中处于第一环节的就是采购成本，如果采购成本下降了，则意味着餐饮店在采购商品质量、数量和种类不变的情况下可以减少支出，所以做好采购成本环节上的管理工作，使采购成本管理经过科学的规划可以有效地降低餐饮成本。

一、采购成本控制的基本内容

采购是餐饮店经营管理工作的一项重要内容。科学合理地对原料的进行成本控制，对菜肴的质量、资金占用、成本的控制产生重要的影响。

（一）采购成本控制的功能

餐饮店采购的目的，是要以合理的价格，在适当的时间，从安全可靠的货源处，采购符合餐饮店质量规格标准的原料物品，以保证餐饮服务的需要。从餐饮店采购的目的看，首先要保证原料物资的供应，以确保餐馆服务和厨房业务的顺利进行；其次是在不影响原料质量和企业正常运作的前提下，尽可能地控制原料的成本和质量标准；最后是避免原料的重复购买和浪费。

（二）采购成本控制的任务

与餐饮原料采购的目的相适应，餐饮店采购控制的任务主要是收集完整的采购息、确定采购人员的条件与职责、健全和完善采购程序、提高采购效率。具体来说主要有以下几点。

1．搜集正确的采购信息

搜集正确的采购信息，有助于餐饮管理人员对各种供货渠道和原料物资进行比较与选择，从而购买到最适合的原料和物资。

2．培养专业采购人员

培养专业采购人员进行专业对口知识及技能的训练，使其能够胜任餐饮店复杂的采购工作。

3．建立标准的采购作业程序

建立标准的采购作业程序，规定了采购的行为方式和作业流程及采购所应该达到的质量标准、价格标准、时间标准，可以更好地在质量、价格和时间上保证餐饮企业采购工作的顺利进行。

4．提高采购的工作效率

提高采购的工作效率尤其是餐饮原料的采购琐碎、复杂，因此餐饮采购控制的目的就是要提高采购的工作效率，避免贻误时机，而浪费时间，使采购工作有序、正常的进行。

要很好地完成餐饮店的原料、物品采购工作，采购控制必须着重抓好采购组织建立和人员配备、采购原则和标准的确立、采购方法和程序、价格审核。

（三）采购成本控制原则

1．原料采购资料以适用为标准的原则

餐饮店采购高质量的原料，不等于采购质量最好的食品原料，而是指按照菜单需要采购适合于制作各种菜肴的原料。事实上，餐饮店也并非所有的菜肴都需要最好的原料才能制作。烹制红烧肉就不必采购上等的里脊肉，制作番茄沙司的西红柿也不必采购大小匀称，外形完美的原料，否则，红烧肉和番茄沙司的食品成本必然会超过预期的标准，从而影响获利。

2．满意价格原则

合理的价格并不等于每次采购部必须以最低的价格进货，因为有许多因素的影响，不可能每次都以最低的价格采购食品原料和物品，从实际操作来看也不可能。因此，合理的价格比较现实的理解是能够以低于市场价的进货价格采购所需要的食品原料。因为餐饮店的进料数量大、进货频率高，完全随机设计可以享受批量折扣的待遇，高于市场价格进货显然是不正常的。因此以低于市场的价格进货应该是一个普遍的采购原则，至于低于多少只能根据餐饮店所处的市场环境、餐饮店自身的情况来决定。

3. 适量采购原则

原料采购的数量应根据餐饮店自身的需要来确定的，不同的时间、不同的季节、不同的接待情况都会影响原料的进货数量，原料的采购数量应该根据每天的消耗量、库存量的大小及储存空间的多少进行合理的安排，决不能受制供应商的送货数量或者进行盲目采购，造成库存量积压，资金浪费和原料的损耗。

4. 适当时间采购原则

在适当的时间采购所需的食品原料，其目的首先是要保证原料的供应，避免原料的缺货、断档，以免影响正常的餐饮服务。其次是要尽可能地减少库存，降低库存费用、资金的积压，减少原料由于过早采购消耗不掉而造成损失。最理想的进货数量是实现零库存，也就是在最恰当的时间订货，由供应商在需要时把货送到企业，这样既能保证原料的使用，又能节约资金、仓储费用，同时保证原料的新鲜品质。

5. 确认安全进货渠道采购的原则

选择供应商，不能只考虑在质量一致的前提下价格最优惠，还应该能够配合我们的经营需要，能够提供各方面的优惠，尤其是要能保证按时供货，不会以次充好、短斤少两，讲究信用的供应商才是我们理想的进货渠道。

（四）采购的组织形式

餐饮店采购的组织，是采购工作顺利展开的基础。餐饮店采购组织形式根据饭店的类型不同，而有所区别。

1. 酒店餐饮部的原料和物品采购组织形式

（1）酒店采购部负责所有餐饮原料和物品的采购

在这种形式中，采购部由酒店财务部领导，由于采购业务归采购部统管，采购相对比较规范、制度比较严密，采购成本、采购资金的控制也比较理想。但这种采购组织形式采购的周期较长，很难适应餐饮业务的需要，尤其是对于比较讲究鲜活的中餐而言，更需要对食品原料的质量进行规范化，对采购运作时间做出明确规定，这样才能保证供需的协调一致。

（2）酒店餐饮部负责所有餐饮原料和物品的采购

在这种组织形式下，由于原料和物品的采购由餐饮部自己管理，因此采购的及时性、灵活性和食品原料的质量比较能够得到保证。但采购的数量控制、资金及成本控制往往难以把握。这就需要制定相应的规章制度，严格把好质量关和数量关，把好验收关，以保证质量和降低成本。

（3）餐饮部负责鲜活原料的采购，采购部负责干货类原料物品的采购

这种采购组织形式比较灵活，鲜活类原料由餐饮部进行采购，能够适应餐饮的经营需要，而对那些储存周期较长，订货时间比较充裕的原料和物品，由采购部负责采购，在程序上克服了第二种形式的不足。因此，这种采购组织形式被许多以经营中餐为主的酒店所采用。

2．独立餐饮店的采购组织形式

独立餐饮店往往采用人员直接采购的形式，以适应餐饮业务的需要。对于连锁餐饮店，又有多家直营店的餐饮店，他们往往采用配送中心的组织形式，来实现原料的供应。这种形式能更有效地控制成本、控制质量并保证原料的正常供应。

食品原料采购究竟采用何种组织形式，应该根据餐饮店的自身情况及餐饮店所在地原料市场的供应情况来决定，同时也受制于经营管理者的管理思路。

（五）采购成本控制的方法

采购成本控制是实施餐饮店成本管理最为重要的一环，要实施科学的成本控制并非易事，这涉及餐饮店对供货商之间的选择问题，对于餐饮店来说一定要选择好供货商，在确定好的供货商中要形成有效的竞争机制这样才能保证其所供应的商品在价格和质量上有所保证，同时也要考虑到采购的时间、数量和存储的问题。而且明白何时进行大规模的采购，何时进行小规模采购，要审时度势，考虑周全。

1．严格规范采购制度和流程

采购环节涉及的范围广，波及的领域大并且在采购的过程中灵活性比较强，如果不制定严格的采购制度和工作程序很容易使工作出现漏洞，为采购人员提供中饱私囊的机会，所以要着眼完善采购制度。

首先采购制度必须严格规范。对于餐饮店来说，一家星级餐饮店就相当于一个大型的企业，工作人员众多，如果在采购方面所建立的制度宽泛而没有针对性就很难使采购制度发挥作用，相反如果所建立的采购制度规范、完善、严格，那么就可以在最大程度上使企业的采购活动更有效率，更加规范，对采购人员的约束力也就更强。具体而言，采购制度应当在条目规定上明确、细致比如对采购申请、授权人权限、采购流程等方面都应当有细致的说明，在制度中还可以规定将采购人员就特定商品向供货商询价、议价的过程都进行登记录入，列表比较，然后选择合适的供应商，对所选的供货商的具体情况等要填写在请购单据上，对于超出规定的采购金额要有严格的申报和审核程序。

2．建立供应商的经营档案

实施供应商准入制度。供应商是餐饮店采购的重要环节，餐饮店通过多方面的比较，如从价格、质量、供货速度、供货时间和供应商实力等方面对供应商做出选择，选择多家供货商作为餐饮店的长期合作伙伴的，要设立其经营档案，这些档案中应当对供应商的地址、联系方式、经营状况进行详细的记载，并且经由餐饮店相

关部门严格审核后方可入档，餐饮店的采购也就从这些入档的供应商中进行选择，鉴于商业市场的动态性，所以供应商并不是固定的，供应商档案也会出现不定期的改变，这样激励供应商时刻谨记保证产品质量，对于供应商档案的管理要由专人负责，及时验证审核供应商的信息情况，对供货商的审核须由多个部门联合进行以够保证调查的严肃性和真实性。

3．建立价格档案和价格评价体系

在市场经济条件下，商品的价格会不断上下波动，在价格低时购入更能节省企业成本，采购部门应当建立常用食材的价格档案，对不同时期采购的食材价格进行统计，借助于价格档案，可以在每一次采购食材之前同档案上的价格进行对比，对于价格出现明显变动的要分析价格出现差异的原因，如果没有特殊原因，要以档案中的价格水平为标准进行材料的采购，对于超出档案规定的食材价格状况要进行归档并说明。同时要建立起食材价格升涨的评估指标体系，对一些重点物资的价格水平进行科学的评估，分析其未来价格的变化情况，在低价位时买进合适的食材，最大程度减少餐饮店采购的支出成本。

4．及时寻找替代产品

供应商确定之后并不是一成不变的，对于餐饮店来说不变的只有其对利润的追逐，采购部门应当不断地寻找新的货源，货比三家，不断地降低采购价格。

二、采购程序流程

把握餐饮店的采购程序流程，可以更好地收集完整的采购信息、健全和完善采购程序、提高采购效率。

（一）采购程序的内容

1．询价

询价是明确原材料采购要求通过招标、报纸杂志、互联网等媒体获得尽量多的供应商名单，从而获取多源的价格渠道。

2．供应商的选择

供应商的选择根据餐饮店标准选择一个或者几个合适的供应商。一般情况下，要求参与竞争的供应商不得低于三个。选定供应商后，经过谈判，买卖双方签订合同。

3．合同管理

合同管理是确保买卖双方履行合同要求的过程，一般包括以下：何时交货、未按照质量供货的结果、双方违约的责任、费用支付的方式等。

（二）采购基本程序

餐饮采购程序大致上可分为一般原料物品采购程序和每日需要进货的鲜活类原料采购程序。有一些储存期较长的干货类食品原料，可以遵循一般原料采购程度进行操作。

1. 鲜活类原料采购程序

食品原料主要包括米、面、糖、茶、油、酒水、调味品及各种鲜活类原料。这些原料用量大，储存期限短，进货间隔也短，尤其是蔬菜、鲜肉、海鲜等食品原料几乎每天都要采购。因此，这些原料的采购有着自己的特点，它的控制程度有以下几方面。

第一，仓库保管人员每天下午15:00左右，在当天应进的原料基本上都已收进后，对库存的食品原料进行清点，统一记录在"每日原料存、购一览表"上。记录品名、库存数量、在途中数量，经仓库主管签字后，送交厨房。

在途数量是指已经购买，但还没有到库的原料，应敦促采购人员催货，数量也应记录，以便全面控制食品的采购和结存。

第二，厨房接到"每日原料存购一览表"后，清点厨房里现存的食品原料、预计明日各种食品原料的需用量，并将预期的需用量与库存和厨房现存的数量进行比较，算出明日需购的数量并填写采购申请单，报餐饮部经理批准。

第三，"采购申请单"经餐饮部经理批准后，交采购部或采购人员准备进行采购。采购人员当日或次日选择适当的采购方式进行采购，一般餐饮店大多采用实地采购的方式采购鲜活类食品原料。

第四，次日，对供应商送来的食品原料，应依据"采购申请单"审核原料的品名、价格、数量等。并记录实际收到的数量。如果供应商少送了急需的原料，应立即通知采购部和厨房，以便有所准备或采取补订原料等措施。

第五，按进度进行验收，并把相关票据送交财务核准付款。

2. 一般餐饮原料采购程序

一般餐饮原料物品的采购，由于采购时间比较充裕，进货频率不高，因此在采购程序上的控制相对要严密。

第一，仓库在各种物品库存量最低界线时，填写"采购申请单"。库存量最低界限，称为采购线，是为保证供应，减少资金积压而确定的订货库存量，它主要根据各种物品的每日消耗数量、保存期限、进货难易及从订货到入库的间隔天数等因素加以确定。一般企业规定，在现有存货量不接近或达到最低界线前不得采购，以减少资金占用。

第二，请购单须经仓库主管签字，并报餐饮部经理批准确认。

第三，采购部门或采购人员根据请购单的要求，选择合适的供应商，签订订货单或合同，安排采购事宜。供应商的选择，必须坚持货比三家的原则。如果订购不到请购单上要求的原料物品，应及时通知请购部门，如果找到的是这种物品的代用品，也应事先征得请购部门的同意。

经批准的订货单和订货合同，采购部门除自己留存一份外，还应送交请购部门、仓库验收、财务各一份。

第四，供应商送到的货物，按程序进行验收。

第五，验收工作完成后，由财务部核准付款。

（三）采购的实施

1.采购申请

餐饮店各部门根据实际需要向采购部提出采购物品的申请，采购人员制订采购计划并根据要求进行供应商选择与实施采购。

2.采购实施

采购首先选择好合适的供应商并做好订单，采购经理签字确认后传真到供应商并要求供应商制作供货单签章确认后回传，采购人员核对好所采购物品的数量、价格、到货日期等，确认无误后再回传到供应商处要求进行生产与发货，采购人员整理并跟踪合同的到货情况。

3.采购跟进

第一，所有采购单都应汇总到相关档案里，以便统一管理。

第二，采购初期应及时做好《采购计划表》中的《供应商交货进度表》，依此作为跟进交货和沟通的依据。

第三，物料到公司由采购人员签收并及时确认数量与质量，对于坏料立即退货、少料要求补料。

第四，采购部核对供应商所送物品入库单并汇总到记录表上，以备查询和及时跟进。

4.供应商管理

第一，在采购整个过程中及时录入《采购计划表》中的《供应商评价表》。

第二，定期（每季度）对所有供应商在品质控制、价格、服务等多方面进行评估。

第三，按评估结果对供应商分为四大类：优秀、合格、勉强合格、不合格。

第四，对优秀的供应商保持良好的合作关系；对合格的供应商要加强沟通；对勉强合格的供应商要求限期改善；对于那些不合格的供应商取消合作。

5.结账

按照签订的合同进行结账，并做好相关的记录，方便查询。

（四）采购方式

随着市场经济的发展，原料采购的方式也越来越复杂。采购方式的选择，决定于餐饮店的规格和业务要求，也决定于市场的实际情况。餐饮原料的采购方式一般可分为合同采购、报价采购、实地采购、招标采购、产地采购等。

1.合同采购

合同采购是指买卖双方达成一致协议，签订合同进行采购，合同采购适用餐饮店向供货单位发出订单，其价格、条件必须为卖方所接受，然后签订合同由供货单位向餐饮店供应食品原料。

由合同方式进行食品原料的采购，买卖双方之间的关系和责任比较明确，有助于维护双方之间的信用，对于企业用量较大，需要经常供货而且对成本和质量影响较大的原料，都可以采用合同采购的方式。由于合同关系是一种比较稳定的关系，明确受法律保护，因此双方之间的信用度较高，有助于餐饮企业和供货单位建立长期的互惠互利关系，供货单位为了获得长期的订单，会比较注重自己的信用，因此采购方在原料数量、质量和价格上能够得到较好的保证。合同采购本身就是供货渠道管理的一种重要工具。从目前情况来看，合同采购分为长期合同和短期合同采购两大类型。

第一，长期合同。

长期合同主要用于餐饮店用量比较稳定、数量较大的食品原料。它能够保证供应商提供稳定可靠的供货。长期合同由于时间较长，因此合同必须规定可以调整价格的条款，以便在某一时期重新商订价格。长期采购合同由于其价格及数量较大，因此供应商比较重视原料的质量和价格的合理性，以便争取长期市场。合同签订后，对于餐饮店来说原料分期分批供应，可以节省大量时间，原料的供应也有保障。长期合同的最大好处还在于，万一出现质量问题，有明确的责任承担者和索赔对象。由于长期购货合同形式的采购形成了固定的供应渠道，供销手续规范，所以可以追究、查清责任人，确定最终的法律责任者，保护餐饮店的信誉和经济利益。但应注意的是，由于长期合同对餐饮店本身影响较大，签订前必须坚持货比三家的原则，并且由高层的经营管理人员进行选择和签订。长期合同的好处是减少了采购人员舞弊的机会。

第二，短期合同。

短期合同采购也是一种较为正规的采购，它一般可以用来采购用量不稳定，但单位价值高的原料，如鱼翅、燕窝等。

2．报价采购

报价采购是指餐饮店将所需的物品填写订购单，附带采购质量规格说明书向供应商询价，由供应商填写报价单或正式报价，通常供应商所填写的报价单应包括品名、价格、单位、数量、交易条件及其有效期限等。供应商的报价单有几点要注意。

第一，应注意报价单是否有附带条件，附带条件如："本报价单有效时间自××年×月有效""本报价单仅限该批货物售完为止有效"等。这些附带条件的重要性与主要项目一致。

第二，应注意买方对报价单的有效期，是以报价送到对方所在地时开始生效，而不是以报价人的报价日期为准。

第三，报价之后如果买方还没有表示接受，卖方有权撤回其报价。

第四，报价单如果超过报价规定的接受期限，报价则自动失效。

3．实地采购

实地采购是餐饮店根据所需的原料及数量，直接到市场上进行选购。本地市场的实地采购，可以把库存降到最低，而且可以多方加以比较选择。因此，本地市场的实地采购尤其适合于以中餐为主的餐饮店，中餐馆的大部分鲜活类原料，都采用实地采购的方式进行采购。

实地采购的另一种形式，是到产地直接进行采购。到产地直接进行采购，虽然要支出更多的采购费用，但由于产地进货减少了许多环节，原料价格大大低于本地市场，因此产地直接采购对大型餐饮店、连锁店是非常适合的。北京、上海、杭州的一些大型餐饮店，都直接前往广州、福建等地进行海鲜原料的产地实地采购，一般可以节省 1/3 的原料成本。

采用实地采购的方式，仍然要坚持货比三家的采购原则，同时要加强采购人员的业务素质培养和道德修养教育，才能更好地完成采购任务。

4．招标采购

招标采购是一种比较正规的采购方式。所谓招标采购，是一种按规定的条件，由卖方投标价格，并确定时间公开开标，公开比价，以符合规定的最低价者得标的一种买卖契约行为。招标采购具有公平、自由竞争的优点，也可以使餐饮店以合理的价格购得符合质量要求的所需食品原料，可以防止舞弊现象。但招标采购手续繁杂费时，往往需要有较大的购买量，原料质量、品种要求统一明确，因此招标采购比较适用于大型的餐饮店和餐饮公司。

招标采购的程度，必须按照固定的要求来进行。一般来说，可分为以下几个步骤。

第一，发标。餐饮店对所要采购的原料、物品的名称、规格、数量及条件等加以确认，填制发标单，刊登并准备出售标书。

第二，开标。把供应商投来的标书启封，审查供应商的资格，如果没有问题再予以开标。

第三，决标。开标之后，必须对报价单所列各项规格、条款加以详细地审查，再举行决标会议公开决标单并开发通知。

第四，合约。决标通知一旦发出，这项采购买卖就告成立，再按照这个规定办理书面合同的签订工作，合同签订后，招标采购就算完成。

（五）采购价格控制方法

采购价格控制是整个采购控制中最困难的工作。这是因为采购价格受到多种因素的影响，除了信息获取不充分导致采购价格偏高及有关的采购人员与供应商密谋串通，收取回扣致使采购物品、食品原料价格偏高外，餐饮店所使用的原料价格变化最大、最快，很难掌握和控制。特别是那些鲜活类的原料，其售价几乎每天都在变,有时上午和下午的价格都有区别。也正因为如此,采购价格更要设法控制。

采购价格控制的目标是:防止有关采购人员从中徇私舞弊,保证采购物品价格的合理性。

根据餐饮店原料采购工作的特点,采购价格控制的方法主要有以下几种。

1. 三方报价控制法

"三方报价"的方式控制采购工作,即在订货前,均须征询3个或3个以上供应单位交货价格,然后确定选用哪家供应单位的货品。

第一,采购部门按照清单的要求组织进货,签订订单时,着手向有关供应单位询价并填制报价单。

A. 填写报价单中所需要的货品名称、规格、数量、包装、质量标准及交货时间,邮寄或送交供应单位(至少选择3个供应单位),要求供应单位填写价格并签名退回。

B. 对于交通不便的外地供应单位,如果采购期限较短,可用电传或电话询价。用电话询价时,应把询价结果填在报价单上并记下报价人的姓名、职务等。

C. 写个简单的报告,说明询价方式及其全部过程,并提出采购部门的选择意见和理由,连同报价单一并送交给有权批准进货价格的负责人员。

第二,有权批准进货价格的人员(或采购审定小组)根据提供的有关报价资料,参考采购的意见,对几个供应单位报来的货品价格及质量、信誉等进行评估,圈定其中一家信誉好、质高价廉的供应单位。

第三,供应单位圈定后,由采购部门向其订货并签订订货合同。

用三方报价的方式圈定供应单位后,采购部应将所定的价格汇总整理,打印成一式多份的"价格表",送交有关部门和人员作稽核价格和计算成本之用。

这种方式主要适用于不需要经常进货,储存期较长的干货类原料和物品,因为这些原料和物品有较长的进货时间可以供询价及进行价格审核。对于每天需要进货的鲜活类食品原料这种方法则过于烦琐,周期较长,不太适应业务的需要。

这种方式的优点是审批价格的人员不直接与各供应单位打交道,而且审批价格的人员一般是餐饮店高层管理人员,有利于防止与供应单位串通舞弊的问题,也能够保证酒店的采购价格带有竞争性。

2. 实地调查价格控制法

餐饮业一种比较传统的价格控制方法是用管理人员每天亲自到原料供应地(如农贸市场、菜市场、供货单位等)调查原料的价格,然后与每天采购的原料价格进行对比,从中发现问题,进而对价格进行调整和控制。这种方法的好处是管理人员能够掌握第一手资料,无形中对采购人员形成压力,也能够使管理人员掌握各种货源的变化情况及原料的有关信息。但这种方法需要管理人员有较强的耐心和毅力,同时由于时间短促，不可能了解到比较全面和充分的价格信息，有时候会出现偏差。

3．同行之间的信息交流是一种有效的价格控制方式

它主要是通过餐饮业同行之间互相沟通原料价格信息，实现对价格的调整和控制。实际上，对餐饮原料价格的控制，并不是要对所有的原料都进行了解，完全可以通过与其他饭店进行主要原料、采购金额较大原料价格的互相沟通，进而了解每天在哪些渠道能够以何种价格采购到某类原料。就可以对采购的原料进行事后控制，防止以后的采购价格出现过多的偏差。

4．财务人员监控法

财务人员监控法的做法，是把餐饮店每天需要进货的原料罗列在一张清单上，列明平均每日采购的数量，然后由财务部人员轮流每天去市场直接询价，然后把采集到的价格信息与采购人员的采购价格进行对比，进而分析采购价格的高低。这种做法容易形成制度化，而且由财务部人员轮流进行询价，无疑对采购人员和财务工作人员提高工作责任心都有好处。

5．征求供应商投诉控制法

餐饮店定期或随时收集和征求供应商对本企业采购、验收、结算付款等方面的意见，以改善餐饮店采购的运作，是争取外界对本餐饮企业工作人员监督、评价的方式。这种方式是一种外部监督，能有效地揭露、防止酒店采购人员效率低下、营私舞弊等问题。

主动争取供应商投诉，通常有以下几种形式。

第一，设置投诉信箱。由餐饮店经理或办公室秘书负责开启、审阅、处理。

第二，公布投诉电话，或在给供应商的有关单据上印上投诉电话号码。投诉电话一般也是由经理办公室秘书负责接听、记录、并转呈给经理处理。

第三，定期向供应商寄送征求对本店采购工作意见的表格。餐饮店管理人员对反馈回来的意见较大的供应商，应个别访问，做详细调查和了解。

（六）采购员选择

合格的采购人员是餐饮店做好采购工作的基本要素。采购本身是一项复杂的业务活动，必须具备必要的经验和知识，采购活动也直接影响到餐饮店的成本控制，有人认为一个好的采购人员可以为餐饮店节省约5%的餐饮成本。可见，采购人员的选择是十分重要的，一个合格的采购人员应具备以下几项条件。

1．要熟悉和了解原料供应市场情况

采购员必须熟悉食品原料，饮料的销售渠道，熟悉餐饮店所在地各个批发商和零售商，了解食品原料的市场行情。

2．掌握食品饮料的相关知识

要懂得如何选择各种原料的质量、规格和产地，在什么季节购买什么产品，什么产品容易存放，哪些原料相互之间可以进行替代使用。这些知识对原料的选择，

采购数量的决策有很大作用。

3. 了解餐饮店的经营与生产情况

要熟悉餐饮店的菜单、熟悉厨房加工、切配、烹调的各个环节，熟悉本店餐饮的风格特色，掌握本餐饮店的经营风格和市场定位，了解在本店的储存条件，掌握各种原料的损耗情况，烹调特色、加工的复杂及难易程度。

4. 掌握最佳采购时机

采购员必须清楚如何、何时、何地可以采购到高质量的食品原料、物资、材料、设备及可以享受到的各种优惠条件。

5. 熟悉餐饮店的财务制度

充分了解餐饮店的财务政策、付款条件及时间，熟悉各种结算方法、程序，这样才能和供应商接洽谈判，达成协议。

6. 具有职业道德和进取精神

采购人员必须有高尚的道德标准，能拒绝贿赂，诚心对待供应商，更能以餐饮店的利益为重，时刻维护本餐饮店的利益。

三、采购规格

餐饮原料的质量是餐饮店菜肴质量的基础，对于餐饮店而言，所谓高质量的原料是指适用于制作菜单上菜肴的原料，并不一定是指质量最好的原料。适用性越强，质量越高。餐饮原料质量的控制有多种方法，其中一种就是编写采购质量规格标准。

（一）采购质量规格标准的作用

采购质量规格标准的编写和使用，能够起到以下作用。

第一，能够根据每一种菜肴制作的要求，预先确定食品原料的质量。

第二，采购规格标准对各供货渠道提供了一致的质量要求，有助于在质量一致的前提下进行比较选购。

第三，采购规格标准的制定可以简化订货手续，减少采购错误和供货单位发货的错误。

第四，采购质量规格标准的制定，为原料的验收提供了依据。

第五，采购质量规格标准对质量要求的规范，可以避免盲目采购和不恰当采购。

第六，采购质量规格标准有助于减少和供货单位之间的矛盾。

（二）采购质量规格标准的内容

编制原料采购的质量规格标准，是餐饮采购原料质量控制的基础工作之一。所谓采购质量规格标准是餐饮店以书面的形式对需要采购的食品原料的种类、等级、大小、重量、包装等制定详细要求的书面标准。

餐饮的质量规格标准是根据菜单制作的需要做出的具体规定。由于食品原料的种类的规格繁多，其自然属性和市场形态也各不相同（新鲜的、罐装的，脱水的、冷冻的等），因此，餐饮店要按照自己的经营范围和策略，编制本店食品原料的采购规格标准，以作为采购的质量要求，也作为供货单位的供货依据。

根据原料的不同，一份较为完整的采购规格标准应包含以下内容。

第一，产品通用名称或常用商业名称。

第二，政府确定的等级、公认的商业等级或当地通用的等级。

第三，商品报价单位和容器；基本容器的名称和大小。

第四，容器的单位数和单位大小。

第五，重量范围。

第六，最小和最大切割量。

第七，加工类型和包装。

第八，成熟程度。

第九，其他防止引起误解的信息。

（三）采购质量规格标准的编写

采购规格标准的编写要注意以下几方面的问题。

第一，采购规格标准必须遵循现行标准作为基础，按照政府颁布的具体标准来制定企业的采购规格标准，不能强求供应单位按照企业的标准执行。

第二，规格标准的编写必须简洁、明确，不能使用容易引起误解的文字，如般、较好等。

第三，采购规格标准必须以实际的烹调需要作为基础来具体确定原料的等级、规格、品种等。采购规格标准必须以生产制作的需要为出发点，适用于烹制相应的菜肴。

第四，采购质量规格标准的编写，必须考虑到企业的类型，如企业的等级，是度假酒店还是高档商业饭店或是汽车旅馆等，这些对食品原料的质量有不能的要求。同时，企业的仓储设施、厨房设备也对原料的种类、加工方式、呆账等提出了不同的要求。

第五，餐饮企业应该有一整套完整的采购规格标准，但并不等于每一种原料都需要加以详细说明，一般只需对那些成本比较高或者对餐饮成品质量影响较大原料做出规定即可。

产品规格书的编制对于实际的采购工作具有指导的意义，具体编制可以参照以下表格。

产品名称	用途	生产日期	储存条件及保质期	验收标准	检验流程	确认人

（四）几类原料的选购检测点

1. 生鲜肉品的选购

第一，猪肉的选择：以肉色鲜红或粉红、带有光泽、富有弹性、闻起来没有异味者为佳。

第二，牛肉的选择：瘦肉上布有淡黄色脂肪的，肉质细嫩，肉汁也较丰富。如果肌肉组织粗大，脂肪为黄色者，较不易煮烂。

第三，家禽的选择：如果买生猛的鸿鸭屠宰，应选择两眼有神、羽毛光泽平滑者。去毛的家禽应有弹性及肉色，发红或发青都不是新鲜品。

综上所述，对于生鲜肉品的选购，可分别就色泽、组织、气味、保水性及肉类部位的特性等来加以考虑，具体详述如下。

第一，色泽：质量良好的生鲜肉品会因种类不同而呈现其特有的颜色。例如，猪肉鲜红色、牛羊肉深红色、鸡肉淡红色、鸭肉深红色，且都有光泽。若猪肉呈灰白或黄褐色，肉表面有汁液流出，肉质没有弹性，此种猪肉即为水样肉，是生理化异常的猪肉。

第二，组织：肌肉组织的某些特性可由视觉或触觉来判断，通常禽畜肉的弹性随着屠宰后的时间增长而逐渐消失。可靠触觉来判断是否有弹性。而肌肉纤维的粗细与脂肪的分面情形可由视觉看出，脂肪的分布对口感有较大的影响，尤其是选购牛肉或背脊肉（大里脊）时，讲究的是其横断面是否呈现"大理石纹"状。再者，选购鸡肉时，表皮毛囊应选择细小者。

第三，保水性：此性状是生鲜肉品的重要质量指标之一，此种现象最常见于猪肉的背脊肉及后腿肉。

第四，气味：生鲜肉品不应有氨味、碱味或腐臭等异味。

第五，认识各部位肉的特性：动物体因功用不同，各部位肉的组成会有所不同，采购时宜先认识各部位肉的组织特性，才能买到理想的生鲜肉品。通常猪、牛肉分上等、中等及下等。鸡、鸭则分胸肉、腿肉及翅膀等。上等、中等、下等依其组织、脂肪含量及含筋多少而分。猪、牛前腿肉块小，筋较多，适合卤；背脊肉、腿肉脂肪少、组织细，宜炒炸；腹肉脂肪多，筋多宜卤。

第六，注意其来源及是否经过屠宰卫生检查：如来源不明，极可能是私宰肉，未经卫生检查，极可能是病猪或死猪肉，因此选购时必须注意，以免影响健康。

2．肉制品的选购

第一，注意有无完整标识。有容器包装的食品必须具备下列各项标识：品名、内容物名称、重量和数量、食品添加物、制造厂商名称、地址、保存期限或保存条件，进口的还应加注进口商名称、地址。

第二，包装的完整性。如果是灭菌的罐头、瓶装及软袋装制品，应注意容器是否完整。例如，罐身是否凹陷，卷封处是否有断封、凸角边缘不整齐等现象。如一旦有膨罐现象，切忌食用。

水煮的西式肉制品，应注意包装袋内的汁液是否有混浊现象，肉的切面不应有空隙或空间，颜色应均匀。

已烹调中式肉制品，如肉松、肉干、肉酥等，其颜色应是金黄色，肉干则是浅鲜红色，其表面应干爽而没有油腻感觉与油臭味，肉松纤维应长；肉酥不应有太多的微细粉粒。未烹调中式传统肉制品，如香肠、火腿、腊肉，外表应干燥，没有霉斑。且注意其干燥程度、颜色是否均匀及肥瘦肉比率。

3．选购鱼类应注意的事项

餐厅常见的鱼类主要有黄鱼、鳟鱼、鲂鱼、鲫鱼、鲤鱼、鲈鱼、旗鱼等，无论哪一种鱼，采购要领大同小异。

第一，鱼眼：新鲜的鱼眼睛晶莹明亮，无充血现象，摸的时候眼球能转动且不会松落；不新鲜的鱼眼球凹陷，呈混浊状，眼球和眼白难以分辨。

第二，鱼身：新鲜的鱼，鱼身结实有弹性。不新鲜的鱼，肉软、鱼身有的和骨骼脱离，鱼嘴则软而松弛。刚死不久的鱼，鱼身有弹性，但鱼嘴僵硬张开。

第三，鱼鳃：鲜鱼鳃部鲜红，扒开后能回复原状，不新鲜的鱼，鱼鳃会变暗红或转成绿色，易引起食物中毒。

第四，鱼鳞：新鲜的鱼鳞片色彩熠熠，片片紧贴不易脱落，鱼鳞贴鱼身，不易拉开，如果鱼鳞松弛，易脱落，则不是新鲜的鱼。

第五，鱼腹：新鲜的鱼腹，肉质饱满且有弹性，色泽光润，切开时鱼血斑斑。不新鲜的鱼，鱼腹呈暗灰色，肉质软化无弹性，有烂软的现象。

第六，鱼皮：新鲜的鱼外表光润，皮色鲜艳，花纹清晰可辨，不新鲜的鱼，皮色暗淡无光，用手指按会有皱纹产生。若以清水洗涤，洗后会有破裂痕迹。

第七，鱼味：新鲜的鱼具有一股特殊的海藻腥味，不新鲜的鱼则带有刺激性臭味。

4．选购贝类注意的事项

选购贝类时可以互相敲打，如发钝音的是壳内的肉已死。活的贝类会发出清脆的声音，且贝壳紧合不易打开。微开时，稍有异物接近就迅速紧合。若贝类的口张开，并有臭味，吃了有致毒的可能。另外，购买已剥壳贝类的肉时，须选择肉质饱满、颜色新鲜且有光泽者。

5. 选购蟹类应注意的事项

蟹类购买时，应以生猛为优先考虑，若已冰冻，则要看头脚是否脱落，且无腐臭味。

6. 鲜乳的选购

鲜乳是白色的液体，含有丰富的营养素，如蛋白质、钙质、维生素，是易消化食品，多喝鲜乳可保身体健康。选购鲜乳时首先观察颜色，鲜乳是纯白色并且有光泽；若呈灰白或暗黄，则腐败程度严重，不可饮用。鲜乳若如水状，表面有凝结固体，并且有醋味，表示鲜乳已变酸，不要购买。选购包装良好无破损、无分离及沉淀现象的鲜乳。

将鲜乳滴在指甲上，成球形是新鲜的，滴下后散开是坏的。或者将鲜乳滴入水中，不沉而且不散开的是鲜乳。

选购时，最重要并且最简单的就是看清楚制造日期、保存期限。没注明的不要买，过期的更不要买。

7. 奶油及人造奶油的选购

奶油是维生素 A 的良好来源，风味特殊，受人欢迎。至于人造奶油也称麦淇淋，它的外观与奶油很相似，用途也大同小异。选购奶油及人造奶油须注意以下几方面。

第一，要买从冷藏柜拿出来的。

第二，要注意包装标识。

第三，不要购买包装已破损或弄脏的。

第四，选购风味好、颜色均匀、无怪味、无杂质的。

8. 蛋类的选购

第一，鸡蛋：买鸡蛋时以指抚摸蛋壳，如感觉质地粗糙，色泽暗淡无光的是好蛋。蛋壳光滑、颜色鲜艳发亮的是变质的蛋。

将蛋对准太阳或亮光看，若蛋是透明的，则是新鲜蛋。若发现黑块或混浊不清，则蛋可能已腐坏了。

用拇指和食指，将蛋夹起，圆的一端向上，尖小的一端朝下，移近强烈的光线下透视，其上端内部的气室狭小，便是新鲜蛋。

附有鸡粪的蛋是未经洗涤的，不要紧，但易腐烂，不宜久存。

第二，皮蛋的选购要求如下。

蛋壳：无毒皮蛋不加氧化铅，蛋壳表里一致，和生蛋没有两样，而有毒的皮蛋，蛋壳有黑色斑点，破后里面也有细小黑褐色斑点。

蛋白：无毒皮蛋，蛋白是透明的黄褐或赤褐色，储存一个月以上，内部会有白色的"松花"，有毒皮蛋白呈生灰色，储存后没有"松花"。

蛋黄：正常蛋黄表面呈黄色，内部为浅蓝色或深绿灰色的软固体。制成后，中心尚有一部分为柿红色的生蛋黄（所谓的"糖心"），储存两三个星期将渐缩小，直至消失，内部全变为深蓝色或深绿的软固体。剥开呈树木年轮状的纹理。含铅的皮蛋，因蛋白凝固太快会呈柿果浆状，此为尚未腌制成熟的生蛋黄，若再经两个月以上的储存，仍会渐次变为深绿色的软固体。

9. 豆类及其制品的选购

豆类指豆腐、豆干、黄豆、豌豆、绿豆、红豆等，选购豆腐、豆干应无酸、无臭及无黏液，而豆类要选购豆粒完整、饱满并且无虫蛀、异味及发霉者。

10. 菜类产品的选购

菜的种类繁多如菠菜、卷心菜、空心菜、甘蓝菜、冬瓜、竹笋、芹菜、茄子、花菜等。一般来说，深绿色的蔬菜，营养价值较高。选择蔬菜时要注意下列几点。

第一，叶菜类：如菠菜、大白菜、小白菜、卷心菜等应先择菜叶肥大、叶而光润、有弹性并注意叶茎部分是否有腐烂现象。

第二，根菜类：如萝卜、番薯等，应挑选坚实、饱满、水分多的。

第三，果实类：如冬瓜、茄子、番茄、丝瓜等，应选择颜色鲜明、无斑点的。

第四，块茎类：如竹笋、马铃薯等，竹笋以鲜嫩、色白且粗大为佳，马铃薯应挑选无长芽、无霉点的。如毛豆、豌豆等，选择表皮光滑、色泽自然、无色素迹象的。

第五，茎菜类：如韭菜、芹菜等，这类菜应选择嫩绿，不枯萎的为佳。

11. 水果类的选购

水果的种类繁多，如葡萄、梨、香瓜、哈密瓜、莲雾、西瓜、柳丁、芭乐、枇果、木瓜、苹果等，一般判断水果的新鲜度，以观察表皮为第一着眼点，注意表皮是否有腐烂、虫咬。好的水果果皮完整、颜色鲜艳、果体坚实、水分充盈。如香蕉、香瓜、哈密瓜、苹果等应选择香味浓、表皮完整的。挑选合乎时令、合乎季节的水果，较新鲜、成熟适度并且价格便宜。

12. 谷物类的选购

谷物类大致可分为米、麦及其粉制品（面粉、面条、面包、蛋糕）等。

第一，谷粒坚实，均匀完整，没有发霉，无砂粒、渣等异物。

第二，面粉粉质干爽，色略带淡黄，并且无异物、异味或昆虫。

第三，米越精白，维生素及矿物质越少，现推广小袋装米，保鲜度佳，可多采用。

第四，选购小包装制品，必须注意制造日期及标示。

第五，面包是发酵食品，松软适度，表面薄，光滑有弹性，内部组织厚薄一致，气孔大小均匀。

第六，蛋糕的表面颜色均匀有光泽、平整而薄，内层次的颗粒大小粗细一致，有充足的水分为佳。

如何选购安全蔬菜水果

识别无公害蔬菜

看颜色：各种蔬菜都具有本品种固有的颜色与光泽，从而显示蔬菜的成熟度及鲜嫩度。

闻气味：蔬菜都具有自己的清香、甘辛香、甜酸香等气味，不应有腐败味和其他异味。

看形态：蔬菜应具有新鲜的形态，如有枯萎、干枯、损伤、变色、病变、虫害侵蚀，则为异常形态。还有的蔬菜由于人工使用了激素类物质，会长成畸形（带虫眼的蔬菜绝不等同于无公害蔬菜，有的农药残留量反而更高）。

选购"安全水果"

所谓"安全水果"是指符合卫生署药检标准的高品质水果，最重要的特性是没有农药残留或低残留。

尽量购买当令或者本地水果，不合时令的水果须喷洒大量药剂才能提前或延后采收上市。一般遵循一闻，二看，三捏。一闻有没有水果应该有的香味，也闻闻有没有其他的怪味。二看有没有发黑或者烂的地方。三捏。选水果的原则是颜色好看有光泽。

识别催熟的西红柿

有些商贩用催熟香蕉的方法催熟西红柿，在上面涂上一种"乙烯利"的化学药物。催熟的西红柿多为反季节上市，大小通体全红，手感很硬，外观呈多面体，掰开后里面籽呈绿色或未长籽，瓤内无汁；而自然成熟的西红柿蒂周围有些绿色，捏起来很软，外观圆滑，而籽粒是土黄色，肉质红色、沙瓤、多汁。

四、采购批量确定

（一）批量采购的重要性

一般来说，零星采购的价格往往较高，而大批量采购在价格上享有优惠，因此，为控制采购成本采购部门都会统计各部门采购需要进行大批量的采购存货。但是过多的库存会占用较多的资金，同时也会直接导致储存成本的上升。如果采购批量过小，采购次数就会增多，订货成本也要升高，同时库存过少当出现意外情况时还可能导致库存中断，影响企业的正常生产经营。因此，采购人员应该根据实际需要合理地进行批量采购，确保以最低的成本保证企业高效的运行。

（二）采购批量确定的因素

1. 订货价

订货价是采购部门根据餐饮店自身的实际需要，确定以怎么样的一个采购量拿到最优惠的价格，从而达到为企业带来最大的利润。

2. 储存成本

储存成本是指为保持存货而发生的成本，分为固定成本和变动成本。固定成本与存货数量的多少无关，仓库职工的固定月工资等。变动成本与存货的数量有关，如存货资金的应计利息、存货的破损和变质损失等。

3. 缺货成本

缺货成本是指由于存货供应中断而造成的损失，由此而造成物品供应中断而造成的丧失销售机会的损失。

4. 客观因素

客观因素是指餐饮店的成功运营除了自身性价比对顾客的影响外，还受诸多外界因素影响。比如，天气、季节、突发事件等。我们在制订采购计划时要有灵活性和预见性。

（三）原材料采购批量的确定

1. 易变质原材料采购批量的确定

餐饮店的特殊性决定了包括海鲜、肉类、蔬菜等生鲜食材和易变食材不宜大量采购，每天按时按需配送。这些物品保质期短，要求新鲜程度高，最好在使用之前的最短时期内送到。对于餐饮店来说，应该准确确定这些原料每天的使用量和采购量。同时，鲜活原料的需要量和采购数量受各种因素的影响，如节假日、宴会和其他特殊情况都可能会增加鲜活原料的使用量或采购量。

采购鲜活物品之前，首先要向实际运作部门确定近期需使用的数量。在此基础上进行预计采购。

2. 不易变质原材料采购批量的确定

不易变质原材料虽然适于长期保存，但是也应该根据餐饮店需要并结合当前市场动态有计划性地采购囤货，以免造成采购过多造成商品过期变质，得不偿失。

总的来说，作为一个采购人员要根据餐饮店实际运作情况，以最优价格确保买到最佳物品。

（四）采购数量控制方法

原料的采购数量直接影响着资金的占用、仓储费用和人工费用。因此，餐饮店应该根据自身的经营特点，制定合理的采购数量。通常采购数量受到菜肴的销售量、食品原料的特点、储存条件、市场供应情况和标准库存定额的影响。

1. 每日进货原料的数量控制

餐饮店每天需要进货的原料主要是新鲜的蔬菜、水果、水产品、新鲜的奶制品等。这些原料基本是当天使用完，第二天再进行采购，这样既可以保持食品原料的新鲜度，又减少原料的损耗。对于这些采购频率较大的食品原料，要求采购人员每天检查厨房及仓库的库存量，预计第二天的原料使用量，然后计算出每种原料需要购买的数量。

计算公式为：原料采购数量=第二天需用量-原料现在量

鲜活食品原料中，有些原料的消耗数量比较稳定，这些原料可以采用长期订货法进行采购。长期订货法是要求供应商以固定的市场价格，在一定时期内每天向饭店供应规定的食品原料。

2. 干货类原料和物品的采购数量控制

所谓干货类原料，是指可以储存较长时间的食品原料。这类原料包括粮食、海味干货、香料、调味品、罐头食品及各种冷冻储存原料。许多餐饮店为减少采购工作的程序和工作量，将干货类原料的采购量规定为每周或一个月使用量；将冷冻储存的食品原料的采购量规定为数天或1～2周的使用量。

干货类原料的采购数量一般都采用最低储存量采购法进行控制。最低储存量采购法是对各种干货类食品原料分别制定出最低储存量（采购点储存量），当食品原料的库存量达到或接近最低储存量时，就进行采购的方法。

这种方法要求随时记录原料的进出库和结存情况，及时发现那些已经达到或接近最低储存量的原料，并计算出采购数量，发出采购通知单。

计算公式为：原料采购量=标准储存量-最低储存量+日需要量×发货天数

标准储存量是某一种原料平均日需要量与这种原料计划采购的间隔天数相乘，再加上一定的保险储量。

计算公式为：原料标准储存量=日需要量×采购间隔天数+保险储存量

保险储存量是为防止市场的供应问题和采购运输问题预留的原为数量。日需要量是餐饮店每天这种原料的平均消耗数量。

最低储存量是指某种原料数量降至需要采购的数量，而又能维持到新原料送到时，这个数量称为最低储存量。

其计算公式为：最低储存量=日需要量×发货天数+保险储存量

五、原料验收控制

验收控制的目的，是要对采购的原料和物品进行质量、数量和价格的检验。因为有意无意地，供应商送来的原料数量可能不符合订购的数量、价格可能发生变化，质量上可能不符合订购时要求的质量规格标准。因此，验收控制的目的有三个：检查原料的质量、数量和价格。

（一）建立合理验收体系

餐饮店要有自己的职业准则，采购人员把原料采购进来之后，不合格的产品是不能销售给顾客的。因此，餐饮采购前就应该建立一套合理、完整的验收体系，以机制体系的完善来保证采购工作的验收。

1. 检验所购进的原材料

检验所购进的原材料是指收货员应根据采购单核对供应商所送物品是否与采购单上规定的相符，没有采购的物品一律不予验收，防止不需要的原料进入库存，造成囤积从而浪费。

2. 验收数量和质量控制

验收数量和质量控制是指检查购进的原材料的实际质量和数量与采购单上是否相符。验收员在检验物品的质量时，要根据采购规格标准和采购单上规定的质量和规格与实物进行验证相符。比如，对罐装食品应检查其生产日期及保存期限，看是否有膨胀及变形现象；蔬菜水果是否新鲜，有无腐烂；饮料酒水的"商标牌"与订购单是否相符，并鉴别其真伪；对于大批量的进货必要时应抽样检验其质量。

对于称重物品，要抽样复秤，核实包装上的重量是否正确；对以箱装或盒装的货物要开箱检查，应特别检查箱的下层是否装满；按个数计算的要认真点数。所以作为收货员，应该具备扎实的验收知识，不断地在实际工作中提高自身能力。

3. 价格核查

价格核查是指在验收进货时核查，采购单上的价格是否与送货单上的价格一致。

4. 验收进货

验收进货是指完成上述检验程序后，验收员应在送货单上签字确认。

5. 退换货

退换货是指供应商未按照采购合同进行送货，可以拒收或者进行退货，不予签字确认。

（二）验收人员的选择

验收人员一般从仓库、厨房及成本核算人员中选用，选用的人员必须具有餐饮原料和物品的知识，熟悉餐饮的业务，具有鉴别购进物品与订货单上的质量要求是否一致的能力和兢兢业业、踏踏实实的工作态度。他们必须熟悉餐饮企业所规定的验收制度和验收标准，有权拒收质量低劣、规格不符的货品，有权抵制任何未经批准的物品采购。

在对验收人员的管理上应注意以下两点。

1. 验收职务必须与采购职务分离

即使在没条件设置专职验收人员的餐饮店，也不应由采购人员兼做验收工作。即使验收工作忙不过来，也不应让采购人员帮助验收。这样容易产生舞弊的念头或容易掩盖其舞弊行为。

2. 上级定期复查

上级管理人员应不定期地复查货品数量和质量，检查、监督验收工作，使验收人员知道上级管理人员非常关注他们的工作。

（三）验收场地和设备

一般设有专门验收场地的餐饮店比较少。这种专门验收场地包括验收办公室、检验测试装置和临时储藏场地。然而，为了堵塞漏洞、保护财产，餐饮店应指定或临时指定一个验收区域，规定验收的时间。在指定或临时指定的验收区域中，应事先准备好足够的磅秤等计量工具。磅秤应定期校准，以保持其精确性。指定的验收区域最好邻近储藏室或仓库，应保持灯光明亮、清洁卫生、安全保险。验收之后，应尽快把货品送进储藏室或仓库，防止货品变质或失窃。送货人在验收现场时，验收员应始终在现场。另外，应设置一种在验收时使用的印戳或标记，以防重复点算。在设有专门验收场地的餐饮店，验收场应装有金属门或其他可以上锁的门。因为专用验收场地也可能暂时存放价值数万甚至几十万元的财产，必须严加保管。

（四）原料验收的程序和方法

根据原料验收管理的目的，验收程序应覆盖以下三个管理点，即核对价格、盘点数量、检查质量。

第一，仓库根据订货单或订货合同提供的进货信息，安排仓位和验收人员。在货品提前或推后到来时，需要采购部门与仓库之间进行有效的联系。否则，忙乱中可能导致很多问题的发生。联系的方法通常采用进货备忘录，即在货到的前两天或前一天，由采购部门给仓库、成本核算等部门发出进货备忘录。每日采购应定点定时进行验收。

第二，数量的检查。盘点数量时，应注意，以重量计量的原料，必须逐件过磅。凡是可数的原料，必须逐一点数，记录正确的重量或数量。如果是密封的容器，应逐个检查是否有启封的痕迹，并逐个过秤，以防短缺。如果是袋装货品，应通过点数或称重，检查袋上印刷的重量是否与实际一致。

第三，对照随货物送来的发货单和发票，检查原料数量是否与实际数量相符。检查发货单原料数量是否与订货单原料数量相符，完成交叉检查。

第四，检查原料质量是否符合采购规格标准，抽样检查箱装、盒装的原料，检查原料是否足量，质量是否一致。

第五，检查发票原料价格是否与订货单记录的报价一致或是否与采购订货所列价格一致。

第六，填写验收单，验收单一式四份：一份留存验收处，一份送仓库，一份送成本控制，一份送财务部。并在验收完毕的货物发票上签字。

第七，在原料包装上填写原料卡片，注明进货日期、进料价格等有关信息，尽快送仓库和厨房储存。

第八，填写"验收日报表"和其他单据，所有有关发票和发货单都必须加盖收货章，并由验收员在规定的地方签字。单据应尽快送财务部以便登记结算。

第九，如果送来的食品原料不符合采购的要求，应请示厨师长或餐饮部经理。若决定退货的，应填写"退货单"一式三联：一联留验收处，一联交送货员带回供货单位，一联交财务部。

第十，采购物资进入仓库后应该安排专人进行看管，做好进出仓库人员的登记。每天进行物资的盘点查看，及时发现是否有遗失。

（五）双重验收控制

餐饮店日常所需的鲜活货品大部分是不经仓库而直接送到厨房的。这部分货品由于每天耗用的品种多、数量大，涉及的小供应商又较多，人员比较复杂，很容易发生欺骗或与有关人员私通、作弊的问题。因此，可以采用双重验收制度对这类物品进行控制。

第一，供应商送来鲜活商品时，由仓库收货处做第一次验收，填制一式四联的"收货单"，把供应商那联留下，其他三联由供应商拿着同货品一起送到厨房。

第二，厨房设置一些必要的计量工具，厨房主管根据仓库收货处填制的收货单上的品名、规格、数量、质量等一一复验供应商送来的货品。复验无误后分别在三联收货单上签字并加盖厨房验收章。留下一联收货单，其余两联由供应商带给仓库收货处或由厨房直接送交仓库收货处。厨房在复验过程中，若发现货品质量等级不符或数量、重量短少，则在收货单上用红笔做出修改，并在修改处签名。若供应商对此有异议，则须请厨师长或餐饮经理决定处理。

第三，仓库收货处检查收货单上有无厨房验收的印章及厨房主管的签名，取出先前留下的客户收货单，与这两联核对，检查这两联收货单上有无改动。如无问题，在客户收货单上加盖收货部印章，交还客户；如厨房验收做了修改，则必须在客户收货单上做相应的改动后，再加盖收货部印章，交还客户。

第四，有厨房印章及厨房主管签名的收货单，一联留存仓库收货处，一联同其他单据一起送交财务部核准付款的人员审核付款。

上述控制方法显然可以起到互相牵制、避免损失、防止舞弊的作用。

第二节　餐饮储存成本控制

餐饮店想要实现最低的成本、最快的资金周转、最佳的经济效益并使顾客需求得到充分满足，必须合理地控制餐饮储存成本，对库存进行有效的管理控制。

一、餐饮储存管理要点

餐饮原料的储存是原料采购与餐饮出品生产之间的重要环节，储存环节的食品原料质量对生产质量有着直接的影响，储存中所形成的食品原料的变化，会以餐饮产品的形式直接转嫁给顾客，并产生经营连锁反应。良好的储存控制能有效地控制原料的数量和质量，有助于减低餐饮成本，因此，储存管理是保证餐饮产品质量和成本控制的重要管理环节。

（一）餐饮储存管理的基本概念

储存是指对各类食品原料的分类妥善保管，旨在确保生产和销售服务活动能均衡、不间断地正常进行。餐饮原料储存首先是为了保持适当数量的食品原料以满足厨房生产的需要。其次，是通过科学的管理手段和措施，确保各种食品原料的数量和质量，尽量减少自然损耗，防止食品的擅自挪用和偷窃，及时接收、储存和发放各种食品的原料，并将有关数据资料送至财务部以保证餐饮成本得到有效的控制。

要做好餐饮原料的储存管理工作，首先应当制定各种原料物品的储存管理制度，有效地进行防火、防盗、防潮、防虫害等控制；科学合理地设计食品原料的储存环境，减少原料的自然损耗；建立库存原料的数量动态控制系统，合理控制食品原料的库存量以减少资金占用和做出评价费用，加速资金周转；建立完备的货物领用、发放、清仓、盘存制度、清洁卫生制度，科学地存放各种食品原料，提高仓储的工作效率。

（二）餐饮原料的储存环境

1. 温度和湿度要求

第一，干藏仓库的温度，应控制在16～21℃，但如果能保持在10℃，对大部分的食品原料来说更能保持其质量。干藏仓库的相对湿度应控制在50%～60%之间；如果储存的是谷物类原料，相对湿度还应该低一些，以防止发生霉变。

第二，10～49℃的温度范围最适宜细菌繁殖，在餐饮业中被称为"危险区"，因此所有冷藏设备的温度必须控制在10℃以下。

冷藏的食品原料大致上可分成五类：新鲜的肉类、禽类；新鲜的鱼类、水产类；水果和蔬菜；奶制品；厨房操作过程中的一般冷藏原料。这五类原料有各自不同的冷藏温度和湿度，见表6-1。

表6-1 不同原料冷藏温度、湿度要求

食品原料	温度	相对湿度
新鲜的肉类、禽类	0～2℃	75%～85%
新鲜的鱼类、水产类	-1～1℃	75%～85%
水果和蔬菜	2～7℃	85%～95%
奶制品	3～8℃	75%～85%
厨房操作过程中的一般冷藏原料	1～4℃	75%～85%

第三，冷冻储存的温度应保持在-24～18℃，为了防止食品由于水分蒸发而引起"冻伤"后发生变质或变色，冷冻的食品原料应保持一定的湿度，可以用抗挥发性的材料进行包装，冷冻室的湿度应高于冷藏室。

2．通风和照明

干藏仓库应保持良好的通风，因为良好的通风有利于保持适宜的温度和湿度。按照标准，食品干藏仓库的空气每小时应交换4次。

冷藏和冷冻储存湿度、原料与原料之间应该留有空隙，不要堆放得过于紧密，这样可以使冷空气始终分布在原料周围，有助于保持原料的品质。储存时，应避免阳光直接照射原料。

3．卫生要求

干藏仓库的地面和墙壁应保持清洁，并具有防油污、防潮湿的功能。食品仓库应有足够的高度，一般不应少于2.4米。仓库内应有下水道，以便清洗墙面和地板。通常仓库的通风设备应有完善的防虫、防鼠措施等。

干藏仓库内有各种冷热水管的，应用保温材料包裹，以防止冷凝水和管道的温度变化影响仓库的温度和湿度。干藏仓库、各种冷藏和冷冻设备均应制定卫生清洁制度，定期打扫，进行清洗消毒工作。

（三）原料的分类储存要求

1．分类要求

（1）科学分类，定点存放

原料的储存要做到科学分类，定点存放。例如，对于干藏的原料，首先应根据各种不同原料的属性进行分类；其次把每一类原料中的各种原料按一定的方式进行排列，如可以按部首、英文字母的顺序等，从而决定各种原料相应的存放位置。每一类原料在库房中的位置应根据原料的使用频率和存放的便利程度来决定，但其中各种原料的存放位置应该固定。对于冷藏和冷冻的原料，应该按照生熟分开、不同原料分类管理的原则，分别进行存放。

（2）四号定位

四号定位是指对库号、架号、层号、位号四者统一编号，并和账页上的编号统一对应。也就是把各仓库内分类定位的原料物品进一步按种类、性质、体积、质量等不同情况，分别对应地堆放在固定的仓位上，然后用四位编号标出来。这样，只要知道物品名称、规格、翻开账簿或打开计算机，即可迅速、准确地发料。

（3）立牌立卡

立牌立卡是对定位、编号的各类物品建立原料卡片。原料卡片上标明物品，如粉条、果仁等；调料：食油、酱油、醋等液体及盐、糖、花椒等固体调料；罐装、瓶装食品：罐装和瓶装的鱼、肉、禽类，部分水果和蔬菜等；糖果、饼干、糕点等；干果、蜜饯、脱水蔬菜等。

2．干货原料的储存要求

干货原料主要包括面粉、糖、盐、谷物类、豆类、饼干类、食用油类、罐装和瓶装食品等。干货食品宜储藏在阴凉、干燥、通风处，离开地面和墙壁有一定距离，不要放在下水道附近和水管下面，并远离化学药品。

第一，货架的使用：干货仓库一般多使用货架储藏食品原料。货架可以是金属制品，也可以是木制货架。货架最底层应距地面至少30厘米，以便空气流通，避免箱装、袋装原料受地面湿气的影响，同时也便于清扫。货架和墙壁应保持至少5厘米的距离。

第二，虫害和鼠害的防范：所有干货食品都应包装严密。已启封的食品要储藏在密封容器里。要定期清扫地面、货架，保持干净卫生。不留卫生死角，防止虫害、鼠害的滋生。

第三，注明日期，先存先取所有干货食品要注明日期，按先进先出的原则使用。

第四，非食品用品应与食品分开并分类存放，如清洁剂、清洁用品和餐具、瓷器、玻璃器皿、刀叉等；各种锅、勺、铲等炊具；纸品、布件、餐巾纸、桌布、餐巾等应分类单独存放。同时，要标明货名，以免被误用到食品中，尤其是清洁剂和清洁用品更是如此。

3．鲜货原料的冷藏储存要求

鲜货原料包括新鲜食品原料和已加工过的食品原料。新鲜食品原料是指蔬菜、水果、鸡蛋、奶制品及新鲜的肉、鱼、禽类等。加工过的食品原料是指切配好的肉、鱼、禽类原料、冷荤菜品、蔬菜与水果色拉，各种易发酵的调味汁等。

鲜货原料一般需使用冷藏设备。冷藏的目的是以低温抑制细菌繁殖，维持原料的质量，延长其保存期。冷藏室的具体要求有以下几点。

第一，所有易腐败变质食品的冷藏温度应保持在5℃以下。

第二，冷藏室内的食物不能装得太挤，各种食物之间要留有空隙，以利于空气流通。

第三，尽量减少冷藏室门的开启次数。

第四，保持冷藏室内部的清洁、定期做好冷藏室的卫生工作。

第五，将生、熟食品分开储藏，最好每种食品都有单独的包装。

第六，如果只有一个冷藏室，要将熟食放在生食的上方，以防止生食带菌的汁液滴到熟食上。

第七，需冷藏的食品应先使用干净卫生的容器包装好才能放进冰箱，避免相互串味。

第八，需冷藏的热食品如汤汁类，要使其降温变凉，然后再放入冷藏室。

第九，需经常检查冷藏室的温度，避免由于疏忽或机器故障而使温度升高，导致食品在冷藏室内变质。

第十，保证食品原料在冷藏保质期内使用。在冷藏温度下，不同食品原料的冷藏期是不同的，使用时应注意。一些食品的冷藏期可参照表6-2。

表6-2　各类食品原料的冷藏期

食品名称	冷藏期（天）
烤制用肉、排骨	3
肉馅、内脏	2
火腿	14
鸡、火鸡	2～3
鱼类	2
鲜蛋	14
水果与蔬菜	5～7

此外，冷藏食品原料还要注意以下问题：首先，入库前需仔细检查食品原料的质量，避免把已经变质、污染过的食品送入冷藏室；其次，已经加工的食品和剩余食品应密封冷藏，以免受冷干缩或串味，并防止滴水或异物混入。此外，带有强烈气味的食品应密封冷藏，以免影响其他食品；还需注意冷藏设备的底部、靠近制冷设备处及货架底层是温度最低的地方，这些位置适于存放奶制品、肉类、禽类、水产类食品原料。

4. 食品原料的冷冻储藏要求

冷冻储藏适于冷冻肉类、禽类、水产类及已加工的成品和半成品。

第一，冷冻条件：任何食品都不可能无限期地储藏，其营养成分、香味、质地、色泽都将随着时间的流逝而降低。一般来说，食品原料的冷冻分3步进行：冷藏—速冻—冷冻。食品冷冻的速度越快越好。因为在速冻条件下，食品内部的冰结晶颗粒细小，不易损坏食品的结构组织。

第二，冷冻期：一般食品的冷冻储藏期在3～6个月。各类食品冷冻储藏的最长时间见表6-3。

表6-3　食品原料的冷冻储藏期

食品原料	冷冻储藏期（月）
猪肉	6
牛羊肉	6～9
香肠、肉菜、鱼类	1～3
禽类、蛋类	6～12
水产品	3～6

为保证冷冻食品原料的新鲜质量，尽量延长其有效储存期，在食品原料的冷冻储存过程中应注意以下问题。

第一，要把好验货关。需要冷冻的原料入库时必须处在冷冻状态，已经解冻或部分解冻的食品原料应即刻置在 18℃以下（含-18℃）。温度越低，则食品原料的储藏期及其质量就越能得到保证。

第二，冷冻储藏的食品原料，特别是鱼、肉、禽类，要用抗挥发性材料（塑料袋、塑料薄膜）包装紧密，以免影响原料的质量。

第三，坚持"先进先出"原则。所有原料必须标明入库日期及价格，按照先进先出的原则使用，防止储存过久造成损失。

第四，还要注意不要将食品原料堆放在地面上或紧靠库壁放置，以免妨碍空气循环，影响原料冷冻质量。

第五，使用正确的解冻方法：

① 冷藏解冻，即将冷冻食品放入冷藏室内逐渐解冻；

② 自来水冲浸解冻，即将冷冻肉块用塑料袋盛装，密封置于自来水池中冲刷解冻；

③ 用微波炉解冻。切忌在室温下解冻，以免引起细菌和微生物的急剧繁殖。

第六，有些冷冻食品原料，如家禽，可直接烹烧，不需要经过解冻，这样有利于保持其色泽和外形。

二、餐饮储存成本控制的要点

储存成本控制是餐饮成本控制的重要一环，如库存不当就会造成原料的变质或丢失等方面的损耗，最终造成餐饮成本的增加。

（一）储存过程管理目标

对于餐饮店来说，储存过程需要完成以下几项管理目标。

第一，保证各类食品原料的综合安全。

第二，保证各类食品原料的综合质量。

第三，保证原料在生产需要时能及时发放。

第四，保证方便清查和落实食品原料储存的相关数据。

（二）储存环节控制目标

对于餐饮店来说，储存环节控制的目标主要有以下几点。

第一，控制储存量，尽量减少资金占用。

第二，妥善管理储存原料，做到账、物相符，把短缺和损失降到最低点。

第三，严格收货与发货，以便原料使用部门按需使用。

第四，关注使用原料，尽可能加快库存周转。

（三）储存成本控制的内容

了解餐饮储存环节的成本控制工作对于餐饮经营者来说是非常重要的，其主要内容包括以下几点。

第一，专人负责原料的储存保管工作：应有专职的仓库保管员负责，应尽量控制有权进入仓库的人数，仓库钥匙由仓库保管员专人保管，门锁应定期更换，以避免偷盗损失。

第二，保持仓库适宜的储存环境，不同的原料应有不同的储存环境，如干货仓库、冷藏室、冷库等，普通原料和贵重原料也应分别储存，各类仓库的设计应符合安全、卫生要求，并保持各仓库的清洁卫生，以杜绝虫害和鼠害，从而保证库存原料的质量。

第三，及时入库、定点存放购入原料经验收后应及时运送至适宜的储存处，在储存时，各类原料、每种原料应有固定的存放位置，以免耽搁而引起不必要的损失。

第四，及时调整原料位置入库的每批次原料都应注明进货日期，并按先进先出的原则发放原料，并及时调整原料位置，以减少原料的腐烂或霉变损耗。

第五，定时检查，仓库保管员应定时检查并记录干货仓库、冷藏室、冷库及冷藏箱柜等设施设备的温湿度，以保证各类原料在恒温环境下储存。

仓库保管员的职责及岗位要求

第一，仓库保管员的职责。

不论餐饮店经营规模的大小，都应该设有保管员这一重要职位，主要负责验收、保管、发货等任务。具体如下：

① 对购进店的烹饪原料物资，负责进行验收、保管、储藏、发放。

② 对验收完的烹饪原料、物品，及时分门别类进行储存，以确保原料的质量。

③ 控制原料库存的数量、重量和时间，力争供需平衡。

④ 尽量利用保管室空间，扩大库容率，将原料、物品摆放整齐，以确保原料储藏时的安全。

第二，仓库保管员的岗位要求。

① 仓库保管员应挑选具有一定文化程度和商品知识、能写会算、懂得运用计算机操作、敬业的人员。

② 仓库保管员应爱整洁，将保管室库存货物摆放整齐有序，尽量利用仓库空间增大保管室库容量。

③ 保管员要有较强的责任心，保证仓库的物资安全，做好防火、防盗、防毒、防鼠咬、防虫蛀、防潮湿发霉等。

④ 做好包装物、纸箱、纸盒、面粉袋、桶、酒瓶的回收，以及设施、设备的保养维护。

⑤ 仓库保管员可兼做成本核算管理员工作，以便经常到市场去对原料价格进行调研，随时掌握市场物价行情。

⑥ 仓库保管员要及时核对货物标签，写明保鲜、保质日期。

三、餐饮原料库存控制

要有效地进行餐饮储存成本控制，需要对食品原料进行存货控制。食品原料存货控制，必须切实注意存货控制管理的关键。

（一）原料零库存管理

零库存管理是降低餐饮成本的有效方法，是当前餐饮店的经营理念和管理模式，即把原料库存建立在供货商和销售商之上。

1. 零库存管理模式内涵

零库存管理模式是指餐饮店为有效消除库存原料对餐饮店的不利影响，通过不断改进自身的经营模式和管理技术，从而使企业的库存量不断下降，最终使企业基本上不需要通过库房储存原料，仍能保证正常经营的先进库房管理方法。

2. 零库存管理模式的条件

要保证零库存管理模式的有效实施，就需要有良好的市场供应环境和销售能力，需要充分保证原料既进得来，又出得去。

零库存管理实施的具体方法是：与食品原料供应商建立长期供应协议，并保证能及时供应。

（二）原料订货管理

原料订货主要来源于原料库提出的干货类采购申请和各厨房、吧台等生产部门提出的每日市场采购申请。其管理的关键是要加强订货的计划性管理并做到按需订货，避免盲目进货。原料订货管理主要有以下几种方式。

第一，运用采购形式，即新采购（新决定的采购项目）和补仓采购（原料库存达到订购点时，仓库管理员将会对使用部门发出补仓的确定书），将原料库存量控制在一个最合适的水平线上。

第二，建立三家采购报价制度，即订购的所有资产类食品原料都应做到三家报价。同时，原料供货商投标报价资料应盖章封好。

（三）库存原料的计价方法

要计算库存原料的价值，必须确定库存原料的计价方法。在实际清点各种原料后，与各种原料的单价相乘便可得到各种原料的价值，各种原料价值相加便得到原料的库存额。

然而，有时同种原料在不同时间的进货价格是不同的。在计算库存额时，有必要先确定库存原料的单价。

四、库存原料短缺率控制

为控制实际库存额的短缺，需要将实际库存额与账面库存额进行核对。核对时，有以下公式：

$$期末账面库存额=期初库存额+本期采购额-本期仓库发料总额$$

$$库存短缺额=账面库存额-实际库存额$$

$$库存短缺率=库存短缺额/发料总额×100\%$$

按照国际惯例，库存短缺率不应超过 1%，否则为不正常短缺，必须查明原因，追究相关人员的责任，并采取改进措施。

期初库存额的数据是从上一期的期末库存额转结而来。本期仓库采购额的数据是从本期验收日报表的仓库采购原料的总额汇总而来。本期仓库发料总额的数据是从本期领料单上的领料总额汇总而来。

理论上，账面库存额和实际库存额应该相同。但在大多数情况下二者会有差异，这种差异的产生有客观原因，也有主观原因。

第一，领料单统计的发料额和月末盘存清点的库存额不是完全按实际进价计价，从而造成人为差异。

第二，原料发放时，在允许的干耗范围内失重。

第三，有些原料因管理不善而造成损失。主要包括：

① 库管人员工作疏忽。在对某些部门或个人发料时，不凭领料单或不计入领料单，或者发放的原料量与领料记录不一致。

② 管理不善，食品变质腐烂或饮料包装破碎而损失。

③ 管理不严，致使原料丢失、被盗或私自挪用。

五、仓库的安全管理

仓库就像银行的保险库，有效地安全控制可以防止偷盗事件的发生，避免增大食品成本。食品仓库的安全管理应注意以下几个方面。

1. 仓库的位置安全

仓库的位置最好设在验收处和厨房之间，这样不仅使货物流通顺畅，确保货物的储存和发料方便、迅速，而且还可确保储存的安全；切忌设在容易被偷盗的偏僻位置；一般不设窗口，只设通风口，即使设计有窗户，也应在窗户上加装防盗网予以保护。仓库的门要坚固耐用。

2. 严格的钥匙管理制度

第一，仓库的钥匙应由专人管理。一般来说，仓库应有 3 把钥匙：库管员使用一把，值班经理保管一把，经理室的保险柜内存放一把。库管员一般上正常班，一旦库管员下班时出现需要用料的情况，可以通过值班经理开库取料。若值班经理不在，则由保安人员负责取用保险柜内存放的钥匙。

第二，对于贵重的食品原料，应在库内划出专门的储藏间并上锁单独管理。

第三，仓库要有充足的照明，餐饮企业如果有条件，应采用闭路电视监控仓储区的情况。

3. 有效的存货控制程序

第一，货物的合理安排。库房内部货物的存放要有固定的位置，安排应合理，确保货物循环使用。常用物品要求安排在存取方便之处。

① 存放位置固定

所有的货物都应始终放在固定的位置，千万不能分放在不同的位置，否则容易被遗忘以致发生变质，或者易引起采购过量，并给每月盘存库存带来麻烦。新的同类货物到达后要注意存放在同一位置。若条件许可，不同类的货物应尽可能储存在不同的储存设备中。

酒水也应分类存放。比如，将所有的葡萄酒放在一起，所有的白酒放在一起，不同品牌的酒水要分开存放。由于许多洋酒的名字对员工和顾客来说是生疏的，所以最好将不同商标的酒水编号，以方便仓库管理和顾客订酒。

食品和饮料库房的门内最好贴一张标明各类物资储存位置的平面图，以便于管理员查找。

② 确保货物循环使用

库房管理员应注意确保先到的货物比后到的先用，这种库存物资循环使用的方法是先进先出法。为此，管理员要把后进的货品放在先进的货品后面，这样先进的货品才能保证先使用。另外，货品上要贴上或挂上货物标牌，货物标牌上要标注进货日期。管理员在发料时可参照进货日期顺序发放。库房管理员在盘存库存物资时，若发现储存时间较长的物资，应将其列在清单上，以提醒厨师长及时使用。

第二，确保方便的存货位置。在安排货品的存货位置时，要注意将最常用的货品放在低处的接近通道和出入口处，这样能减少劳动量和节省搬运时间。

第三，采用货品库存卡制度为方便货品的保管、盘存、补充，有必要对库房中储存的每种货品建立库存卡。货品库存卡制度要求对每种货品的入库和发料正确地做好数量、金额的记录，并记载各种货品的结存量。

六、餐饮原料盘存管理

原料盘存管理是指对库存的各类食品原料按一定的时期盘存点数（一般每月进行），以达到核实清点仓库存货，检查原料账面数字是否与实际储存数相符的工作目的。盘存管理是控制餐饮储存成本的有效措施。

（一）原料盘存管理

在特殊情况下或必要时，盘存可以随时进行。原料盘存清点一般由库管人员和财务人员共同完成。此外，有效实施原料盘存管理还须明确：当库存实际数量大于账面数量时，差额又在短缺率范围内，可从当日食品成本中扣去，以确保库存管理物账平衡、账账平衡。

（二）原料盘存方法

餐饮店必须定期盘存，通过盘存，可以明确需重点控制哪些品种，采用何种控制方法，如暂停进货、调拨使用、尽快出库使用等，从而减少库存资金的占用，加快资金周转，节省开支。常见的原料实物盘存方法有永续盘存法和实地盘存法两种。

1. 永续盘存法

永续盘存法，即对所有入库原料及发料保持连续记录，一般通过永续盘存表来完成。此方法适用于实行领料制的餐饮店。如果原材料的耗用实行领料制，则所领用的原材料月末不一定全部被耗用，还会有一些在制品和未出售的制成品，同样，月初还会有已领未用的原材料、在制品及尚未出售的制成品，若不考虑这些因素，则会影响成本的准确计算。因此，应对未耗用的原材料、在制品和未售出的制成品进行盘点，并编制厨房原材料、在制品、制成品盘存表，并以此作为退料的依据来计算实际耗用额凭以结转成本。其计算公式如下：

耗用原材料成本=厨房月初结存额+本月领用额-厨房月末盘存额

永续盘存制主要是那些设置专门的仓库保管员，由他们负责存货的分发和保持存货记录，保证食品原料的合理的供给。永续盘存制要求使用"允许盘存表"或"永续盘存卡"，逐笔记录由于食品原料的验收和领料而发生的存货数量和金额的增减变化。

永续盘存法若用手工操作的话，要花大量的时间和成本，尤其是价值很低的罐头食品和乳制品。永续盘存法的计算机系统极大地简化了记录、采购、发料和订购等流程，计算机软件也能使任何规模的餐饮业在合理的成本基础上获得必需的设备。

2. 实地盘存法

实地盘存法是指对原料库现有各类原料进行定期清点，通常每月末进行。实地盘存的主要目标有以下几点。

第一，确定存货价值，以表明库存量是否合适，存货总价值是否和企业的财政政策相应。

第二，比较一定时间内实际库存价值和记录上的书面价值，发现差异。

第三，列出流转速度的食品原料项目，采购人员和厨师长应注意那些不再需要而仍留在仓库里的食品原料，制定特别菜肴，在变质之前争取全部出售或退给供应商。

第四，比较食品原料的消耗和销售情况，以确定食品成本率。

第五，防止损失和偷窃。此法适用于没有条件实行领料制的餐饮部门。在平时领用原材料时，不填写领料单，不进行账务处理，月末将厨房剩余材料、在制品、制成品的盘点金额加上库存原材料的盘存金额，挤出耗用的原材料成本。计算公式如下：

$$本月耗用原材料成本=原材料月初仓库和厨房结存额+本月购进总额$$
$$-月末仓库和厨房盘存总额$$

[例] 某餐饮店"原材料"账户的月初余额为 6 000 元，本月购入材料总额为 150 000 元，月末根据盘存表计算仓库和厨房结存总额 7 000 元。采用盘存计耗法计算耗用的原材料成本。

$$耗用材料成本=6\ 000+150\ 000-7\ 000=140\ 000（元）$$

根据计算结果，作会计分录如下：

借：主营业务成本　140 000

贷：原材料　140 000

采用实地盘存法，虽然手续简便，但因平时材料出库无据可查，会将一些材料的丢失、浪费、贪污计入主营业务成本，不利于加强企业管理、降低成本和维护消费者利益。相比之下，采用"永续盘存制"计算产品成本，虽然手续烦琐，却因材料出库有据可查，对耗费材料的成本计算就能比较准确，从而有利于加强企业管理、降低产品成本。

（三）ABC 分类法

ABC 分类法是一种物质库存管理工具，其基本原理是按原料的贵重程度或价格高低进行不同的控制和管理。ABC 分类法最早应用于商业企业，近年来在餐饮企业中广泛应用。ABC 分类即按原材料的贵重程度或价值（价格）高低，进行不同的分类控制管理。

餐饮店把所有存货按其价值的贵重程度进行 ABC 分类，并进行相应的控制称为 ABC 分类法。

ABC 分类法的意义在于有效掌握食品原料库存管理的重点，即只要能把握库存材料中重要的一小部分，就能控制存货价值的大部分。它对餐饮店整个餐饮成本控制都有着较大的管理意义，餐饮店应将此管理理念运用到餐饮成本控制的全过程中。

七、餐饮原料发放控制

对餐饮原料的发放进行有效的控制和管理可以控制厨房用料的数量，正确记录厨房用料的成本。在对餐饮原料进行控制时要把握好以下几个方面。

（一）规定领料时间

规定发料时间非常重要，因为这既能保证原料的正常使用，也便于库房对仓库进行管理，而且能使厨房的用料更有计划性。为了使仓库管理人员有更多的时间整理库房，检查各种原料的库存情况，餐饮店可以规定基本的领料时间，一般可规定上午两个小时和下午两个小时。其余时间除紧急情况外一般不予领料。有些餐饮店规定提前一天送交钥匙，这样做可以使仓管员有充分的时间提前准备，避免和减少差错，也可以促使厨房对次日的接待量做出预测，安排好生产。

（二）按领料单领料

领料单是仓库发出原料的原始凭证，在餐饮原料管理中起着关键作用。首先，领料单可以控制库存。领料单作为原料发放的凭证，是计算账面库存额，控制库存的有效工具；其次，领料单反映了领用原料的价值，是计算厨房餐饮原料成本的工具。此外，领料单规定了领用原料的种类和数量，可以控制领料量。领料单必须有负责人签字，才能向仓库里领原料。

需要注意的是，领料单必须由厨师长或负责人签字，仓库才能发料。领料单剩下的空白处，应当让收料人划掉，以免被人私自填写。领料单一式三联，第一联随发出的原料交回领料部门留作记录，一联交财务部，一联交仓库留存，以便记账。

（三）准确计价

原料从仓库发出后，仓管员有责任在领料单上列出各项原料的单价，计算出各项原料的领用金额，并汇总领取食品、饮料的总金额。正确计价是统计食品成本的基础。

（四）原料发放的方法

原料发放的方法可以分为以下两种。

1. 直拨原料发放

鲜活原料主要采用直拨原料发放。这类原料经验收合格后，直接发放至使用部门，其价值按当日进货价格计入当天原料成本账内。验收员在计算当日原料成本时只需从进货日报表的直接进货栏内抄录数据。

2. 库存原料发放

仓库发货包括干货、冻品、调味品与粮油等。这些原料经验收合格后入库储存，在使用部门需要时从仓库领出，在领出当日转入当日原料成本账本。因此，对每次仓库原料发放都应有正确的记录，然后才能正确计算每一天的原料成本。在库存原料发放控制时尤其需要注意凭单发货，并切实加强领料单的管理。

第三节　酒水饮料成本控制

饮料成本控制与食品成本控制有许多共同之处，二者都要经过采购、验收、储存、领发料、生产及销售等一系列环节。然而，由于食品和饮料在特性上的不同，这决定了在各环节中，需要建立不同的标准来进行有效的成本控制。为了便于理解和掌握餐饮饮料成本控制的相关知识，本章将对餐饮饮料成本进行核算分析，并对饮料成本控制的各个环节进行详细的介绍。

一、饮料成本核算

饮料的成本核算，是将某个时期内的标准成本及标准销售收入与实际成本和实际销售收入相比较，考核经营实绩，了解企业的经济活动是否符合管理部门所制订的计划，这是控制程序的重要组成部分。例如，一瓶饮料按比例可调 10 杯，操作人员实际调配时可调 12 杯或 8 杯，多调了质量不能保证，少调了会直接影响成本。因此，选择正确的饮料成本核算方法，通过成本反映调配是否正常、检测操作人员是否按标准执行，是保证餐厅利益的必要手段。

（一）饮料的标准成本核算

饮料的标准成本建立在标准配方的基础之上，而标准成本核算是将酒吧某个时期内的标准成本与实际成本进行比较，核算的单位可以是金额，也可以是百分比。采用标准成本核算方法，既可以对标准和实际成本总额进行比较，也可以对标准与实际成本率进行比较。一般而言，标准与实际成本率之间的差额不能超过 0.5%，否则就应追查成本过高的原因。此外，采用标准成本核算方法，还可以对标准销售收入和实际销售收入进行比较，倘若各种酒水饮料的销售量和销售价格记录无误，标准和实际销售收入总额就应是相等的，若二者差距过大，就应及时找出原因。然而，需要注意的是，每个核算其的标准成本率是不同的，因为计算标准成本率是用实际销售量计算的，而各种酒水饮料在各时期的实际销售量是不同的。因此，各时期标准成本率就随着销售构成的变化而变化。具体的标准成本计算参见表 6-4，在表中某种饮料的标准成本总额和销售收入总额是某一时期这种饮料的实际销售量与每杯标准成本和每杯售价的乘积。而计算同期实际成本数的方法是用期初存货数加上同一时期内向酒水饮料储藏室领取全部酒水饮料的总金额，再减去期末存货数额。所得的数字还需要将内部酒吧之间的转移数和从其他部门的转出数加以调整。

表 6-4　酒水饮料标准成本计算表

名称	每杯成本	每杯售价	销售量	标准成本总额	销售总额
白兰地	8	35	80	640	2800
金酒	3	15	100	300	1500
威士忌	5	25	70	350	1750
朗姆酒	4	20	60	240	1200
……	……	……	……	……	……
……	……	……	……	……	……
总计	/	/	/	1530	7250

标准成本率：1530/7250=21.10%

实际成本率：1550/7250=21.38%

标准与实际成本率之间的差额：0.28%

（二）月饮料成本核算与饮料成本月报表

对月饮料成本的核算，需要进行库存盘点。一般来说，需要对库房的饮料及餐厅和酒吧结存的饮料都进行盘点。在库房盘点时，要清点各种酒水和饮料的瓶及罐的数量，再乘以各种饮料的单价，由此汇总出库存饮料金额。在餐厅和酒吧清点时，除了要清点整瓶数外，还要对各类酒水的不满整瓶的量做出估计，或称量算出估计量，再核算出金额。

具体的月饮料成本计算公式如下：

（1）通过将本月月初饮料的存货额与本月饮料的采购额相加，求出本月可以动用饮料的存货额。

$$\frac{本月月初存货额+本月采购额}{本月可动用存货额}$$

（2）用所求出的本月可动用饮料的存货额减去本月月末饮料的存货额，得出本月饮料的发料额。

$$\frac{本月可动用存货额-本月月末存货额}{本月发料货额}$$

（3）一般而言，本月饮料的发料额即为本月所耗用的饮料成本。然而，在实际运用中，通常还需计算酒吧的饮料耗用与存货情况，以确定更为精确的月饮料成本。用酒吧本月月初饮料的存货额减去本月月末饮料的存货额，即为酒吧当月实际的饮料存货变化额。

$$\frac{酒吧本月月初存货额-酒吧本月月末存货额}{酒吧本月存货变化额}$$

（4）用本月发料额加上酒吧本月存货变化额即为本月饮料成本。

$$\frac{本月发料额 + 酒吧本月存货变化额}{本月饮料成本}$$

此外，在以上所得出的月饮料成本中，还未包括用来调酒用的食品成本，及厨房烹饪调用的饮料成本，这些在月成本计算中都应进行扣除。为了能够更加清楚直观地反映出月饮料成本收支情况，餐饮企业通常会编制相应的饮料成本月报表，表 6-5 是某饭店酒吧 6 月份的饮料月报表，表中饮料的标准成本率为 30%，实际成本率为 29.9%，成本率差额为 0.1%，说明该饭店酒吧 6 月份饮料成本控制的效果比较好。

表 6-5　某饭店酒吧 6 月份饮料成本月报表

日期：6 月		
月初饮料库存额	5000	
本月采购额	30000	
月末存货额		1000
本月领用食品成本额	2000	
酒吧本月月初存货额	5000	
酒吧本月月末存货额		3000
转饮料的食品成本额	1000	
转食品的饮料成本额		500
赠客饮料成本额	800	
招待用饮料成本额	1000	
其他扣除成本额	1000	
月饮料成本额	32300	
月饮料营业收入额		108000
标准成本率		30%
实际成本率		29.90%
成本率差额		−0.1%

主管：　复核：　制表：

（三）日饮料成本核算与饮料成本日报表

只对饮料进行月成本核算，往往会使餐饮企业的管理者无法及时发现问题，甚至导致已有问题扩大化等。因此，许多大型的餐饮企业对饮料成本也进行日成本核算，以便于及时发现和改进饮料成本控制中所存在的问题。日饮料成本的核算是根据每日的发料额来计算的。为了便于控制和检查，许多餐饮企业要求餐厅和酒吧对每一种酒水和饮料的储存有规定的数量，即建立标准储存量制度。标准储存量制度能有效地防止饮料的短缺。每日向各餐厅发放饮料后要使其储存量达到标准量。

由于许多酒水饮料价格很贵，为更有效地及时发现饮料的短缺，有些企业实行保留空瓶制度。对零杯销售和混合销售的饮料要求保留空瓶，使这些酒水瓶子总保持在标准数量。整瓶销售的饮料往往由服务员将整瓶送到桌边，有时难以保证100%地回收空瓶，这就要求服务员填写整瓶销售单。在领料时，各餐厅和酒吧不仅需填写领料单，而且还要附上空瓶和整瓶销售单。因此，每日饮料销售额就是各个餐厅和酒吧各种饮料的空瓶数或整瓶销售数乘以每种饮料单价的总和。

然而，一些餐饮企业不推行凭空瓶领料制度，而是由各餐厅和酒吧通过清点库存量来算出领料量。其计算公式为：

领料量=各种饮料标准储存量-库存量

若采取标准储存量制度，则每日的领烂额实际就是上日的饮料消耗额。计算公式为：

上日饮料消耗额=∑本日各种饮料发料瓶数×每瓶成本单价

若不采取标准储存量制度，则当日的发料额即为当日饮料的消耗总额。不管是否采取标准储存量制度，在饮料消耗总额上还要加减成本调整额和各项扣除额才是日饮料成本净额。计算公式为：

饮料成本净额=本日饮料发料额+转饮料的食品成本-转食品的饮料成本-赠客饮料成本-招待用饮料成本-其他扣除成本额

由于每日的饮料成本核算没有将酒吧和餐厅库存未售完的半瓶酒考虑进去，因而不十分精确。在日饮料成本表中，列出逐日累积的成本额，精确度会更大。下表为酒吧饮料成本日报表，这类表不仅可以记录饮料逐日累计的成本额，也可以对饮料每日成本及数额进行调整，从而使记录饮料日成本的数据更加精确。

二、饮料验收控制

餐厅酒吧的工作应有明确的分工，与食品验收环节相似，订货人员不能再承担验收货物的工作。验收员需要具备很强的责任心，在验收货物时，要仔细核对订货单、装运单和发票，同时还要检查货物的品种和实际数量是否与发货单一致等。

（一）验收控制内容

与食品验收一样，餐饮饮料的验收主要包括以下内容。

第一，验收饮料数量。验收人员应对照请购单仔细清点饮料的瓶数、箱数；如果按箱进货，应开箱检查瓶数是否正确，如果有差异，验收人员应做好记录，并按有关的规定处理。

第二，验收饮料质量及价格。餐饮饮料的质量验收主要在于查验其是否为正宗产品，严防购入假冒伪劣产品，侵害消费者权益，从而影响企业声誉。饮料的价格验收与食品的价格验收一样，主要是查对发票价格与供应商原先的报价是否一致。

在验收时，如发现饮料的质量、价格存在问题，验收人员应坚决拒收，并按企业的规定处理。

第三，填写酒水进货日报表。饮料验收后，验收人员应在每张发票上盖上验收章，并签名。然后将饮料送至饮料仓库或酒窖储存。另外，验收人员还应填写饮料进货日报表，报送企业的财务部门，以便在进货日记账中入账。

（二）验收控制体系

餐饮饮料的验收控制体系与食品验收控制体系一样，对验收员、验收时间、验收程序和验收标准都要严格的要求。

第一，对验收员的要求。

餐饮饮料的验收应配备优秀的验收员，而一个优秀的验收员需要具备一定的饮料知识，了解饮料采购价格、熟悉财务制度，并且认真地按照餐饮企业规定的验收程序、饮料规格、数量和价格进行验收。通常情况下，饮料的验收员不应当由采购员、调酒师或餐饮酒吧经理兼任，而是应当由仓库保管员兼任，大型的餐饮企业可以设置专职的饮料验收员，直接由财务部门领导。

第二，对验收时间的要求。

在餐饮企业中，饮料是比较容易"蒸发"的，所以负责验收和检查工作的人一定要在交货时做好验收工作。饮料验收控制对验收时间的要求一般是规定在验收员其他工作都做好了而只处理饮料验收的时间里。若验收员在验收非常容易变质的食品原料的同时接受酒水饮料，是很不明智的。偷盗是引起酒水、饮料成本过高最常见的原因之一，如果验收员忙于验收其他食品原料，则会导致酒水饮料在验收台上因疏忽看管而遭人盗窃。

第三，对验收程序和验收标准的要求。

餐饮企业对饮料的验收应当制定严格的验收程序和验收标准，要坚持餐饮企业饮料验收控制中的"三相同"原则，即发票、订购单与实物相同。验收员在验收饮料时应检查发票上的饮料名称、数量、产地、级别、年限、价格等是否与订购单上的一致。同时还应对比实物，以确认供应商实际送来的饮料名称、数量、产地、级别、年限等与发货单上的相同。除此之外，验收员在每次饮料验收之后，都应填写饮料验收单，并且在饮料发货票后盖上验收合格章，财务人员根据验收合格的发票付给供应商货款。

（三）验收控制程序

验收工作是对饮料的品种、牌号、价格、数量及真伪进行检查，同时还需预防偷盗行为。在饮料的验收过程中，一般遵照以下程序。

第一，验收时，首先，验收员需要将到货的饮料数量与采购单和发票上的数量进行核对。发票是付款的凭证，餐饮企业需要按照发票上列出的金额进行付款。为了避免企业支付出没有收到的饮料酒水货款，这就要求验收员必须严格对饮料的瓶数或其他类容器包装的到货进行清点。例如，按箱进货，验收员还应当开箱检查，以确保送货瓶数正确。而要了解整箱饮料或酒的重量，可以通过称重进行检验。其次，验收员需要检查发票上的价格是否与采购单上的价格相同，以确保企业的利益不受损。最后，验收员还需要对饮料的质量进行检查，而质量检查主要是检查烈性酒的牌号、度数、酿酒的年份和酒的颜色等。如果瓶子密封，应抽查是否有瓶盖开启或松动。通常情况下，若发现有异常之处，检验员应及时做好记录，并按规定予以处理。

第二，验收完成之后，验收员需要在每张发票上盖上验收章，并签名，这是确定所有收到的项目都经过检查的最简单的程序。之后验收员应立即将饮料安排送至储藏室或酒窖，绝不能让饮料处于无人看管的状态。小型企业的验收员同时照管储藏室，而大型企业就需要转交给仓库保管员。在验收之后，验收员还需根据发料填写验收日报表，并送至财务部，以便在进货日记账中入账。饮料验收日报表和饮料验收分类日报表见下表。饮料验收日报表的格式因餐饮企业业务的不同而各不相同。有些餐饮企业使用的是一份验收日报表，表中同时记录食品原料和饮料的验收情况，但通常将食品原料和饮料分别编制验收日报表是最为科学和理想的。验收员将饮料验收日报表填写完后，须送到财务部入账，在日报表上，应分别有验收员、仓库管理员的签字，以表明承认表上所列的各种饮料。由于验收日报表上列出了每日收到的各种饮料，因此可以有助于饮料成本控制员核对已收到的饮料是否和采购订单上的一致，同时也有助于饮料仓库管理员把相关信息记入存货记录里。

此外，在验收时若发现送来的饮料不是本餐饮企业订购的牌号，或到货不足，瓶子有破损等情况，验收员应及时填写退货通知单。一般而言，退货的原因主要有以下几种：

① 发货错误。
② 数量有误。
③ 价格错误。
④ 质量存在问题。
⑤ 饮料中有空瓶或饮料瓶未装满。
⑥ 饮料瓶破损或打坏。

三、饮料领发料控制

餐厅酒吧发料的过程可以由几种方法进行控制，例如，领料单控制、标准存货控制、整瓶饮料销售控制等。餐饮企业可根据自身酒吧的类型和特点选择相应的控制措施。

（一）领发料控制措施

1. 领料单控制

饮料的领取和食品原料的领取一样，也需要使用领料单，饮料领料单见下表。通常情况下，倘若没有酒吧主管签字的领料单是无法将饮料领出储藏室的，尤其是价格昂贵的酒水的领料。领料单首先由酒吧管理员确定饮料使用量之后填写需要领用的数量并签字，领料时，酒水管理员也要签名以示领料单列明的饮料数量和品种已被发出。酒吧收到发出的饮料后，当班的服务员需要对饮料进行检验，并签名表示承认收到所列明的饮料数量和品种。领料单须交回酒水管理员处，由酒水管理员填写每个项目的单价，以及每个项目的总金额。

为进一步对饮料的领料进行控制，一些餐饮企业还要求每张领料单应附带酒吧售完的空瓶，即以空瓶换实瓶，以便确认发出的数目已被用完。使用"空瓶换实瓶"的领料程序如下。

① 每班下班前清点空瓶，放在专门存放空瓶的位置。

② 在领料单上填写需要领用的饮料名称和空瓶数量及每瓶容量。

③ 饮料管理主管根据领料单核对空瓶数和牌号，相符则签名。

④ 酒吧服务员将空瓶和领料单送至饮料储藏室。

⑤ 饮料仓库管理员核对空瓶数量和领料单，以实瓶替换并签字。

⑥ 饮料仓库管理员处理空瓶，并填写单价，计算发出瓶数总和和总金额。

然而，在使用此类控制体系时，酒吧还需要保持一个标准的存货量，以对酒水进行连续的、效果较好的控制，在接下来的内容中会对酒吧标准存货量有较为具体的介绍。

2. 标准存货控制

酒吧的标准存货与储藏室的标准存货有所不同，在酒吧的标准存货表中，应列明各种酒水饮料的精确数量和每瓶酒水饮料的容量，以便于待酒水饮料售罄后以空瓶领用实瓶。另外，不同的酒吧类型也会采用不同的标准存货方式。一般而言，可将酒吧分为三种类型，即酒吧台、服务酒吧及特殊酒吧。在酒吧台里，酒吧招待会为顾客提供面对面的服务。服务酒吧则是由服务员接受顾客点酒，然后再从调酒师那里领取顾客所点酒水，并送至顾客处。而特殊酒吧是在发生特殊事件时才开启，如举办宴会时。然而，无论何种类型的酒吧，其标准存货数都应根据使用量来确定，并随顾客需求的变化而变化。

3. 整瓶饮料销售控制

在餐饮企业中，对整瓶销售的酒水饮料会采用另外的控制程序。由于整瓶酒水饮料离开吧台之后，便不在吧台调酒师的控制之下，酒吧服务员无法及时地回收空瓶，也无法用空瓶到储藏室换取实瓶。因此，对整瓶酒水饮料的销售须采用另一种控制方法，即使用整瓶酒水饮料销售记录表，见下表。酒吧服务员每售出一整瓶酒水饮料就应在整瓶酒水饮料销售记录单上做好记录。这种控制也适用于送餐服务和酒吧不设标准存货的情况下，因为二者都是酒吧服务员直接从储藏室领取酒水饮料。在这种情形下，整瓶酒水饮料销售记录单就起到了领料单的作用。然而，对于一些畅销的酒水饮料，酒吧还是应备有少量的存货，以免顾客每次点酒水饮料之后酒吧服务员都去储藏室领取。

（二）领发料控制其他措施

1. 建立吧台存货标准

为了便于了解每天应领用多少酒水，餐饮企业应建立吧台存货标准，如餐厅吧台的"王朝"干红葡萄酒的存货标准为24瓶，则在每天营业前，吧台就应有24瓶"王朝"干红葡萄酒。吧台存货标准的酒水数量应根据顾客的酒水消费喜好及消费量来确定，它应保证餐饮企业能满足顾客需求，又不能在吧台存有过多的酒水。在实际工作中，许多餐饮企业尚未制定合理的吧台存货标准，只是凭借酒水服务员的想象或经验来确定当日的领料数量。也有一些餐饮企业制定了吧台存货标准，但没有根据顾客的消费偏好进行及时调整，致使某些酒水存量较多，而某些酒水却不够用，需要在开餐时再去酒水仓库领料。

2. 宴会酒水单独领料

一般来讲，吧台的存货标准既要满足顾客的需求，又不能存货过多。由于酒吧空间有限，因此，任何一种酒水饮料的存货数量最好不要超过两天的使用量。然而餐饮企业在承办大、中型的酒会、宴会时，因酒水的消耗数量较多，并且酒水品种较为特殊。所以，绝大多数餐饮企业都根据宴会的特殊需要要求吧台单独领料，以满足宴会顾客对酒水的需求。餐饮企业一般都有专用的宴会酒水领料单，见下表。宴会领料单通常需要经宴会经理填写并签字，之后宴会经理将领料单交给酒水管理员。等宴会酒吧布置好之后，酒水管理员再将酒水饮料发给酒吧服务员。宴会领料单上还应设"增发数量"一栏，以便记录在宴会中可能需要增发的酒水饮料数量。宴会结束后，最好应由成本控制员清点所有整瓶、空瓶和剩有部分酒水饮料的瓶子，并根据实际使用量计算酒水成本，以预防酒吧服务员的偷盗行为。

3. 实行酒瓶标记制度

为防止吧台服务员或餐厅服务员在餐厅私自销售自己带入的酒水，餐饮企业可要求酒水仓库保管员在发料之前，在酒瓶上做好标记。标记上应有不易仿制的标识、代号或符号。此外，还可以要求吧台服务员在领料时应使用有标记的空酒瓶换领酒水，以确保企业的利益不受损害。

酒水为何频遭投诉

南方某酒店餐饮最近不到一周的时间，发生两起酒水投诉：一起投诉是洋酒存放太久，打开注入杯中有浑浊样，顾客怀疑是假酒，摔杯投诉。餐饮部出面解决未果，后经总经理出面赔礼道歉，并进行适当的减免，事态才得以平息。后来，餐饮部针对该事件，召开了分析会，并对直接责任者当班员工进行了处罚，以告诫其他员工。然而，这次事件过去不到三天，该酒店餐饮又发生一起酒水投诉事件，这次不是洋酒浑浊，而是啤酒里居然有只死苍蝇，让顾客恶心不已，最后仍然是总经理出面才得以解决，在这里我们不讨论啤酒里混入死苍蝇的真实性，而是就如何避免类似投诉进行分析。首先，作为酒水的存放处仓库在进货时要把好关，杜绝伪劣产品。除此之外，仓库还应定期盘点，特别是对贵重酒水进行定期检查，确实有质量问题严禁出库；其次，部门酒水员在领料时，也要严把质量关，不合格的立即退还给总仓；最后，看包厢的服务员在向顾客出售酒水时更应该把好质量关，在开酒前，要对将要出售的酒水逐个检查。在此案例中，你认为该酒店的酒水在领发料控制中存在哪些问题，结合上述分析结果谈谈你的看法。

四、饮料调配控制

饮料的调配是指根据顾客的要求对饮料进行调配。酒吧服务员在调制各种鸡尾酒或鲜果饮料时，需要以标准饮料单为依据。管理人员在酒吧服务员调配饮料的同时，必须加强监督，以实现饮料调配环节的成本控制。

（一）调配环节成本高的原因

饮料的调配环节是饮料浪费最为严重的环节，也是决定饮料成本高低的关键环节。在饮料的调配过程中，浪费主要体现在酒吧调酒师和服务员的一些损害企业利益的行为上，一般可归纳为以下几点。

第一，卖出酒水却不做任何记录，将公款放入自己的腰包。

第二，多收或少找给顾客钱。

第三，出售自己所带饮品，谋取私利。

第四，以次充好，为自己赚取差额。

第五，将饮品免费送给好友。

第六，私自偷酒变卖获利。

第七，与酒水服务员合伙贪污。

（二）调配控制措施

1. 标准容量控制

采用标准容量来控制饮料成本，主要采用计量器具来实现。当前控制标准容量的器具有：计量杯、瓶装式计量表及电子售酒系统三种基本器具。

第一，计量杯的使用。使用计量杯计量不仅经营成本低，计量也比较准确，顾客通常也比较乐于接受。然而，在具体的酒吧经营中，一些酒吧调酒师往往不太喜欢使用计量杯，而是根据自己的经验徒手倒酒。他们认为使用计量杯不仅影响工作效率，也使他们显得不够"专业"。但事实上，一个训练有素的调酒师，使用计量杯的速度绝不会比直接用瓶子倒出来得慢。相反，若不使用准确的计量杯，则会使酒吧经营者或消费者在一定程度上受到欺骗。一般而言，酒吧调酒师的计量杯有两种，一种是一口量的计量杯，适用于酒吧用高球杯盛器供应的酒水，容量是一两或一两半；另一种是鸡尾酒调制计量杯，材质一般为不锈钢，专门为小剂量鸡尾酒原料使用，容量为1/4或1/3量。

第三，瓶装式计量表。瓶装式计量表首先由经营者规定所需的计量刻度，在经营开始时，所有的计量表均应读数，在经营结束时再次读数，两次读数之间的差即为销售量。瓶装式计量表一般是在储藏室中就已装到酒瓶上，酒吧每次从瓶中倒出酒来销售时，其售量都会明确地被记录下来。虽然瓶装式计量表可以较好地控制并记录用量，但也存在一定的缺点。例如，使用瓶装式计量表倒酒时会比较费时，而且瓶装式计量表的成本也比较昂贵。

第三，电子售酒系统。电子售酒系统是当前最先进的容量控制系统，酒水是与收款机或微电脑联系起来，通过微电脑处理各种数据和信息。电子售酒系统使用方便，且易于掌握，大多数酒吧服务员都乐于接受采用此类控制方法。但由于采用电子售酒系统需要购买昂贵的设备，因此，这类控制方法只适用于大型企业或豪华酒吧。

除了以上三种基本器具，使用标准化的酒杯也可有效地对酒水容量进行控制。当前，酒杯的大小可分为大、中、小型，形状有高脚的、浅低的、"灯泡"形的、"V"字形的、"U"字形的、圆筒形的、花朵形的……酒吧管理员可具体规定各种酒水应使用的酒杯，然后再确定每杯的容量，从而对每杯饮料的容量进行控制。

2．标准配方控制

任何酒吧都必须以标准配方来控制酒水饮料的成本。在饮料的调配过程中，纯酒的调配最简单，只需利用一定的计量器即可实现对量的控制。但混合饮料和鸡尾酒的调配却是比较复杂的，混合饮料中，成分用量的不同将导致每杯饮料成本的差异，这就需要酒吧对每种混合饮料的配方进行相应的规定。对标准配方的规定不仅包括对各种酒水饮料用量的规定，同时，还应包括对其他辅料成分的规定。例如，鸡尾酒的装饰品，如樱桃、橄榄片等的使用。此外，在鸡尾酒的调配过程中，对冰块的使用数量、样式及如何混合冰的方法也应做出具体规定，以确保所调配出的鸡尾酒的质量和数量。

3．标准成本控制

标准成本控制主要是对每杯酒水饮料的成本进行标准化的规定，包括对纯酒及混合酒水饮料每杯标准成本的规定。

第一，纯酒标准成本控制，主要利用已有公式计算出每杯纯酒的成本，以便于对成本进行有效的控制。

计算纯酒每杯成本的公式为：

（每瓶容量−溢出量）/每杯酒容量=杯数

每瓶酒的成本/每瓶酒所能倒的杯数=每杯酒成本

或采用：每瓶酒的成本/（每瓶容量−溢出量）=单位容量的单价

单位容量的单价×每杯的容量=每杯酒的成本

需要注意的是，公式中的溢出量是在经营过程中酒水饮料发生的一些蒸发或倒酒时浪费掉的，也称流失回扣。因此，这个溢出量只能是酒吧管理人员知道，而不应告知酒吧服务人员，以免酒吧遭受"有意的损失"。在每杯纯酒的标准成本确定之后，可参照下表编制标准成本记录表，以便酒吧管理人员了解纯酒的销售情况。

第二，混合酒水饮料成本控制，主要是控制每杯混合饮料中，各种成分的使用量。

（三）调配控制其他措施

1. 增强成本观念，实行全员成本管理

首先，在员工培训中应加入提高广大职工对成本管理的认识，增强成本观念。向全体职工进行成本意识的宣传教育，培养全员成本意识，变少数人的成本管理为全员的参与管理。

其次，改变传统的固定工资：变动工资=8∶2的工资结构为大比例的变动工资结构，将降低成本作为工资评定的标准之一，并在职工行为规范中引入一种内在约束与激励机制，强调人性的自我激励，在酒吧内部形成职工的民主和自主管理意识。

此外，还需改变酒吧常用的靠惩罚、奖励实施外在约束与激励的机制，实现自主管理，这既是一种代价最低的成本管理方式，也是降低成本最有效的管理方式。

2. 标准用量、用具控制

标准用量、用具控制主要分为下面几种情况。①用量标准化。即制定各种调制饮料的标准酒谱，明确基酒、辅料、配料和装饰物的具体用量标准，并要求调酒师在实际操作过程中严格执行，如取用基酒时必须使用量杯等。②载杯的标准化。即确定每款调制饮料的容量，并明确使用什么样的载杯，这对于控制酒类饮料的成本具有十分关键的作用。③操作标准化。标准化的操作程序可保证餐饮企业提供给顾客的调制饮料在口味、酒精含量和调制方法等方面保持一致性的要求。

3. 丰富标准配方内容

务个酒吧的酒水销售都有标准配方作为依据。标准配方可以控制成本和保证产品的质量。标准配方不仅要包括产品的配方、装饰、载杯，还应包括服务时间、标准颜色、口感和表演方式。服务时间主要是指酒水的制作时间，酒水中果汁会与空气接触而改变口感，影响质量。标准颜色主要来自果汁、糖浆和利口酒，通过颜色可以检验酒水的质量。表演方式可以增加顾客的购买欲望。在标准配方的指导下，餐饮饮料调配不仅能够保证为顾客提供优质的产品和服务，也有利于减少浪费和顾客投诉，这是降低餐饮饮料成本的有效手段。

4．酒嘴的使用

酒吧里都有这种卡在酒瓶上的酒嘴，但除了美式酒吧在花式调酒时使用外，其他酒吧很少使用。酒嘴的使用可以稳定流量，减少损失；减轻调酒员的紧张，可以提高服务速度。

忘记配勺的冰激凌

某日，在某饭店住宿的施先生和朋友一起到酒吧消费，因为不胜酒力，所以朋友们还在开怀畅饮之时，施先生已经有些头晕。施先生想点一个香蕉船冰激凌，冰冰凉凉的，又可以醒酒，吃起来也很舒服，就让服务员加单。很快，冰激凌就送来了，可是施先生突然发现桌面上并没有勺子可以吃冰激凌。于是，施先生做手势要求服务人员送勺子上来。因为当时酒吧里顾客很多，灯光也很昏暗，大约十分钟后服务人员才将勺子送了上来。但此时，冰激凌已融化了许多。请思考，若要让案例中的顾客感到满意，这名服务员应该怎样做？本案例的发生给了我们什么启示？

五、饮料销售控制

饮料的销售控制在餐饮企业管理中有着重要的地位。饮料的销售控制不同于菜肴食品的销售控制，有其特殊性。因此，加强饮料的销售控制与管理，对有效地控制饮料成本，提高餐饮企业经济效益有着十分重要的意义。

（一）销售控制内容

饮料的销售控制历来是很多餐饮企业比较薄弱的环节，主要是因为，一方面管理人员缺乏应有的专业知识；另一方面，饮料销售成本相对较低，利润较高，少量的流失或管理的疏漏并没有引起管理者足够的重视。因此，加强饮料销售控制首先要求管理者更新观念，牢固树立成本控制意识。其次，不断钻研业务，了解饮料销售的过程和特点，有针对性地采取相应的措施，使用正确的控制和管理方法，从而达到饮料销售控制和管理的目的。

在餐饮企业经营过程中，常见的饮料销售形式有三种，即零杯销售、整瓶销售和混合销售。这三种销售形式各有特点，管理和控制的方法也各不相同。

1．零杯销售

零杯销售是餐饮企业，特别是酒吧经营中最常见的一种销售形式，销售量较大，主要用于一些烈性酒如白兰地、威士忌等的销售，葡萄酒偶尔也会采用零杯销售的方式销售。销售时机一般在餐前或餐后，尤其是餐后，顾客用完餐，喝杯白兰地或餐后甜酒，一方面消磨时间，相聚闲聊，另一方面饮酒帮助消化。零杯销售的控制首先必须计算每瓶酒的销售份额，然后统计出每一段时期的总销售数，采用还原控制法进行酒水的成本控制。

由于各酒吧采用的标准计量不同，各种酒的容量不同，在计算酒水销售份额时，必须确定酒水销售标准计量。目前酒吧常用的计量有每份 30 毫升、45 毫升和 60 毫升三种,同一饭店的酒吧在确定标准计量时必须统一。标准计量确定以后,便可以计算出每瓶酒的销售份额。以人头马 VSOP 为例,每瓶的容量为 700 毫升,每份计量设定为 1 盎司(约 30 毫升),计算方法如下:

销售份额=(每瓶酒容量-溢损量)/每份计量=(700-30)/30=22.3(份)

计算公式中溢损量是指酒水存放过程中自然蒸发损耗和服务过程中的滴漏损耗,根据国际惯例,这部分损耗控制在每瓶酒 1 盎司左右被视为正常。根据计算结果可以得出,每瓶人头马 VSOP 可销售 22 份,核算时可以分别算出每份或每瓶酒的理论成本,并将之与实际成本进行比较,从而发现问题并及时纠正销售过程中的差错。

2. 整瓶销售

整瓶销售是指饮料以瓶为单位对外销售,这种销售形式在一些大型餐厅和营业状况比较好的酒吧较为多见,而在普通档次的餐厅和酒吧则较为少见。一些餐厅和酒吧为了鼓励顾客消费,通常采用低于零杯销售10%~20%的价格对外销售整瓶酒水,从而达到提高经济效益的目的。但是,这种做法往往也会诱使觉悟不高的调酒员和服务员相互勾结,把零杯销售的酒水收入以整瓶酒的售价入账,从而中饱私囊。为了防止此类作弊行为的发生,减少酒水销售的损失,整瓶销售可

以通过整瓶酒水销售成本日报表来进行严格控制,即每天将整瓶销售的酒水品种和数量填入日报表中,由主管签字后附上订单,一联交财务部,一联酒吧留存。另外,在餐厅的酒水销售过程中,国产名酒和葡萄酒的销售量较大,而且以整瓶销售居多,这类酒水的控制也可以使用整瓶酒水销售日报表来进行,或者直接使用酒水盘存表进行控制。

3. 混合销售

混合销售通常又称为配制销售或调制销售,主要指混合饮料和鸡尾酒的销售。鸡尾酒和混合饮料在酒水销售中所占比例较大,涉及的酒水品种也较多,因此,销售控制的难度也较大。

酒水混合销售的控制比较复杂,有效的手段是建立标准配方,标准配方的内容一般包括酒名、各种调酒材料及用量、成本、载杯和装饰物等。建立标准配方的目的是使每一种混合饮料都有统一的质量,同时确定各种调配材料的标准用量,以利加强成本核算。标准配方是成本控制的基础,不但可以有效地避免浪费,而且还可以有效地指导调酒员进行酒水的调制操作。酒吧管理人员也可以依据鸡尾酒的配方采用还原控制法实施酒水的控制,其控制方法是先根据鸡尾酒的配方计算出某一酒品在某段时期的使用数量,然后再按标准计量还原成整瓶数。其计算方法是:

酒水消耗量=配方中该酒水用量×实际销售量

以"干马提尼"酒为例,其配方是金酒 2 盎司,干味美思 0.5 盎司,假设某一

时期共销售"干马提尼"100份，那么，根据配方可算出金酒的实际用量为：

$$2 \text{ 盎司} \times 100 \text{ 份} = 200 \text{ 盎司}$$

每瓶金酒的标准份额为25盎司，则实际耗用整瓶金酒数为：

$$200 \text{ 盎司} \div 25 \text{ 盎司/瓶} = 8 \text{ 瓶}$$

因此，混合销售完全可以将调制的酒水分解还原成各种酒水的整瓶耗用量来核算成本。在日常管理中，为了准确计算每种酒水的销售数量，混合销售可以采用鸡尾酒销售日报表进行控制，每天将销售的鸡尾酒或混合饮料登记在日报表中，并将使用的各类酒品数量按照还原法记录在酒吧的酒水盘点表上，管理人员将两表中酒品的用量相核对，并与实际储存数进行比较，检查是否有差错。另外，鸡尾酒销售日报表应一式两份，由当班调酒员，主管签字后一份送财务部，一份酒吧留存。

（二）销售控制其他措施

在大型餐饮企业的酒吧中，因有专职收银员，且服务员各有分工，因此舞弊较困难。但在一些小型的酒吧里，为节省人力，老板通常会让调酒师兼作服务员，负责为顾客订饮料，向顾客提供酒水服务，填写销售记录，收取顾客交付的现金并让顾客在账单上签字。这些工作由一个人承担，往往会因缺乏控制而发生一系列经营问题。因此，管理人员对酒吧销售控制要采取严格的措施。如果酒吧使用收银机，应要求服务员或调酒师将向顾客售出的饮料数量和金额输入收银机。但如果无其他控制手段，就会造成输入不正确或不足量的收入、将差额装入自己的腰包的漏洞。所以，酒吧也应该使用书面账单。使用收银机的酒吧，服务员收到现金应立即输入收银机并打出账单给顾客，这样如果现金不对，顾客会及时发现。在单纯使用书面账单的酒吧，调酒师调制地向顾客服务的酒水要记载在书面账单上，以便于每日审查收入。

一般来说，引起饮料成本差异过大的原因主要有：①实际成本计算不准确；②调酒师在进行调制操作时酒水用量控制不当；③营业收入未做如实记录；④调酒师私自出售自带的酒水；⑤服务人员偷盗酒水等。因此，餐饮企业在对饮料成本进行控制的过程中，除了上述控制内容中提到的方法，还可以考虑以下几种控制方法。

第一，坚持使用酒水订单。酒水订单与点菜单一样属于餐饮企业的控制表单。餐饮企业应要求所有服务人员在接受顾客点用酒水时，必须填写酒水订单。填写好的酒水订单应交账台收款员签章后再送至吧台领取酒水。吧台服务员应做到"无单（酒水订单）不发货"。

第二，健全酒水管理制度。在销售过程中，餐饮企业应建立并健全相应的酒水管理制度，以杜绝服务人员的贪污、舞弊行为，如餐厅服务员偷饮酒水、用顾客的酒水去厨房换菜点私用、乱开宴会或团队顾客的酒水等。这些行为会导致顾客投诉或酒水成本的增加，从而使企业的利益受损，必须予以杜绝。

第三，标准营业收入控制。是根据酒类饮料的销售量来计算标准营业收入总额，然后将其与实际营业收入进行比较，并从中发现问题的一种成本管理方法。采用这种方法来进行调制饮料的成本控制，要求首先计算每瓶酒的标准营业收入。这对于每份使用量都相同的调制饮料来说，其计算方法非常简单。

例如，某餐饮企业供应的美国波平威士忌（Bourbon Whisky）每杯 1 盎司，售价 20 元，每瓶波平威士忌的容量为 32 盎司，如果不考虑溢损量，则每瓶波平威士忌的标准营业收入应为：32÷1×20=640 元。

又如，加拿大施格兰威士忌每杯 1.25 盎司，售价 25.00 元，每瓶 24 盎司，则每瓶施格兰威士忌的标准营业收入应为：24÷1.25×25.00=480 元。

然而，实际上绝大多数烈酒通常都被用来调制各种混合饮料，每份的使用量不同，销售价格也各不相同，因而需要使用加权平均法来确定各种酒的每瓶标准营业收入。因此，餐饮企业应通过一定天数的测试期，统计各种酒类饮料在各种不同混合饮料中的销售量，然后计算各自的每瓶标准营业收入。这类统计尽管较为烦琐，但对于控制酒水成本来说却十分有效。所以，餐饮企业进行类似的统计和计算非常必要且有益，绝对不能因为麻烦而忽视。

总之，酒水的销售控制虽然有一定的难度，但是，只要管理者认真对待，注意做好员工的思想工作，建立完善的操作规程和标准，是可以做好的。

案例一：满足顾客的心理需求

某日晚上，饭店的一位熟客周先生在饭店的酒吧里请几个朋友喝酒。服务员将酒端上之后，周先生品了一口，大为不满："你们这杯曼哈顿怎么调的？我都喝过这么多次了，每次威士忌的味都不够正，去问问你们的调酒师是怎么调的！"周先生显得很激动，话说得很重。服务员二话没说，答应去问，出去后，悄悄告知了经理。酒吧经理马上面带微笑向这桌顾客走来，他故意放大音量说："周先生您不愧是行家，今天的威士忌调酒师的确是放少了点，这是我们调酒师的过错。您看是给您换杯还是取消呢？要是取消的话，损失我们来付，您不用支付分文。"周先生面色稍缓，说道："我也不是在乎那么点钱，算了，算了，这次就算了，你们敷衍别人还行，敷衍我可就混不过去了。你们得好好叮嘱调酒师，调酒时多用点心思在上面，再有什么问题，我以后就再也不来你们酒吧了。""您放心，我一定会让他下次做事用心点。有您这种行家给我们指出问题，也是我们酒吧的一大幸事，您以后还要常来我们酒吧才好啊。"周先生听后，脸上露出了笑意。酒吧经理并且提出给顾客赠送一份小食品，以示歉意。请思考：在此案例中，酒吧经理是如何判断周先生的心理需求的？针对周先生的心理需求，酒吧服务人员还可以提供哪些针对性服务？

案例二：留座风波

某饭店承办了一个大型国际会议，各项工作正在有条不紊地进行着。为了让与会嘉宾和代表在会议之余也能够参与各项休闲娱乐活动，会务组特地与饭店特色酒吧达成协议，在限定金额消费标准内接待与会代表，并在酒吧指定区域内为他们预留座位。晚餐后，陆续有顾客进入酒吧消费，服务人员开始忙碌起来，为了维持服务秩序，会务组的服务人员也进入酒吧帮忙。突然，会务组的服务人员小王发现有两位顾客不知道什么时候已经坐在了留位区域内的嘉宾座位上，这些座位可是专门预留给会议举办方的特邀嘉宾的。这可怎么办啊？一会儿顾客就要入场了，一定要赶快让这两位顾客换到其他的位置上。于是，小王快步走到该区域，对坐在那里的两位顾客解释说："先生，对不起，这些位置是专门预留给我们的会议嘉宾的。请你们再选择其他座位吧。"顾客听完这番话大为不悦："什么？酒吧内的区域我们不能随便坐？那你们刚才咨客为什么不早点说明？知道我是谁吗？我也是经常来这个酒吧的，也是你们的 VIP!"小王答道："对不起，这是由会议的会务组与酒吧协商确定的，嘉宾名单是由会议举办方提供的，我们只是照规定办事。"听到这里，顾客气愤地起身离开，说："什么服务，还是五星级饭店的酒吧呢！不在这里玩了，另换一家吧。"请你指出本案例中服务人员在服务程序方面不妥的地方。如果你是该酒吧的管理者，在现场会采取怎样的补救措施？这个事件发生后，你会从哪些方面着手加强服务人员即时服务的培训？

案例三：简单有效的饮料推销

某饭店的特色酒吧，其特色饮品的生意一直很火爆，但普通饮料的销售额却不是很理想，销售状况波动很大。该酒吧经理经过调查发现，这一销售额的变化与服务人员点单时的提问方式密切相关。很多服务员总是询问顾客："先生，您喝点什么？"结果在很多时候顾客就点最大众化的饮料——可乐或雪碧，有的顾客则干脆说："不需要。"但如果一桌人中有一位顾客先点了某种果汁，就会带动全桌的饮料消费意愿。于是，该酒吧经理要求服务员换一种问法："先生，我们酒吧有椰汁、杧果汁、胡萝卜汁等新鲜饮料，您需要哪一种饮料？"结果很少有顾客再点价格相对较低的雪碧，转而选择服务员所提到的椰汁、杧果汁或胡萝卜汁中的一种，它们的价格相对较高，但口感和营养度都更好些。一段时间下来，饮料的销售额有了明显的增长。请思考，开放式问句与选择性问句各有什么样的优势和劣势？如何在服务中选择使用？该酒吧经理的做法哪些是可以借鉴的？假如你是管理者，你有哪些好方法激发服务人员变被动服务为主动服务？

案例四：酒吧的成本控制

在一次饭店酒吧员工的例会上，经理给各位服务人员强调了应加强内部成本控制的问题，让服务人员各抒己见，谈谈自己的经验和看法。针对酒吧成本的控制问题，服务人员从酒吧产品的价值含量和更新换代角度谈了谈各自的看法，从岗位、班组、工作程序、管理者职责和督察审核角度，讨论了酒吧成本的控制和管理，强调了对酒吧产品销售过程和质量控制的重要性。最后，经理总结归纳说："酒吧的销售与管理是一对矛盾，要从管理和服务之外，探索酒吧产品更新的廉价途径。日本一些饭店采用计算机控制，在酒吧和冰箱内分别安装芯片，并与饭店管理网络联机，自动记录饮品的存放和取用，由计算机主机储存、记账。避免了顾客与服务人员之间的常见纠纷，也能有效地控制偶尔的逃账、漏账问题。"请思考：从本案例中服务人员的看法中，你会想到哪些有效控制成本的方法？酒吧经理的总结归纳给你什么样的启示？对于饭店酒吧成本的控制问题，你觉得最应该关注什么？

第四节　餐饮营销成本控制

餐饮店的任何经营活动，都是以创造利润为最终目标的，餐饮店的营销活动也不例外。面对各式各样的营销活动，其过程中任何的差错或漏洞都会引起餐饮成本的上升，因此，餐饮营销成本控制，就显得异常重要，必须引起管理人员的重视。彳艮多人投身餐饮事业后，就会发现钱不够用，哪里都要花钱，特别是在营销上畏首畏尾。其实，餐饮做营销也有花费少，又操作简单的实用方法，这需要大家用心去思考。

餐饮营销成本是指餐饮营销过程发生的成本，主要是指进行公关促销活动发生的各种费用和现场餐饮服务过程中的各种费用，以及对销售收入的控制。餐饮营销成本控制是指根据既定的餐饮店的营销目标和方针而对餐饮店的营销活动进行督导及营销活动结束后的分析比较与评估，以便及时采取措施，调整餐饮店营销活动，提高营销管理的效率。

一、运用菜单进行营销成本控制

菜单不仅体现了餐饮店的服务规格水平、风格特色，也决定了餐饮店成本的高低。假如一家餐饮店菜单上有过多用料珍稀、原料价格昂贵和煞费苦心的菜肴，就会导致较高的食品原料成本和劳动力成本。因此，餐饮经营者必须对菜单上菜肴的种类和数量进行某种形式的控制。此外，一份设计恰当的菜单，可以成为餐厅的主要广告宣传品。所以菜单制定的是否科学合理，各种不同成本的菜肴的数量比例是否恰当，会直接影响到餐饮店的利润。

（一）科学的菜单设计原则

不同类型的餐馆应根据本餐饮店的类别采用适当的菜单设计方法。一份设计科学的菜单，不仅有助于增加餐饮店的销售量，还可以降低餐饮成本，从而扩大餐饮店的利润。菜单上菜品的选择和计划要反映出餐饮店经营的风格，要能影响餐饮店顾客的需求。菜单上列出的菜品是顾客就餐时购买决策的依据。科学的菜品选择会促使顾客购买，吸引他们下次再来，从而提高餐饮店的收入和经营利润。因此菜品的选择和计划应十分慎重，必须遵循以下几条原则。

1. 迎合目标顾客的需求

如果某种菜肴不受顾客欢迎，其销售量就可能低于估计数，就会产生一些其他问题，顾客可能会购买另一种菜肴，而管理人员对这种菜肴的销售量却估计不足，未安排足够的厨师生产这种菜肴。这样，生产某些菜肴的厨师会忙不过来，而负责生产另一些菜肴的厨师却可能没多少事情可做，从而浪费人工成本。

菜单上应列出多种菜品供顾客挑选，这些品种要体现餐饮店的经营宗旨。而餐饮店的经营宗旨是要迎合目标顾客的需求，因此菜品必须迎合这些具有某种类似需求的目标顾客的需要。如果餐饮店的目标顾客是中等收入水平、喜欢吃广东菜的群体，则餐饮店的经营宗旨就是中档粤菜，而不要将其他菜肴，如川菜、鲁菜等编进菜单，使菜单反映不出经营宗旨。以享受性就餐的高收入顾客为目标市场的餐饮店，菜单应提供一些做工精细、服务讲究的高级菜品。以流动性人群为主要顾客对象的餐饮店，菜单上应设计制作简单、价格适中、服务迅速地菜品。以家庭群体为目标顾客的餐饮店，菜单上的品种应丰富多彩并且讲究美观和变化。

2. 品种不宜过多

一家好的餐饮店，菜单上列出的品种应保证供应，不应缺货，否则会引起顾客的不满。但菜单所列的品种也不宜太多。品种过多意味着餐饮店需要很大的原料库存量，由此会占用大量资金和高额的库存管理费用，菜品品种太多不仅容易在烹调或销售时出现差错，还会使顾客挑菜决策困难，延长挑菜时间，降低座位周转率，影响餐饮店收入。因此菜单上的品种应该少而精，这也为将来更换菜品留有余地。不同餐饮店菜单上的花色品种应有明显的区别。品种数量要适当。中餐菜单的凉菜、热菜、甜点、汤类一般应分类排列，其比例应掌握在 5：15：4：3 左右。对顾客喜爱程度高、应重点推销的品种安排 3～5 种为宜。同时，应将常年菜、季节菜、时令菜结合起来，价格水平一般应高、中、低档搭配，高档菜可掌握在 25% 左右，中档菜 45%～50%，低档菜 25%～30%，套菜菜单则根据顾客需求，安排多个档次，这样，可以刺激顾客消费，适应不同档次顾客的多种需求。

3. 选择毛利润较大的品种

菜品计划应使餐饮店获取足够大的毛利。因此设计菜品时要重视原料成本。原料成本不仅包括原料的进价，还包括加工和切配的折损、剩菜和其他浪费的损耗因素。如果菜品因原料成本高大、价格贵而难以售出。则这类菜不宜多选。要选择一些能产生较大毛利的菜品，选择那些组合起来能使餐饮店达到毛利指标的菜品。

4. 品种要平衡

菜单，无论是零点菜单还是套餐菜单，应尽量满足不同的口味，不要使顾客选择的面太窄。因此选择品种时要考虑以下因素。

第一，每类菜品的价格平衡。

菜单要针对一定档次的顾客.但是每一档次的顾客又有愿意多花钱和少花钱之分，所以每一类菜的价格应尽量在一定范围内有高、中、低之搭配。

第二，原料搭配平衡。

每类菜应用不同原料的菜品组成，以适应不同口味顾客的需要。例如，西餐的汤类应有以肉、鱼、蛋、家禽、蔬菜为主要原料的品种。因为顾客中会有人不吃肉或家禽等，原料搭配好可使更多的顾客能选择自己喜欢的品种。

第三，烹调法平衡。

在各类菜中应有不同烹调法制做的菜，如炸、炒、煮、蒸、炖。成品的质地要生、老、嫩、脆搭配，口味要咸、甜、清淡、辛辣搭配合理。

第四，口味要丰富。

一份菜单中，菜肴种类要尽量平衡。为满足不同口味的顾客，菜单所选的品种不能太窄。成品的质地要生、老、嫩、脆搭配，口味要咸、甜、清淡、辛辣搭配。

5．经常更换菜品

为了使顾客保持对菜单的兴趣，菜单上的品种应该经常更换，防止顾客对菜单发生厌倦而易地就餐。这对长住顾客和回头顾客较多的饭店餐厅更为重要。菜品更换应根据季节变换补充一些新鲜的时令菜，换去一些退市的菜品，使菜品能反映季节的特色。有些餐饮店每年变换两次或每三月变换一次，使顾客能品尝新鲜的时令菜。有些餐饮店的菜单留下一空白处，以便插进新鲜的时令菜。菜品的更换要注意尽量减少浪费。在计划更换菜品时，要检查库房有哪些食品储存时间较长，哪些菜不能继续储存，要设法换上一些能用这些原料的菜品，以避免浪费。菜品的更换还要根据菜单分析的结果，要留下盈利大、顾客欢迎的菜品，换去一些不受顾客欢迎且收入少的菜品。菜品更换时要尽量补上新产品。所谓新产品有3种：一是过去不存在的产品；二是过去虽有但又经改进的菜；三是曾有但被遗忘而又重新出售的产品。餐饮工作人员要注意学习其他餐馆的新鲜菜，经过模仿和改进，补充到自己的菜单里。

6．与总体就餐经历相协调

菜品并非越精细越好，而是必须和总体就餐经历和其他部分相协调。一家设计美观、建筑成本高的豪华餐饮店，人们指望那里提供高级的菜品，如果菜单上只是一些加工粗糙的普通菜，人们便会大失所望，产生很坏的印象。相反，一家设计简单、布置朴素的餐饮店，人们指望价廉的普通菜，如果餐厅提供高价的特色菜，人们会觉得菜品的价格不值。

7．品种要有独特性

如果菜单上的品种太普通，是各餐饮店都供应的、不需特殊烹调方法的大众菜，餐饮店是不会创出名气的。"独特"，是指某餐饮店特有而其他餐饮店所没有或及不上的某类、某个品种、某一种烹调方法、某种供餐服务方法等。例如，某家咖啡厅由于讲究冲咖啡用的泉水而创出自己的独特性;北京全聚德因烤鸭技术出色而创出名气。具有独特性的菜品能突出餐饮店形象,使餐饮店有与众不同之处而创出名气。这需要餐饮工作者具有创造性和想象力,但是太陌生的、人们闻所未闻的菜也往往会使顾客产生不安全和畏惧心理。

8. 厨师的赛调技术

在计划菜品时,必须考虑本餐饮店的厨师有什么特长,要选择一些能发挥他们特长的菜而不能选他们力所不能及的菜。同时,还要考虑厨师烹调技术的适应性。对于那些烹调技术高或经过培训对新技术接受能力较强的厨师可计划安排一些烹调难度大、需新技术的新品种。

(二)不同类型菜单的要求

1. 零点菜单

零点菜单是餐饮店中最基本的菜单。零点的菜品一般是现点菜、现制作的,做工要求精细,因而零点菜的价格往往高于套菜和团体菜。一般零点菜单提供的菜品品种较多,顾客可根据自己的需要自由选择。顾客一般根据自己的偏好、菜品的价格选择餐饮店的特色菜肴,某些主菜往往是顾客选择餐饮店的原因。因此,餐饮店零点菜单的品种搭配要平衡,并注意对菜品的原料、烹饪法和价格的合理搭配,尽量选择一些能反映本餐饮店特色的招牌菜,并将它们作为特色菜加以重点推销。

2. 套菜菜单

根据不同类型的顾客和餐饮店不同经营方式的需要,可编制多种类型的套菜菜单,最常见的如下。

(1)普通套菜单

普通套菜单通常是将一个人或几个人吃一餐饭(如西餐)需要的几种主食、菜肴和(或)饮料组合在一起,以包价形式销售。普通套菜单应选一些制作简单的菜品,套菜的价格通常比零点菜便宜。推出普通菜单的目的是为了吸引更多客源,特别是回头客。

有些普通套菜单已经推销得十分成功,成为国际性的菜单,例如,美式早餐套菜菜单、欧陆式早餐套菜菜单、英式早餐套菜菜单。餐饮店也可根据各类顾客的需要,推出各种套菜单,普通套菜菜单如果能受顾客欢迎,可以当作固定菜单,使用较长一段时间。

(2)团体套菜单

团体套菜单是针对旅行社组织的团队、各类会议等客源的。团体套菜通常需要大批量生产和同时服务,这种菜单上不宜选用需要做工精细的菜品,因而团体套菜价格比较经济。

由于旅游团队和会议顾客常常会在饭店中住宿几夜,所以团体菜单必须多准备几套以便循环使用,确保顾客在本餐厅就餐期间,每日、每餐都有不同菜品的菜单。

同时，由于各种团队和会议的档次不同，各人愿意支付的费用相异，所以餐饮店有必要根据不同的费用标准，准备好几套菜单。

3．宴会菜单

宴会类型多样，有公务宴请、婚宴、生日宴请、同学聚会等，不同宴会需要不同的菜单。宴会菜品比较讲究，其外形美观、做工精细，通常价格较高。宴会菜单的制作要求如下。

第一，按照不同的消费档次设计几套菜单，且每个档次准备几种菜单供挑选。

第二，有一定灵活性。在招待宴会上，可采用菜单样本，让顾客自由更换部分菜品。

第三，反映不同类型宴会的特色。婚宴菜单讲究气氛和体面，生日宴会要准备生日蛋糕。

第四，宴会菜单的设计要求外观漂亮，但印制成本要低，一般可以让顾客带走。在菜单上印上餐饮店的名称、地址、预订电话号码，以便进一步推销餐饮店，提醒顾客再次光顾。

4．混合式菜单

混合式菜单综合了零点菜单与套餐菜单的特点和长处，最初的混合式菜单无非是一份零点菜单及一份定套菜菜单印刷在一起，即一部分菜式以套菜形式进行组合，而另一部分菜式则以零点形式出现。这种方法的主要缺点是菜单过大，使用不便。现在各地餐饮店使用的混合式菜单稍有变化。以西餐为例，有些餐厅的混合式菜单以套菜形式为主，但同时欢迎顾客再随意点用其中任何主菜，并以零点形式单独付款；有的餐饮店使用的混合式菜单则以零点为主，但凡主菜皆有两种价格，一种是零点价格，另一种是套菜价格，吃套菜的顾客在选定主菜后，可以在其他各类菜中选择价格在一定限额内的菜式作为辅菜。

5．自助餐菜单

套餐不管是以人还是以桌为计价单位，总是提供规定菜品的种类和数量，以一定的包价形式销售给顾客。自助餐菜单则不同，不管顾客选用的品种和数量多少，都按每位顾客规定的价格收取费用。在计划自助餐菜单时，要预计目标顾客所喜欢的菜品类别，预计顾客的数量，提供相当数量的多种类的菜品，供顾客自由选择。

自助餐要靠食品的展示招睐顾客，因而自助餐的菜品要巧妙、美观地陈列出来。要注意合理地搭配颜色和形状，配用食雕装饰品和鲜花，对餐桌进行装饰，用环境进行烘托。

6．特种菜单

餐饮店为迎合顾客多样化的就餐口味和方式，会推出各式各样的特色菜单，以提高餐厅销售额。最常见的特种菜单包括特殊推销菜单、儿童菜单、老人菜单、情侣菜单、宗教菜单、航空菜单、节食菜单等。

特殊推销菜单是餐饮店根据不同季节、不同节日和不同场合设计的特种菜单。例如，冬季推出砂锅菜、火锅、辛辣菜等热菜；夏天推出清凉菜；在节日里推出圣诞大餐菜单、春节菜单、六一菜单、情人菜单等。此外，餐饮店还可以根据菜系推出系列菜品推销菜单。

（三）菜单的制作程序

在负责制作菜单之前，管理人员应请专家指导。根据管理部门对毛利、菜单等方面、结合行情制定菜品的标准分量、价格；会同财务部门、成本控制人员一起控制餐饮产品和饮料成本；审核每天的进货价格，提出在不影响餐饮产品质量的前提下，降低餐饮产品成本的意见。

1. 准备所需的参考资料

制作菜单前要准备的参考资料主要包括各种旧菜单，包括餐饮店正在使用的菜单；标准菜谱档案；库存菜和时令菜、畅销菜单；每份菜成本或类似信息；各种烹饪技术书籍、普通词典、菜单词典；菜单食品饮料一览表；过去的销售资料。这里尤其要强调的是，如何获得竞争对手的菜单，往往是进行菜单设计的必要前提。

2. 运用标准菜谱

标准菜谱是统一各类菜品的标准，它是厨房用于菜品加工时的数量、质量依据，它使菜品质量基本稳定。使用它可节省制作时间和精力，避免食品浪费，并有利于成本核算和控制。标准菜谱基本上是以条目的形式，列出主辅料配方，规定制作程序，明确装盘形式和盛器规格，指明菜肴的质量、计划菜肴成本、计算价格。只有运用标准菜谱，才可确定菜肴原料各种成分及数量、计划菜肴成本、计算价格，从而保证经营效益。一份质量较好的标准菜谱有助于菜单的设计成效。同时，有利于员工了解食品生产的基本要求与服务要求，也可以提高他们的业务素质。制定标准菜谱的要求如下。

第一，菜谱的形式和叙述应简单易懂，便于阅读。不熟悉或不普遍的术语应作详细说明。

第二，原料名称应确切，如醋应注明是白醋、香醋，还是陈醋。

第三，原料应使用适合实际的最简单的计算方法，如克、张、两等。

第四，原料应按使用顺序来罗列，配料因季节供应的原因需用替代品的也应说明。

第五，应列出操作时的加热温度范围和时间范围，因为烹调的温度和时间对产品的质量有直接的影响。

第六，列出制作中烹饪产品应达到的程度，因为它影响到烹饪产品的成败。

第七，说明烹饪产品的质量标准和上菜方式。

任何影响质量的制作过程都要准确规定，标准菜谱的制定形式可以变通，但一定要有实际指导意义，它是一种控制工具和厨师的工作手册。

3. 菜单的装帧

已设计好的菜肴、饮料按获利大小顺序及畅销程度高低依次排列，综合考虑目标利润，然后再予以修改。召集有关人员如广告宣传员、美工、营养学家和有关管理人员进行菜单的程式和装帧设计。

（四）菜单分析

菜单分析是菜品选择一项十分重要的工作。菜单分析就是对菜单上各种菜的销售情况进行调查，分析哪些菜品顾客最欢迎。为便于与各种菜比较，我们用顾客欢迎指数来表示。要分析哪些菜盈利最大，一般价格越高的菜毛利额越大。在菜单分析时，以菜品的价格和销售额指数来表示。

菜单一般分几类列出菜名。各类菜之间会互相竞争，例如，人们点了鱼，有时就会少点肉，点了沙拉就不点主菜。但竞争的最直接的是同类中的几个菜品。往往在同类菜中，一种菜的畅销会夺走其他菜的销售额。所以在分析菜单时，先要将菜单的菜品按不同类别划分出来，对直接竞争的同类菜品进行分析。

菜单分析的原始数据一般来自餐饮店的销售报表，汇总账单上各种菜的销售份数和价格，便可算出顾客欢迎指数和销售额指数。

顾客欢迎指数表示顾客对某种菜或某类菜的喜欢程度，以顾客对各种菜购买的相对数量来表示。顾客欢迎指数的计算是将某类菜销售百分比除以每份菜应售百分比：

$$顾客欢迎指数=某类菜品销售百分比÷各菜品应销售总百分比$$

$$各菜应售百分比为=100\%÷被分析项目数$$

不管被分析的菜品项目有多少，任何一类菜的平均欢迎指数为1，超过1的欢迎指数说明是顾客喜欢的菜，超过得越多，越受欢迎。因而顾客欢迎指数较菜品销售数百分比优越。菜品销售数百分比只能比较同类菜的欢迎度，但是与其他类的菜品比较时，或当菜品分析项目数发生变化时就难以比较。而顾客欢迎指数却不受影响。

仅分析菜品的顾客欢迎指数还不够，还要进行菜品的盈利分析。我们将价格高、销售额指数大的菜分析为高利润菜。销售额指数的计算法如同顾客欢迎指数。顾客欢迎指数高的菜为畅销菜。这样我们可以把被分析的菜品划分成四类，并对各类菜品分别制定不同的产品政策。

畅销、高利润菜既受顾客欢迎又有盈利，是餐饮店的盈利项目，在计划菜品时应该保留。

畅销、低利润菜一般可用于薄利多销的低档餐饮店中，如果价格和盈利不是太低而顾客又较欢迎，可以保留，使之起到吸引顾客到餐饮店来就餐的作用。顾客进了餐饮店就还会订别的菜，所以这样的畅销菜有时甚至赔一点也值得。但有时盈利很低又十分畅销的菜，也可能会转移顾客的注意力，挤掉那些盈利高的菜品的生意。

如果这些菜明显地影响盈利高的菜品的销售，就应果断地取消这些菜。

不畅销且高利润的菜可用来迎合一些愿意支付高价的顾客。高价菜毛利额大，如果不是太不畅销的话可以保留。但是如果销售量太小，会使菜单失去吸引力。所以连续在较长时间内销售量一直很小的菜应该取消。同时，如果这种菜肴的销售不增加采购、储存等环节的成本，则应该保留。如青椒土豆丝，由于其原料成本非常低，利润高，但其销量一般比较小，其原料属于大众菜，采购和保管费用低，因此应该保留。如果某一种菜品销量少，但其采购、储存的成本高或者风险大，则必须取消，如利润高的海鲜类菜肴，由于其成本高，可能被盗，或者容易腐烂变质，如果销量小，则必须取消。

不畅销且低利润的菜一般应取消。但如果有的菜顾客欢迎指数和销售额指数都不算太低，接近 0.8 左右，又在经营平衡和价格平衡上有需要的仍可保留。这种菜主要是餐厅的特色菜，由于取消会严重影响顾客重复消费概率，因此也需要保留。

（五）改进菜单

制作菜单后，并不意味着菜单设计一劳永逸。菜单使用还应注意信息反馈。服务员在为顾客点菜时，注意观察顾客点菜时的喜好，在顾客用餐时和用餐结束后，注意观察顾客对哪种菜肴感兴趣，对哪种菜肴不感兴趣。餐饮值台人员要定期将收集的信息交给餐厅经理；对顾客剩余量较大的菜肴，进行重点分析，判断是点菜过剩还是菜肴不符合顾客的口味，或是制作有问题。如果是制作问题，就需要菜肴制作者亲自品尝，以便加强技术训练。如果菜肴不符合顾客口味，说明顾客点的菜与顾客期望值有差异，那么就有可能是菜单没有说明菜肴的性质；从核算员处获取每种菜肴销售数量的数据，并对这些数据进行及时的分析。上述信息为改进菜单的依据。

具体改进方法如下。

菜单使用一段时间后，根据上述信息反馈，对菜肴品种、编排及价格进行调整，可以一个月或一个季度进行一次调整。其步骤有以下几点。

（1）计算月平均销售量和月参考销量

$$平均销售量=销售菜肴份数÷菜肴品种$$

$$月参考销量=平均销售量×0.7$$

（2）计算菜肴平均毛利额

$$菜肴平均毛利额=毛利总额÷销售菜肴份数$$

（3）计算每道菜的毛利额和销量

（4）调整。如果某个菜肴的毛利额低于平均毛利额，同时销量也低于参考销量，则此菜肴应取消。如果某菜肴的毛利额高于平均毛利额，同时销量也低于参考销量，此菜肴在菜单中须放在更醒目的位置上。如果某个菜肴的毛利额低于平均毛利额，销量高于参考销量，则此菜肴的价格应提高，从而获得较高的利润。

[**例**] 某餐饮店在 2016 年 5 月份共销售菜肴 15 000 份,菜肴品种 50 个,月毛利额 300 000,那么该餐饮店的平均销售量为:

$$平均销售量=15\ 0004÷50=300（个）$$
$$参考销量=300×0.7=210（个）$$
$$菜肴平均毛利额=300\ 000÷15\ 000=20（元）$$

（六）菜品定价

餐饮营销成本控制的起点为菜品定价,科学的菜单定价有助于菜肴的推销,增加餐饮店的营业收入,降低餐饮店的产品原料成本率,增加餐饮店的效益。可以综合考虑影响菜肴价格的各种因素来制定菜肴价格。

在选择菜品时,餐饮管理人员须对餐饮店的经营情况进行分析,计算为使餐饮店获取目标利润的就餐顾客的人均消费额应该为多少。同时还要进行菜单分析和顾客调查,了解目标顾客愿意支付的人均消费额是多少。管理人员根据这些信息确定餐饮店的人均消费额标准,并根据人均消费额标准定出各类菜品的价格范围。

在确定各类菜品的价格范围时,先要把菜品分成各大类别,根据竞争者餐饮店或本餐饮店以前的销售调查算出各类菜品占销售额的百分比,以及顾客对各类菜的订菜率。

在各类菜的价格范围内,再选择原料成本高、中、低档次搭配的菜,使各类菜在一定价格范围内有高、中、低档之分。如果鱼虾类菜品拟定为 12 种,高、中、低档菜的价格范围可按下表的方法分解。

规模较大的餐饮企业中有专门的菜单设计人员。但大多数的餐饮企业进行菜单设计的是兼职人员,无论是专职人员还是兼职人员,在进行菜单设计时必须达到以下的要求。

第一,与相关人员(主厨、采购负责人)研究并制定菜单,按季节及时编制时令菜单,并进行试菜。

第二,根据管理部门对毛利、菜单等要求,结合行情制定菜品的标准分量、价格。

第三,会同财务部门的成本控制人员一起控制食品饮料的成本。

第四,审核每天进货价格,提出在不影响菜品质量的前提下,降低食品成本的意见。

第五,检查为宴会预订客户所设计的宴会菜,了解顾客的需求,提出改进和创新菜点的意见。

第六,通过各种方法,向顾客介绍餐厅的时令菜、特色菜点。做好新产品促销工作。

二、营销服务过程成本控制

一家餐饮店接了一个20桌的婚宴任务，婚宴结束后，顾客顺利地买了单。没想到第二天，该企业接到婚宴顾客投诉，顾客说宴席上没上鱼，准备讨个说法。经调查后，顾客确实在订餐时点了"黄椒蒸鳞鱼"，但在营业部下单时，点菜员开漏了分单，导致厨房无出品。

查明原因后，经理当即向顾客赔礼道歉，并再三承认了错误，征询顾客意见后，将20桌"黄椒蒸鲂鱼"的费用退还给顾客，与此同时，部门内部对当事人进行了批评与处罚。

餐饮店应该对员工开展经常性的业务培训，使他们端正服务态度，树立良好的服务意识，提高餐饮服务技能，力求不出差错或少出差错，尽量降低食品成本。因此，餐饮店应加强员工在营销服务过程中的成本控制，避免因服务失误导致的成本增加。

（一）常见的服务不当

员工服务不当会引起餐饮店的菜品成本增加，餐饮店要注意以下常见的服务不当。

第一，上错菜：服务员在填写菜单时没有重复核实顾客所点菜品，以至于上错菜。

第二，员工偷吃：餐饮店员工偷吃菜品而造成数量不足，引起顾客投诉。

第三，传菜差错：服务员在传菜或上菜时打翻菜盘、汤盘；传菜员传错桌号，比如，将1号桌顾客所点菜品送至2号桌，而2号桌顾客并未拒绝。

（二）点菜单服务

点菜的过程是服务员与顾客相互了解的过程，是餐饮店服务员展开推销的过程。在这个过程中，服务员既要提供服务，进行适当推销，还要准确地传递信息。

1. 点菜单的填写

餐饮企业在接受顾客点菜时，应要求所有服务人员必须填写点菜单，充分利用点菜单来控制成本。在填写点菜单时要注意以下问题。

第一，服务员应准备好笔和点菜夹，将带有号码的点菜单夹在点菜夹内，以备使用。服务人员应使用圆珠笔或不能擦去字迹的铅笔填写点菜单。

第二，服务员填写点菜单时，字迹要工整、记录要准确。如果填写错误，应该划掉，而不应擦掉。

第三，服务员应注明桌号（包间名）、菜名、菜的分量、填写点菜单的时间、点菜员姓名及值班台服务员姓名。如果是套菜，要在点菜单上注明桌数。

第四，服务员应标清计量单位。对于高档海鲜，服务员一定要向顾客介绍清楚计量单位是"克"，还是"千克"，免得在结账时出现价格差异，使顾客无法接受。

第五，服务员应标清菜肴器皿的规格、分量。

第六，冷菜、热菜、点心、水果要分单填写，分部门下单。

第七，点菜单上菜品的顺序要和上菜顺序一致。

第八，一定要在点菜单上注明顾客的特殊要求。

第九，点菜单填写完毕，首先应经过收款员签章后再送入厨房，厨房不应烹制未经收款员签章的点菜单上的任何菜点。

第十，点菜单必须编号，以便出现问题后，可立即查明原因，并采取相应的改进措施。

第十一，厨房、收款员、传菜服务员等应将点菜单保存好备查。

第十二，严格控制点菜单，避免服务人员用同一份点菜单两次从厨房取菜。

第十三，避免服务人员在收款员签章后的点菜单上任意添加菜点造成成本增加。

2. 点菜员职责

（1）记住推荐菜

餐饮店为了满足顾客的需要，在菜肴的原料选取、烹调方法、口感和造型上不断推陈出新。同时，在每一天或每周都会推出一道或几道特色菜、风味菜供顾客品尝。点菜员必须记住这些菜肴的名称、原料、味道、典故和适合的顾客群体，准确地将菜品信息及时传递给顾客。

（2）记住沽清单的内容

沽清单是厨房在了解当天缺货原料、积压原料情况后开具的一种推销单，也是一种提示单。它告诉服务员当日的推销品种、特价菜、所缺菜品，避免服务员在当日为顾客服务时遭遇难堪、指责等。厨房开出当天的沽清单后，通常会与楼面负责人进行协调。沽清单中会列举当日原料情况及最适合出品的菜肴，并介绍其口味特点、营养特点、季节特点等普通服务员难于介绍的专业知识。所以，点菜员须记住沽清单的内容，当顾客点到当天没有的菜品时，一般可以以"对不起，今天刚刚卖完"来回答，然后，要及时为顾客介绍一道口味相近的菜品，以免引起顾客的不满。

（3）必须熟悉菜牌

点菜员应了解所推销菜式的品质和配制方式。当顾客无法决定要什么时，点菜员可以提供建议。最好先建议顾客选择高中等价位菜式，再建议选择便宜价位菜式。因为前者的利润较高。在生意高峰期，服务员应减少对一些加工手续比较烦琐的菜式的推荐，否则会加大厨房的工作负担，影响上菜速度。

（三）传菜服务

传菜部在餐饮企业服务工作中，负责将厨房的菜品送到服务员当班台号，并将服务员填写的菜单传递到厨房，其效率的高低对餐厅服务质量有重大影响，是餐饮企业不可缺少的部门。因此，餐饮店要做好传菜人员的培训工作，从而控制成本。

1. 传菜员岗位职责

传菜员的工作开展得好不好，不仅会直接对餐饮店菜品上桌速度产生影响，而且也会间接影响到餐饮店的翻台率、客流量等重要的餐饮店运营活动。因此，餐饮店传菜员必须对自己的岗位职责有一个很清晰的了解和认识。

第一，按餐饮店规定着装，守时、快捷、听从指挥。

第二，开餐前搞好区域卫生，做好餐前准备。

第三，保证对号上菜，熟知餐饮店菜品的特色及制作原理和配料搭配。

第四，熟记餐饮店房间号、台号，负责点菜单的传菜准确无误，按上菜程序准确无误，迅速送到服务员手里。

第五，传菜过程中，轻、快、稳，不与顾客争道，做到礼字当先，请字不断。做到六不端：温度不够不端，卫生不够不端，数量不够不端，形状不对不端，颜色不对不端，配料不对不端，严把菜品质量关。

第六，餐前准备好调料、作料及传菜工具主动配合厨房做好出菜前准备。

第七，天冷备好菜盖，随时使用。

第八，负责餐中前后台协调，及时通知前台服务人员菜品变更情况，做好厨房与前厅的联系、沟通及传递工作。

第九，安全使用传菜间物品工具，及时使用垃圾车协助前台人员撤掉脏餐具，剩余食品，做到分类摆放，注意轻拿轻放，避免破损。

第十，传菜员在传菜领班的直接指挥下，开展工作，完成传递菜肴的服务工作。对领班的安排工作必须遵循"先服从后讨论"的原则。

第十一，传菜员要按照规格水准，做好开餐前的准备工作。

第十二，确保所有传菜所用的餐具、器皿的清洁、卫生、明亮、无缺口。

第十三，在工作中保持高度全员促销意识，抓住机会向顾客推荐餐饮店的各项服务及各种优惠政策，提高顾客在餐饮店的消费欲望。

第十四，当顾客要求的服务项目无法满足时，及时向顾客推荐补偿性服务项目。

第十五，在工作中发现餐饮店有不完善制度或须改进的服务，必须遵循反馈直到问题解决为止。

2. 传菜顺序

第一，服务员点菜后，立即将第一联菜单交收银台，第二联和第三联由收银员盖章后送传菜部。

第二，传菜部在第二联菜单夹上与点菜道数相同的台号夹，台号夹上餐桌号与点菜单餐桌号必须相同，并递送冷菜间、热菜切配间或点心间做准备；将第三联贴在白板上准备划单和控制出菜。

第三，厨房根据用餐习惯首先准备冷菜、再出热菜。传菜部负责掌握出菜的节奏，根据出菜台号夹的号码，在白板上将相应台号的点菜单上已经出品的菜肴划掉，同时要注意检查出品菜肴的数量和质量是否与标准菜单一致。

第四，传菜员将菜迅速传到餐厅服务员位置，由餐厅服务员将菜上桌。

第五，第三联菜单划单后妥善保存，以备财务部门查账审核。

（四）杜绝员工偷吃菜品

某天，李小姐和一位朋友到某家餐饮店就餐，要了一份"凉拌花生"，可能因为当时顾客太多，她等了半个小时也没有上菜，于是她就到厨房去问。就在这时，李小姐看见一名服务员端着一盘"凉拌花生"走过来，令李小姐吃惊的是，这名服务员边走边用手拿着花生吃。李小姐顺着服务员望去，这名服务员竟然走到了自己的桌子旁并把"凉拌花生"放在桌子上。李小姐很气愤，找到了经理，经理当即对那名员工进行了批评，给李小姐换了一份"凉拌花生"并向她道歉。

类似员工偷吃菜品的现象在许多餐饮店中都存在。员工的这种行为不仅不卫生，而且还会影响餐饮店的形象。因此，餐饮企业应建立健全各项管理制度，以防止或减少由员工贪污、偷吃等行为引起的成本上升。

为了防止员工偷吃菜品的现象，餐饮店可以实行连环制。倘若发现一个员工偷吃，则告诉他，一个月内如果能逮住其他偷吃的人员，那他偷吃的事就算了。如果逮不着，那么这个月因偷吃行为造成的所有损失全部由他来承担，并继续这项"工作"三个月。这样就可以有效地防止员工偷吃。

点菜前的准备工作：

第一，了解菜单上菜肴的制作方法、烹饪时间、口味特点和装盘要求。

第二，了解菜单上菜肴的单位，即一份菜的规格和分量。

第三，掌握餐饮店不同人数需要点菜的数量，及时提醒顾客，菜肴已经够了。

第四，了解顾客饮食及口味要求。通过观察顾客的言谈举止、年龄和国籍获得信息，同时掌握各个国家的饮食习惯和菜肴知识，便于进行建议。

第五，能用外语介绍菜肴口味特点、烹调方法和原料等。

第六，知道上菜顺序、上菜时机和佐料搭配。

三、收款成本控制

餐饮店不仅应抓好从原料采购到菜点生产、服务过程的成本控制，更应加强收款控制，以保证餐饮店的既得利益。

（一）落实收款制度

1. 散客收款制度

首先，收银员接到服务员送来的"订菜单"，留下第一联，经核加价总后即时登记收入登记表，以备结账。

其次，顾客用餐完毕，由值班服务员负责通知收银员结账，收银员将订单中的数额加总后开具两联"账单"，由值班服务员向顾客收款，顾客交款后，服务员持"账单"和票款到收银台交款，收银员点清后在"账单"第二联加盖印章并将账单、零钱交给服务员，由其转交给顾客。

最后，收银员应将"账单"第一联与"订单"第一联订在一起装入结算凭证专用纸袋内。

2. 团体顾客收款制度

团体顾客就餐时，餐饮店的服务员需根据"团队就餐通知单"开具订单并交给收银员，收银员在订单的第二、第三、第四联上盖章，之后交给服务员，第一联留存，并插入账单箱。在团体顾客就餐结束后，值班服务员需开具账单，团队领队签字后，应立即将团队账单（第二联）送至楼面收银员处，让其代为收款，第一联和"订单"订在一起，装入结算凭证专用纸袋内。

3. 宴会收款制度

在宴会举办前，一般需要顾客至少提前三个小时支付预订押金或抵押支票。预订员按预订要求开具宴会订单（一式四联），并在订单上注明预收押金数额或抵押支票价值，然后将宴会订单和预订押金或抵押支票一起交给收银员，收银员按宴会订单核价后在订单上盖章，第一联由收银员留存，第二联交给厨房备餐，第三联交给酒吧，据以提供酒水，第四联交值班服务员。

宴会开始后，顾客如需增加酒水和饭菜，则由值班服务员开具订单，第一联由收银员留存，与宴会订单订在一起，第二联交厨房，第三联交给酒吧，第四联由自己保存。

宴会结束后，值班服务员通知顾客到收款台结账，收银员按宴会订单开具发票，收取现金（注意扣除预订押金）或签发支票或信用卡。将发票存根和宴会订单订在一起装入结算凭证专用袋内。

4. VIP 顾客收款制度

VIP 顾客到餐饮店就餐，一般由经理级的管理人员签批"VIP 顾客接待通知单"和"公共用餐通知单"，提前送给餐饮店主管，餐饮店主管接到通知后应立即安排接待工作。

收银员按通知单的规定开具"订单"并请顾客付款。收银员将订单、通知单和账单订在一起装入结算凭证专用纸袋内。

（二）账单编号制度

大多数餐饮店要求账单编号，账单编号制度具有以下控制作用。

第一，账单编号能防止收入流失。

若在营业结束时核对账单编号（见下表），可以很快查出账单是否短缺。如果账单短缺，可能是顾客拿走账单未付账而走，也可能是服务员或收银员不诚实，拿走账单，吞没现金采用账单编号制度，可促使服务员监督顾客结账付款，并要求服务员和收银员严格按账单收款，防止现金短缺。一旦发现账单短缺，管理人员要追查责任，采取措施，堵塞漏洞。

第二，账单编号便于规定每位服务员对哪些账单负责。

账单上的菜品价格不正确或账单短缺，一般要追查到服务员。因此餐饮店应规定每个服务员对哪些账单负责。采取这种制度，开餐前服务员领账单本时要记下账单起始号，并要求服务员签字；营业结束时记下结束号。

如果点菜服务员粗心或有意识地在账单上开错价格或账单缺号，则通过查找账单编号的负责人，就很容易追查责任。为加强控制，有些餐饮店要求餐饮成本控制员检查每天的账单有无漏号，价格填写是否正确。发生差错对收银员或服务员要通报检查。

（三）要求收银员进行销售汇总

在收款时，要求收银员按账单号的顺序登记。这样，账单如有短缺会十分明显地反映出来，以便于对菜品销售进行控制。

销售汇总表除能对账单进行控制外，由于对记账收入和现金收入分别汇总，它还便于对现金进行控制。

汇总表上的销售信息不仅对会计统计有用，而且能及时反映餐饮店吸引客源和推销高价菜的能力。

（四）收款成本控制措施

第一，首先，要加强对收款员的业务培训，提高其业务能力和工作责任心，以防止收款员漏记或少记点菜单上的菜点价格，在顾客结账时做到核算准确。

第二，其次，餐饮店应健全各项财务管理制度，并严格执行，严防收款员和其他工作人员的贪污、舞弊行为。

第三，餐饮企业的财务部门应每天审核账台的"营业日报表"和各种原始凭证，以确保餐饮企业的利益。

第四，防止顾客没有付账即离开餐厅，一旦遇到顾客没有付账即离开餐厅的情况，服务员要注意处理技巧，既不能使餐饮企业蒙受损失，又不能让顾客丢面子并得罪顾客，影响餐饮企业声誉和效益。出现顾客不结账就离开餐饮店这种情况时，服务员可马上追出去，并小声把情况说明，请顾客补付餐费。如果顾客与朋友在一起，应请顾客站到一边，再将情况说明，这样，可以使顾客不至于在朋友面前丢面子。

顾客逃账

xx 餐饮店来了一群穿着气派的人，其中一人手里紧紧抱着一个手提包，给人一副包里的东西非常贵重、需要小心保管的样子。这些人一坐下，就急着点高档菜品、酒水，什么贵吃什么，什么好喝喝什么，使得该餐饮店的大小人员都以为来了一群有钱的大老板，所以服务极为周到、热情。经理逐位奉送了自己名片和餐饮店的贵宾卡，希望这些阔绰的大老板们多多光临。

待这群顾客酒足饭饱后，随着带头者的一个眼神，这些人就开始陆续撤退了。有的先行告退，有的上洗手间，有的借口室内信号不好，要到外面打电话，剩下的那个人趁服务员不注意，将那只包留在显眼的位置上，并将烟、打火机也留在桌上，造成上洗手间的假象。当服务员进来发现人都不在但那只大包还在时，便认为顾客只是上洗手间去了。

等到餐饮店快要结束营业时，那群人连影子都没有，服务员才开始着急，赶紧向楼面经理和主管报告。当大家小心翼翼地打开那只包时，发现原来这只"贵重"的包竟然是用人造革做的，并且里面塞满了破布和旧报纸。

如何避免顾客逃账

餐饮店有时会发生顾客逃账的情况，为了避免逃账现象的发生，服务员应特别留意以下几种情况。

第一，生客，特别是一个人就餐的顾客，比较容易趁服务员繁忙时，假装上厕所或出去接打电话或到门口接人等，趁机溜掉。

第二，如果来了一桌人吃饭，但却越吃人越少，那么难免会有先逐步撤离，到最后只剩下一两个人好借机脱身的嫌疑。

第三，对坐在餐饮店门口的顾客要多加注意。

第四，对快要用餐完毕的顾客要多留心，哪怕是顾客想要结账，也要有所准备。

第五，对于不考虑价钱，哪样贵点哪样的顾客，一定要引起足够的重视。

第六，不要轻易相信顾客留下的东西具有价值，如果其有心跑单，会故意将不值钱的包像宝贝一样地抱住，目的就是吸引服务员的注意，然后将包故意放在显眼的位置，让服务员以为他还会回来取，从而留有足够的离开时间。

收款操作规范

1. 现金结账操作规范

第一，将账单夹在结账夹内，走到主人右侧，打开账单夹，右手持账单夹上端，左手轻托账单夹下端，递至主人面前，请主人检查，注意不要让其他顾客看到账单，并对顾客说："这是您的账单。"

第二，顾客付现金时，服务员要礼貌地在餐桌旁当面点清钱款。

第三，请顾客等候，将账单及现金送给收款员。

第四，核对收款员找回的零钱及账单上联是否正确。

第五，服务员在顾客右侧将账单上联及所找零钱夹在结账夹内递给顾客。

第六，现金结账注意唱收唱付。

第七，在顾客确定所找钱数正确后，服务员致谢并迅速离开顾客餐桌。

2. 支票结账操作规范

第一，将账单夹在结账夹内，走到主人右侧，打开账单夹，右手持账单夹上端，左手轻托账单夹下端，递至主人面前，请主人检查，注意不要让其他顾客看到账单，并对顾客说："这是您的账单。"

第二，顾客支票结账时，服务员应请顾客出示身份证或工作证及联系电话，然后将账单、支票及证件同时交给收款员。

第三，收款员结账完毕后，记录证件号码及联系电话。

第四，服务员将账单第一联及支票存根核对后送还给顾客，并真诚地感谢顾客。

第五，如果顾客使用密码支票，应请顾客说出密码，并记录在一张纸上，结账后将账单第一联、支票存根、密码纸交与顾客并真诚地感谢顾客。

第六，如果顾客用旅行支票结账，服务员需礼貌告诉顾客到外币兑换处兑换成现金后再结账。

3. 信用卡结账操作规范

第一，将账单夹在结账夹内，走到主人右侧，打开账单夹，右手持账单夹上端，左手轻托账单夹下端，递至主人面前，请主人检查，注意不要让其他顾客看到账单，并对顾客说："这是您的账单。"

第二，顾客结账时，服务员应请顾客稍候，并将账单和信用卡送回收款员处。

第三，收款员做好信用卡收据，服务员检查无误后，将收据、账单及信用卡夹在结账夹内，拿回餐厅。

第四，将账单、收据送给顾客，请顾客在账单和信用卡收据上签字，并检查签字是否与信用卡上一致。

第五，将账单第一页、信用卡收据中顾客存根页及信用卡递还给顾客，并真诚感谢顾客。

第六，将账单第二联及信用卡收据另外三页送回收银处。

4. 签单结账操作规范

第一，将账单夹在结账夹内，走到主人右侧，打开账单夹，右手持账单夹上端，左手轻托账单夹下端，递至主人面前，请主人检查，注意不要让其他顾客看到账单，并对顾客说："这是您的账单。"

第二，如果是住店顾客，服务员在为顾客送上账单的同时，为顾客递上笔。

第三，礼貌地要求顾客出示房间钥匙。

第四，礼貌地示意顾客需写清房间号、并签名。

第五，顾客签好账单后，服务员将账单重新夹在结账夹内，拿起账单，真诚地感谢顾客。

第六，迅速将账单送交收银台，以查询顾客的名字与房间号码是否相符。

四、销售收入的控制

餐饮店的销售收入控制，就是要通过建立销售收入统计报表，制定科学、有效的控制措施，采取有较强针对性的控制方法，堵塞销售收入漏洞，防止销售收入流失，降低成本，增加利润。在实际工作中，营业收入数额可能会记错，也可能在收款时出差错，客账单可能会丢失等。因此，任何餐饮店都应制定营业收入控制程序。

（一）标准销售收入

设计营业收入控制体系，应先制定标准。如果管理人员只知道实际的营业收入额，而不知道营业收入应该是多少，就无法评估营业收入控制体系的效率。反之，如果管理人员只知道标准营业收入，而不知道实际收入，顾客打折多，利润少，相对而言成本就加大。每日营业结束，营业收入控制体系没有出错，那么客账单总额就应是企业获得的营业收入总额。

1. 设计营业收入登记表

餐饮店营业收入台账，是用于登记每份账单各项标准收入的登记表，是填报营业日报表的依据和基础，便于查阅。

2. 确定标准营业收入的方法

运用以下两种方法核对标准营业收入的正确性。

第一，核对两联客账单，并检查出纳员是否收到所有第一联客账单。

第二，记录售出菜肴和可获得的营业收入数额，并填入营业收入记录表，以汇集管理人员所需销售数据。无论是什么情况，都必须收集所有客账单，并将售出菜肴的有关信息转录到记录本上，各种菜肴售出份数乘以每份售价，就是各种菜肴的标准营业收入数额。

（二）确定实际营业收入

要确定实际营业收入，需要确定服务员或出纳员实际收款数额。每位餐饮店服务员都应领用客账单，并严格遵守各种有关程序。服务人员在接受顾客点菜之后应将客账单第二联交给厨师或是发菜员，或使用预先入账机。顾客准备付款时，服务员应计算客账单金额，再送给顾客，向顾客收款或结账。

（三）标准和实际营业收入比较

实际营业收入与标准营业收入存在差异是许多餐饮店常有的事。管理人员应对实际收入数额进行比较，通过调查，找出原因，并及时采取措施加以预防。否则，餐饮店将蒙受重大损失。产生原因很多，相应的措施也很多。例如，由于打折太多，必将导致实际营业收入与标准营业收入产生差异。为了减少打折现象，管理者必须完善管理制度，提高服务质量，以优质服务吸引顾客，避免消费者打折。

（四）营业收入控制方法

第一，服务员与柜台收款员相互制约。由服务员开出结账单，由收款员凭单收款，并在上缴款项报表（缴款表）上签字。

第二，柜台收款员共两人，一人收款，另一个人开票。以上两种方法适合小型餐饮店使用。

第三，设置入厨单。入厨单与餐饮店账单一同复写，由收款员计数收款，由服务员根据顾客意见，填写一式四联点菜单，四联分别为入厨单、账单、传菜单和服务员用单。收款员凭此单据结账，入厨单作为制作菜品的依据。

五、成本费用控制

餐饮店在营销过程中，除了销售控制以外，还需要进行成本费用控制。经营成本与费用反映着餐饮店的经济效果，在完成销售计划和保证质量的前提下，经营成本与费用越低，则表明营销效果越好。

（一）成本费用构成

根据餐饮店的特点，财务制度将成本分为营业成本和期间费用两大部分。其中，期间费用又可以分为营业费用、管理费用和财务费用。

营业成本是指餐饮店在经营过程中发生的各项直接支出。它包括以下几点。

第一，餐饮成本。餐饮经营过程中耗用食品原料。

第二，商品成本。销售商品的进价成本。

第三，洗涤成本。洗衣房耗用的洗衣用品、用料。

第四，其他成本。除了上述以外的其他直接支出。

营业费用是指餐饮企业各部门在经营过程中所发生的费用，主要包括人工、能源、折旧、物耗等费用。管理费用是指餐饮企业为组织和管理经营活动而发生的费用，以及由餐饮企业统一负担的费用，主要包括办公差旅、推销等费用。财务费用是指餐饮企业为筹集资金而发生的费用，包括利息支出、汇兑的损失等。

（二）成本费用控制方法

餐饮店成本费用控制是指餐饮店在经营活动中采取一定的控制标准，对产品形成的整个过程进行监督，并采取有效措施，及时纠正偏离标准的偏差，使经营耗费和支出限额在规定的标准范围内，以确保餐饮企业实现降低成本的目标。控制的主要方法如下。

1. 传统成本费用控制法

传统成本控制法主要采用预算控制法和主要消耗指标控制法。

预算控制法是以预算指标作为营销支出限制的目标，即把每个报告期实际发生的各项成本费用总额与预算指标相比，在接待业务不便的情况下，就要求成本不能超过预算。一般通过编制滚动预算，使预算具有较大的灵活性，更加切合实际。

主要消耗指标是对餐饮店成本费用有着决定性影响的指标，主要消耗指标控制，也就是对这部分指标实施严格的控制，以保证成本预算的完成。控制主要消耗指标，关键在于规定这些指标的定额，定额本身应当可行，一般都制定原材料消耗定额、物料消耗定额、能源消耗定额、费用开支限额等。定额一旦确定，应严格执行。在对主要消耗指标进行控制的同时，还应随时注意非主要消耗指标的变化，使成本费用控制在预算之下。

此外，利用国家及餐饮店内部的各项成本费用管理制度，如各项开支消耗的审批制度、日常考勤考核制度、设备设施的维修保养制度等来控制成本费用开支，亦能起到成本费用控制的作用。

2. 标准成本控制法

标准成本是指餐饮店在正常经营条件下，以标准消耗量和标准价格计算出的各营业项目的成本。标准成本控制法就是一个营销项目的标准成本作为控制实际成本的参照依据，也就是对标准成本率与实际成本率进行比较分析。实际成本率低于标准成本率称为顺差，表示成本控制得较好，实际成本率高于标准成本率称为逆差，表示成本控制欠佳。

牛肉粉餐厅的营销新玩法

2016 年年初，整个餐饮行业掀起了一股"支付即会员"的营销热潮，即消费者到店消费只要使用支付宝付款，便可零成本转化为该店会员。这一模式既解决了顾客无端被扰的尴尬，又帮助商家快速获得大量会员客户。

有一家名叫"好××"的牛肉粉店在青岛创立，历经 15 年的发展，现在该店在全国拥有 50 多家门店，仅青岛就有 19 家，平均店面达到 300 多平方米，平均客单价在 15 元。但是这家店铺的生意一直不温不火。最近，这家店做了一场营销活动，短短 9 天时间在快餐店聚焦的商圈赚足了人气，新增会员近 4 倍。

2 月中旬，"好××"营销经理在经过多方比较后选择了口碑及好的 CRM 工具"纵横客"。利用口碑强大的平台效应和"纵横客"强大的功能，在短短 9 天创造了会员增长超过 390%、销售额增长超过 360% 的惊人业绩。走进"好一家"，你会发现店内服务人员并非是专业做会员营销的人，他们只是将简单的事用心去做。经调查发现他们只做了四件事。

第一，以 15 周年店庆为契机，设计优惠活动吸引到店顾客成为会员。借助店庆时机设计"使用支付宝消费满 25 元即送 5 元代金券"。依托口碑的支付即会员功能，实现首次支付自动转化为会员，全程无任何额外操作，方便快捷。

第二，利用活动叠加效果，设计多重优惠，提高顾客用支付宝埋单的动力。将口碑在活动阶段推出的"满 20 元随机立减 1、5、20 元不等"在店内醒目展示，与店内周年庆活动相得益彰。

第三，利用店内物料将营销活动多次曝光。在店门口张贴巨幅活动海报，使路人更容易留意这个店。此外，店内桌卡、易拉宝、桌贴等物料无处不在，摆放位置且非随意，均是纵横客运营团队从多年服务经验中总结出的"黄金位置"。

第四，通过业务管理让店内服务人员充分理解活动的重要性，让他们在接待时发挥最大的引导作用。尽管服务人员对活动和业务的理解可能会参差不齐，但纵横客的运营团队会对店内人员进行专业培训。

该店负责人表示：本次会员招募活动的效果远远超出他们的预期，毫无顾客排斥办卡之类问题，从最后的效果来看也是之前任何一次活动所无法企及的。

第七章
餐饮利润与成本控制

第一节　餐饮业利润与利润率

一、餐饮业利润的核算

餐饮利润是餐饮企业经营的最终成果，是检验企业经营状况、反映经营成果和盈利能力的综合指标。利润核算是否正确，将涉及国家、企业和个人之间的利益，因此必须正确核算利润。利润的核算一般以一个月、一个季度、会计年度（一年）为计算期。

（一）利润的计算

餐饮企业的利润由以下四个层次构成。

1. 营业毛利

$$营业毛利=营业收入-营业成本$$

2. 营业利润

$$营业利润=营业毛利-管理费用-营业费用-财务费用-营业税金及附加$$

3. 利润总额

$$利润总额=营业利润+投资收益+营业外收入-营业外支出$$

4. 净利润=利润总额-所得税（一般的所得税率为计税所得额的 25%）

说明：

第一，营业收入包括菜点收入和酒水收入，营业成本包括菜点成本和酒水成本。

第二，营业税按营业额的 5%计算，另有教育费附加，计算公式如下：

应纳城市维护建设税税额=（应纳增值税+消费税+营业税税额）×地区适用税率。地区适用税率为按纳税人所在地计算：属于城市市区按 7%、县城（含建制镇）按 5%，不属于市区、县城的按 1%计算。

第三，常用的相对数计算公式：

$$毛利率=\frac{毛利}{营业收入}×100\%$$

$$成本率=\frac{营业成本}{营业收入}×100\%$$

$$费用率=\frac{管理费用+营业费用+财务费用}{营业收入}×100\%$$

$$利润率=\frac{利润总额}{营业收入}×100\%$$

[例] 某餐厅 8 月份经营情况：营业收入 600 000.00 元，营业成本 324 000.00 元，营业费用 110 000.00 元，管理费用 35 000.00 元，财务费用 15 000.00 元，营业税金及附加 32 100.00 元，营业外收入 8900.00 元，营业外支出 2800.00 元，求该餐厅 8 月份的毛利率、利润总额和利润率。

解：8 月份该餐厅的毛利=600 000.00-324 000.00=276 000.00（元）

$$毛利率=\frac{276000.00}{600000.00}×100\%=46\%$$

营业利润=276 000.00-110 000.00-35 000.00-15 000.00-32 100.00
=83 900.00（元）

利润总额=83 900.00+8900.00-2800.00=90 000.00（元）

$$利润率=\frac{90000.00}{600000.00}×100\%=15\%$$

答：8 月份该餐厅的毛利率 46%，利润总额为 90 000.00 元，利润率为 15%。

二、餐饮业利润率的确定和目标管理

（一）餐饮业利润率的确定

1. 餐饮业营业额的确定

构成餐厅营业额大小的因素主要有三个：餐位数量、餐位周转率、人均消费水平。

首先要对目标市场进行调研。包括对目标市场地理环境、行业环境和社会环境进行调查分析。目标市场主要经济指标主要有：企业所在市场当年的国内生产总值以及历年的数据；该市场的投资状况；对餐饮市场影响较大的旅游方面的数据，特别是一年来接待的游客数量，以及是呈发展趋势还是衰退趋势；全市人口统计数量，其中含非农业人口及农业人口数量，用来预测餐厅的客流量的大小及该地居民的消费水平和消费能力；消费者受教育程度；消费者生活方式、餐饮偏好习惯；消费者人均收入等。把当地城镇居民人均可支配收入、全市职工平均工资、可用于餐饮学费的收入比重作为餐厅定价的参考依据。

其次，对市场进行分析。需要掌握经济指标主要有：当地餐饮企业经营状况、实力排列；所有制形式及所占的比重；营业网点数量；从业人员数量；所选市场的餐饮业经营现状，包括企业数量与竞争能力、经营管理水平高低、经营档次高低等。

再次，对竞争对手进行分析。包括竞争对手的现状、竞争优势及其经营状况。如竞争对手营业额、营业利润、就餐人数、订餐数以及经营规模，如店面面积、可容纳客人数量、厅内面积分布等。

最后，对消费者进行分析。包括该市场消费者餐饮习惯、口味喜好、选择餐饮偏好等；该市场消费者的消费特点，包括消费者的消费意识，是否喜欢到餐厅就餐，个人或家庭的消费比例如何，消费水平的高低；目标市场消费者属于政府、军队、企业、家庭、游客中的哪一类。

通过调查研究和综合分析，在收集同规模、同档次、同行业的经营数据的基础上，预测企业的年营业额。按以下公式计算：

全年营业额＝全年天数×每天开餐数×座位数×座位周转率×人均消费额

[例1]　某餐厅共有餐位数 200 个，餐位周转率为 150%，人均消费为 30.00元/人，全年营业天数 350 天，每天经营午餐和晚餐。试预测该餐厅全年的餐饮营业额是多少？

解：全年营业额＝全年天数×每天开餐数×座位数×座位周转率×人均消费额

$$=350×2×200×1.5×30.00$$

$$=6\,300\,000.00（元）$$

答：预测该餐厅全年的餐饮营业额是 6 300 000.00 元。

2. 利润额的确定

$$餐饮利润＝营业额-成本-费用-税金$$

$$=毛利-费用-税金$$

$$=营业额×（毛利率-税率-费用率）$$

$$=营业额×（1-成本率-税率-费用率）$$

其中：税率=营业税率×（1+城市维护建设税率+教育费附加率）

3．利润率的确定

$$餐饮利润率=\frac{计划期利润总额}{营业收入}×100\%$$

$$=毛利率-税率-费用率$$

（二）餐饮业利润的目标管理

1．预算法

在目前餐饮业市场竞争日趋激烈的经营环境下，作为餐饮业主或是餐饮企业的管理者，最为关注的往往是企业的营业收入和营业利润这两项主要经营指标。制定和实施完善的目标利润预算是企业财务管理的一项重要工作，也是企业实施目标管理的前提条件。随着电脑应用技术的发展，Office-Excel 被广泛地应用于财务管理工作和财务数据处理。如果我们以企业的目标利润值为条件，通过建立合理的数学模型，运用电脑可以快速、准确地完成企业的目标利润经营预算。

餐厅承担着的营业和获取利润的主要责任，构成了企业的利润中心。餐厅经营并产生部门利润后，需减除企业的"不分配费用"和"非经营费用"，才能最终得到企业的营业利润。那么，什么是企业的"不分配费用"和"非经营费用"呢？一般来说，企业的"不分配费用"包括行政管理费、市场推广费、维修费及能源消耗的诸项人工费用及开支；企业的"非经营费用"包括折旧费、借款利息、土地使用费、长期待摊费用、汇兑损失、房产税、财产保险费等。由于"不分配费用"和"非经营费用"都是不再分配到各经营部门中去的，便成为直接冲减所有部门利润的、需由所有经营部门共同承担的具有公共性质的费用。而这些费用往往又是餐饮企业总成本中很大的一部分。在制定目标利润预算时，如何将企业的"不分配费用""非经营费用"，以及饭店的目标利润值合理地分配给利润中心的各经营部门（餐厅），使得营业指标预算合理，使得各餐厅的管理者在作出努力的同时，可以获得比较公平的考核结果，往往是企业高层管理人员首先要面临的一个难题，管理者会为此做出多种尝试而仍无法使各经营部门在分配这些巨大的开支中保持合理。对于目标利润预算中的"不分配费用"和"非经营费用"（包括目标利润），应该立足于经营的角度来考虑和确定其分配方法，应该充分考虑到各经营部门的经营特点。该特点的主要表现为：

第一，各餐厅的经营能力取决于各餐厅的收入在企业总收入中所占的比重，即销售结构。

第二，各餐厅的获利能力取决于各餐厅所创造的部门利润占其收入的比例，即部门利润率。因此在管理中可采用如下方法：

① 确定预算期企业的销售结构。即在所有营业收入中，各餐厅应达到的销售比重。

② 确定餐厅应达到的利润率。即根据企业以往历史数据和本期的预算期望给予确定。

根据以上资料，以某餐饮企业预算期公共费用（指"不分配费用"和"非经营费用"）共 250 万、目标利润 200 万为例，按以下计算模式，列表分配（见表 7-1）：

表 7-1 某餐饮企业目标利润分配方案

单位：万元

部门	销售结构	部门利润率	综合系数	分配率	公共费用分配额	目标利润分配额
餐厅一	55%	25%	13.75%	60.44%	151.10	120.88
餐厅二	45%	20%	9%	39.56%	98.90	79.12
合计	100%		22.75%	100%	250.00	200.00

根据保本（保利）销售额计算公式：

$$保本（保利）销售额=\frac{固定成本+利润}{变动成本率}$$

在把各餐厅的费用和企业公共费用逐一区分出固定费用和变动费用之后，各餐厅的保本（保利）销售额计算公式可以演变成：

$$部门保本（保利）销售额=\frac{（部门固定费用+公共费用中的固定费用分配额+目标利润分配额）}{[1-（部门变动费用率+公共费用中的变动费用率）]}$$

餐厅固定费用一般包括工资及福利、办公、邮电、差旅费及各类摊销等；部门变动费用一般包括服务用品、厨房燃料等；对于一些如清洁费、制服洗涤之类的混合费用，应该运用混合费用的划分方法加以区分，对其中属于固定支出的部分列入固定费用，属于变动支出的部分应加计到部门变动费用率之中。根据上例，我们虚拟了该餐饮企业各餐厅的固定费用额和变动费用率，在目标利润预算为 200.00 万，公共费用中的固定费用为 250.00 万、变动费用率为 4%时，编制该企业预算期目标利润销售额计算表。

在试算正确以后，便可着手按部门逐一地将以上各项指标进行细化、分解，结合当地市场的特点，编制出一套符合以上管理目标的以时间为坐标的年度经营预算。须注意的是，经营预算的项目应尽可能与饭店的财务报表口径一致，以利于预算控制下的检查、监督和对比分析。

采用以上方法，为计算机自动化处理饭店目标利润预算提供了数学模型，Excel 软件的熟练运用可以使我们在更改、修订利润目标值后，即时得到数据响应，并快速编制出多种可供管理者选择的预算方案。

2. 运用量本利之间的关系规划利润

餐饮部门在经营和为客人提供服务的过程中，既要耗费一定的生产资料（物化劳动），又要耗费一定的劳动时间（活劳动），还要耗费一些其他的消耗。在财务核算中，上述消耗统称为成本费用。根据现有的财务管理制度，又将成本费用具体分为营业成本、营业费用、管理费用、财务费用。根据经营管理的需要，在实际工作中又往往根据成本费用的性质，将成本费用划分为固定费用、变动费用两类。

$$利润 = 销售收入 - 总成本$$

其中：总成本 = 变动成本 + 固定成本 = 单位变动成本 × 产量 + 固定成本

假设产量和销量相同，则有：

$$利润 = 单价 × 销量 - 单位变动成本 × 销量 - 固定成本$$

在规划期间利润时，通常把单价、单位变动成本和固定成本视为稳定的常量，只有销量和利润两个自由变量，给定销量时，可利用方程式直接计算出预期利润；给定目标利润时，可直接计算出应达到的销售量。

[例2] 某餐厅的每月固定成本 1000.00 元，生产一种菜点，单价 30.00 元，单位变动成本 18.00 元，本月计划销售 500 件。预期利润是多少？

解：

预期利润 = 单价 × 销量 - 单位变动成本 × 销量 - 固定成本

$$= 30.00 × 500 - 18.00 × 500 - 1000.00$$

$$= 5000.00（元）$$

答：预期利润是 5000.00 元。

第二节　餐饮业成本控制

餐饮成本控制是一项复杂的工作，企业应根据具体情况采取相应的控制策略和控制措施。餐饮成本控制主要有前馈控制、过程控制和反馈控制三类。

前馈控制是指通过预测成本，确定成本标准，编制成本预算，作为过程控制的依据和考核评价的标准；过程控制是在生产经营活动过程中，按照标准和预算的要求，在成本形成的当时采取纠正成本偏差的措施；反馈控制是在成本发生之后，记录实际成本，并将它同预算成本或标准成本相比较，分析成本差异的方向、数量和产生原因，并据此调整生产经营活动或修订标准和预算。

成本控制是建立在做好成本管理的基础工作之上的。

一、做好成本管理的基础工作

成本管理的基础工作是成本管理工作能否见成效的重要环节。为什么有些企业成本管理效果不佳，成本总是降不下来，其原因之一就是基础工作薄弱，管理方法陈旧，管理手段落后，不能适应管理工作的要求。做好成本管理的基础工作，应从以下几方面着手：

1. 要建立健全成本管理的原始记录

原始记录是正确计算费用、成本、考核的依据。因此，原始记录必须全面、完整、准确、及时，否则成本管理的考核、分析就会失去意义。原始记录是直接反映餐饮企业生产经营活动的最初记录资料，如各种原料的领用记录、工时耗用记录、考勤记录、费用开支记录等。以上这些原始记录是正确计算费用、成本，考核经济责任的依据。原始记录要符合生产经营的需要，要加强对原始凭证尤其是发货票、支票收据的管理，保证成本核算信息源头的真实、合法。做好原始记录工作，是餐饮企业成本管理的一个重要方面。

2. 建立健全成本管理的物资收发、计量、验收和盘点制度

物资管理混乱、成本不实的重要原因就是缺乏物资管理制度，或物资管理制度不健全。物质管理制度就是对一切物质的收发都要进行计量、验收、办理必要的手续。有消耗定额的，应按消耗定额发料；没有消耗定额的，应按预算和计划的合理需要量发料，防止乱领乱用，造成积压浪费。定期对库存物质进行盘点，防止质变和呆滞积压，从而降低成本中的材料费用。

3. 建立健全钱、财、物的管理制度

根据企业自身的实际情况，建立健全钱、财、物的管理制度，如成本计划、原料采购成本、消耗定额、收发料手续、费用开支标准、计量、计价等制度，从根本上扭转不讲成本、不计盈亏、采购无计划、用料无定额等无章可循的现象。

4. 培养一种勤俭节约的企业文化

管理人员应带头例行勤俭节约，只有每一位员工都自觉节约每一滴水，每一度电，企业才能真正地做到全员成本控制。管理人员要经常对控制情况进行例行检查和突击检查，原料进货质量、厨房边角料的利用、餐饮产品饮料的保质期、灯光空调的开关情况都是重点检查对象。

5. 做好成本控制分析工作

定期对成本控制效果进行总结和分析，找出不足，改良成本控制体系，提高成本控制效果。

6. 采取先进的成本管理方法

当管理方法落后，不能充分发挥管理工作的作用时，应创造条件，积极采用一些先进的科学管理方法，一是实行目标成本管理。企业应根据其具体情况，通过调查研究，制定出先进合理的标准成本作为企业的目标成本。目标成本确定后，再逐级分解，下达到责任单位、责任者，认真落实并加强监督，定期检查目标的执行情况。目标成本管理有利于企业之间成本比较，发现自己管理工作的薄弱环节；也有利于企业开展成本预测、决策、分析和比较。二是逐步形成科学的成本管理体系。

有些企业只注重生产过程中的成本管理，忽视供应过程和销售过程的成本管理，特别是事前成本管理薄弱，因而必须采用成本预测、成本决策、成本计划、成本控制、成本分析和考核的科学、系统的方法体系，使成本预测能及时、准确地为成本决策提供所需要的数据；成本决策为成本计划提供科学的依据，成本核算提供的资料能够更好地为成本预测、成本决策、成本控制服务。

二、构建餐饮成本控制体系

餐饮成本控制体系的构建是一项非常复杂的设计工作，要构建一个科学合理、高效灵活的餐饮成本控制体系，就必须遵循科学的构建程序，一般应按以下步骤进行：

（一）确定标准

餐饮管理人员要先确定各种标准如质量标准、数量标准、成本标准、标准化程序等，用以规定今后一段时间内应获得的营业额和成本费用降低额。可按以下方法制定标准：

1．按同行业的平均数制定

例如，目前市场上中档餐厅的餐饮产品原料成本率为 55%，利润率为 12%，那么本企业的餐饮产品原料成本率和利润率的标准可分别制定为 55% 和 12%。

2．按历史水平结合现有水平制定

例如，某餐厅 2017 年一季度的 1—3 月份实际费用率分别为 28%，27%，29%，那么费用率可定在 28%，但是考虑目前费用控制的措施和营销策略的改进，费用额会减少，销售额可能会扩大，因此，该餐厅的费用率标准应适当降低，可定为 26%。

3．按预算水平作为本期的销售额和成本率指标

新开张企业都要对某个时期的销售额和各项成本费用指标进行预算。如果近期没有制定各项标准的话，可暂用营业预算的标准作业成本控制标准，待以后再作调整。

例如，2017 年的预算中，其中一季度销售额为 90 万元，成本费用率为 88%，则成本费用指标为 79.2 万元。2017 年一季度实际销售额为 100 万元，实际成本费用额 85 万元，则成本费用率为 85%，那么 2018 年第三季度的销售额和成本费用率的标准应相应调整为 100 万元以上和 85% 以下的水平。

4．按实际测试制定企业内部标准

测试一个中等水平的餐厅服务员可为多少顾客服务，以确定餐厅服务员的人数及服务人员的人工成本标准。

[例] 某餐厅的每位服务员可同时为 20 名顾客服务，每餐可接待的顾客人数为 300 名，餐厅服务员人均工资 1500 元，则该餐厅需要服务人数为 300÷20=15

人，每月服务员的工资为 1500×15=22500 元，以此确定该餐厅的服务人员的月工资成本标准为 22500 元。

此外，餐饮企业的管理人员还需确定其他具体标准，用于评估实际工作成果是否符合企业的目标，具体包括：

第一，质量标准，包括原料、产品和工作质量标准。

第二，数量标准，包括重量、数量和分量等计量标准。例如，管理人员必须确定每份菜肴的分量、工时数、产量每份饮料的容量等数量标准。

第三，成本标准。管理人员可通过测试确定标准成本。例如，经测试，某菜肴每份耗用的主料标准 0.25 千克，主料的成本每千克为 30.00 元，耗用配料标准 0.4 千克，配料的成本每千克 5.00 元，调料少许 1.00 元，因此，该菜肴每份标准成本为 10.50 元。

第四，标准程序，即生产经营服务中应采用的工作方法、步骤和技巧。如为制作菜肴、销售服务等环节制定标准程序。

管理人员制定各项标准时，应注意标准能精确地反映企业所期望的实际效果，标准既要定得够高，也应让员工通过努力才能达到，普遍达到原定标准后，管理人员应制定更高的标准，促进员工进一步发挥主动性和创造性，还要让员工了解到管理人员对自己的评价。

（二）了解实际的经营成果

制定各项标准之后，企业必须制定一套能准确了解经营成果的程序，并由专人负责，以确保实际与标准之间形式、方法、依据一致，信息简明，容易收集。

（三）将实际水平与标准对比

收集实际经营成果信息后，管理人员应将实际经营成果和标准相比较，以便采取改进措施，解决存在的问题。

通常实际成本与标准成本之间存在一些差异是允许的。如成本上升幅度不大，管理人员可不采取任何改进措施。

（四）改进措施

通过对实际成本与标准成本的比较，如发现成本上升幅度异常，管理人员应及时分析差异的原因，以便采取必要的措施加以改进。如餐饮产品成本过高，管理人员必须找出原因，修改有关工作程序。多数情况下，引起差异的原因是隐性的，管理人员需深入调查研究和分析，才能查明原因。以成本控制为例，一般程序如下：

一是发现成本差异问题。通过比较实际成本与标准成本、现在成本与历史成本的差距，判断成本发生额的性质。

二是揭示造成成本差异的环节和问题之所在。

三是分析造成成本差异的原因，以便对症下药，对成本加以控制。

（五）评估成本控制的效果

评估反馈是成本控制程序中的最后一个环节，也是常常容易被忽略的环节。采取改进措施后，应尽快进行评估，不能等到有时间和有精力的时候才开始评估这项工作，评估要做到客观和公正。如果所有指标都达到了预定目标，说明成本控制效果良好；如果只有部分指标达到目标，而绝大多数指标没有达到目标，就要分析原因，看是因为成本控制指标定得太高，无法实现，还是有别的什么原因。在将本企业的成本指标与同行业先进企业成本指标进行比较时，通过指标差距就能评估成本控制效果的差异。如指标都很接近，则说明成本控制的水平相当，效果良好；而如果指标差距较大，则说明企业成本控制效果不佳，需要不断努力，加强和改进成本控制工作，以实现对成本的有效控制。

三、餐饮原料采购成本的控制

餐饮成本控制的第一步是控制采购环节。采购环节的控制不仅仅是以最低价格进行采购的问题，而是从总体上以最小的投入获得最大的产出。餐饮企业的采购工作是成本控制的重要环节，餐饮企业管理人员不仅要熟悉采购工作的业务，还应该掌握采购过程中降低采购成本的基本方法，以便在实际工作中，根据采购工作的具体情况，不断总结经验，创造出采购质量标准化、采购成本最低化、工作效率最高化的采购模式。对于一般餐饮企业来说，采购部门比较难以控制，采购环节成为成本控制主要漏洞之一，如不采取措施堵塞漏洞，将会增加采购成本。

控制餐饮原料采购成本，就是要采取切实可行的措施，加强采购环节成本控制，堵塞漏洞，降低采购成本，增加企业利润。

（一）餐饮原料采购成本控制原则

1. 稳定原料质量原则

质量忽高忽低是餐饮经营大忌。要保证餐饮质量，采购工作是第一关。

2. 最佳时间和批量原则

使用部门和库房申购原料是有时间和数量要求的。采购部门必须保证按时按量采购供应，否则难以保证按时使用，造成库存增加和资金压力加大。

3. 合理采购价格原则

购买的价格一定要合乎市价。一般来说，批量购买价格低；而批量小、用货急、付款不及时价格就高。采购部门必须想方设法以最合理的价格采购原料。

4. 提高采购效率原则

既要掌握规律，保证采购工作有条不紊地正常运转，又要能够及时应付临时采购的需要，以确保企业正常生产经营，维护企业利益和形象，提高企业整体效益。

（二）制定科学合理的采购程序

餐饮采购工作程序就是通过设计科学合理的采购步骤，降低采购成本，增加企业效益。采购工作程序不仅包括采购部门内部的操作程序，还应包括采购部门与其他相关部门的沟通程序，既要尽量减少中间环节，又要保持各环节的紧密联系和及时沟通，以节约采购时间，节省采购费用，避免因沟通不畅和不及时而导致采购原材料的损失浪费以及由于原材料供应不及时而影响企业的正常经营，直接降低企业利润和效益。因此，采购工作程序对餐饮成本控制具有不可忽视的作用。采购程序的基本内容包括采购申请、采购审批、订货与采买、收货、采购经费的报销等。

由此，原材料采购的运转程序为：递交请购单→审核请购单→确定供货商→实施采购→处理票据支付货款→信息反馈。

采购申请考虑的最主要因素是申购部门以及申购批量。采购分为大宗采购、即时采购和鲜活原材料采购。

大宗采购的工作程序为：递交请购单→部门经理审批→总经理审批→确定供货商→实施采购。

即时采购的工作程序为：提出采购申请→库房签字→部门经理审批→实施采购。

鲜活原材料采购程序为："头砧"下单→厨师长签字（审核质量和价格）→采购员采购。

（三）制定科学的采购标准

一般的餐饮企业都有一定的采购标准，但其采购标准大多是经验性、随意性强，不利于餐饮企业质量的稳定。因此，餐饮企业应该制定科学的、书面形式的、有固定格式的采购标准。这种标准不仅可以大大减少采购失误，而且即使出现采购失误也能明确失误责任，便于查找原因、完善管理，最终从根本上杜绝采购成本的浪费。

采购标准的基本内容一般包括：

第一，编号、品名、类型；

第二，使用和入库时间要求；

第三，采购地点建议；

第四，质量、数量要求；

第五，最高限价及以往最低价格；

第六，填表人；

第七，使用部门。

制定采购标准是一项比较复杂的工作，如果没有现存的资料和经验，可以借鉴优秀企业的采购标准，或者参考有关政府或流通部门所颁布的质量标准，也可借用供应商的原料标准，编写一整套符合企业具体要求的采购标准。对于中小企业来说，可以采取将采购标准与采购单合二为一的形式制定采购标准。

上述除最高限价和以往最低价格由财务部和采购部分别填写外，其他各项由申购人填写。如不能填写采购地点，可由采购部填写。

（四）采购环节的控制

采购环节控制的主要目的，是以最合理的价格购入最符合餐饮部门需要的餐饮原料。因此，餐饮成本采购环节的控制工作必须围绕这个目的来进行。

1. 采购申请单

为了有效地加强采购控制，餐饮企业必须实行集中采购制度。即厨房日常经营所需的鲜活原料，应由厨师长本人或指定专人填写"采购申请单"，提出采购申请；而厨师所需的所有仓储原料，则应由原料仓库保管员根据库存情况，并听取餐厅厨师长的建议后，填写"采购申请单"，提出采购申请。"采购申请单"一式三联。其中，送交采购部门两联，申购部门留存一联，以备复查。

2. 采购订单

采购部门接到采购申请单后，应立即着手订购。对鲜活原料，通常需由专人将各厨房的"采购申请单"汇总，得到批准后，直接采购；对于库存原料，则要填写"采购订单"，将采购申请单一联附后，经逐层审批后，再实施采购。"采购订单"一式四联。其中，一联交供货商订货、一联交申购部门作为申购回复、一联交财务部验收员以交叉核对、一联采购部门自留。

3. 质量控制

通常，厨师总希望原材料的质量高，但质量高的原材料往往会增加成本。因此，原材料质量并非越高越好。所以，质量控制的目标应是使采购的原材料的质量在符合餐厅厨房生产的预期要求、保证餐饮产品质量的前提下，合理选购。原材料的用途越符合生产使用的要求，原材料采购环节的质量控制就做得越好，预期的目标利润就越有可能实现。为了使采购的食品原材料质量能达到使用要求，保证最经济地使用各种原材料，必须对所需原材料制定明确的规格标准，制定"原材料采购规格书"并加以说明，作为申购、订购、供货和验收的依据，以预先确定原材料的质量要求，统一规格，保证质量，便于供货商供货和申购部门验收，减少差错和浪费。

4. 数量控制

餐饮原材料的数量关系到采购成本的高低、资金周转的速度和储存费用的多少，为了降低餐饮产品的成本，必须加强餐饮原材料的数量控制。

确定应采购数量的程序如下：

第一，确定正常使用量。鲜活原材料具有易腐的特性，不宜库存，因而厨房应根据需要每日或隔日申购。如果企业每两天采购一次鲜活和易变质的餐饮原料，厨师长应根据标准菜单原材料标准用量和预计销售份数，确定每两天鲜活原料的使用量。根据下列公式，可计算出每种原材料的申购数量。

某种原材料的申购数量=某菜肴的预计销售份数×该菜肴的标准菜单中的原材

料标准用量-厨房该原料的库存数量

第二，确定现有数量。对于易变质的餐饮原料应每天进行实地盘存，对一般餐饮原料则只需通过实地观察估算存货量。

第三，计算正常使用量与库存数量之差，确定应采购数量。

第四，根据特殊宴会、节日或其他特殊情况调整正常使用量。

通常，餐饮企业每天或隔天都需要采购一些鲜活和容易变质的原料，包括海鲜、肉类、蔬菜等。每次采购数量可根据下列公式确定：

$$应采购数量=需使用数量-现有数量+期末需存量$$

[例1] 某餐饮企业现有库存牛肉罐头 100 听，平均日使用量为 15 听，规定的采购周期为 20 天，平均订货期 4 天，安全系数为 50%。

根据上述资料可知：该种罐头在采购周期 20 天内的使用量为 15×20=300 听，订货期 4 天内的使用量 15×4=60 听，安全存量 60×50%=30 听。由此，可以确定该企业牛肉罐头的最低库存量订货期内 60 听+安全存量 30 听=90 听，最高库存量采购周期内 300 听+订货期内 60 听=360 听。

该企业现有库存 100 听，已接近最低库存量，为满足供应，应提出申购，最佳订购量为 300-100+90=290 听。

餐饮企业采购数量的确定应精确，而且采购数量确定的依据要准确。餐饮企业管理人员应将批量确定工作用制度的形式固定下来，让仓库工作人员和厨房负责人定期依据企业生产情况和制度要求，确定每批采购量和两次采购之间的时间。每批采购量存在一个经济订货量确定的问题。

经济订货量是指每次采购原料的最佳数量，即储存费用、订货费用和验收费用最低的订货批量。储存费用包括货币费用（利息费用）和与仓储相关的费用，如存货保险费、人工费用等；订货费用包括电话费、差旅费、采购人员的工资、运杂费等；验收费用包括验收人员的工资、验收工具费用、验收场地费等。企业要降低这些成本费用，可使用经济订货量公式确定最适宜的订货量。

确定最佳采购批量需要考虑以下因素：

第一，菜肴销售数量。供应的菜肴数量增加，所需的餐饮原料数量也自然应增加。

第二，菜肴成本。菜肴成本是重点考虑的因素。如，某些菜肴的成本上升会引起售价提高，造成销售量下降。在这种情况下，管理人员应研究是否需要继续采购这些原料。如果管理人员预料某种餐饮原料将调高价格，就可能会增加购买量；反之，如果管理人员预期某种餐饮原料的价格将下跌，就可能会减少订购量。

第三，仓储容量。企业的存储场地可能会限制采购数量。

第四，安全存储量。保持安全存储量可能要求购入比实际需要量更多的餐饮原料，以防止发货中断、存货突降等问题的发生。

第五，现有存储量。如果目前存储的数量增加，采购数量可减少。

第六，供货单位的最低送货量。供应单位可能会规定送货的最低金额或最小重量。

第七，餐饮原料包装方式。有些供应单位不肯拆箱零售原料。因此，餐饮原料的包装单位也会影响采购数量。

经济订货量计算公式：

经济订货量=每次订货和验收的固定费用÷（单位购价×储存成本率）

储存成本率即储存成本占存货价值的百分比。

[例 2] 某饭店欲购买海鱼一批，其中每次订货费用和验收费用为 220.00 元，储存成本率为 10%，购买单价为 40.00 元/千克，该饭店经济订货量是多少？

解：

$$经济订货量=220.00÷（40.00×10\%）=55.00（千克）$$

答：该饭店经济订货量为 55.00 千克。

5. **价格控制**

在加强采购质量、数量控制的同时，采购环节控制中最关键也是最困难的就是实施价格的控制。采购部门应以最合理的价格，购入最符合经营需要的原材料。原材料的价格最易受市场供应、供货渠道、供货商竞争、供货季节和采购数量等因素的影响，波动较大，控制难度较大。

控制采购价格的主要手段有两个：一个是掌握市场价格行情；另一个是采购方式的选择。

餐饮企业经营者必须进行深入而全面的市场调查，掌握市场价格行情，以便于对原材料采购价格实行控制。掌握市场价格行情的途径一般有两个：其一是由餐饮经理、厨师长、采购部门负责人、验收员和财务成本控制员组成采购价格监督组，至少每半个月亲赴市场，了解行情一次；其二是定期向供货商索取原材料的报价。为使报价更有针对性、更实用，采购部门应主动设计报价单，将各餐厅所需的常用原材料详细标明规格与质量要求，由供货商直接填上近期或长期供货的价格。在充分了解原材料供应价格行情后，餐饮企业经营者就要依据货比多家、公平竞争的原则，按既定的采购方式选择供货渠道，确定供货商。

目前主要有以下几种成功的做法：

第一，源头采购。

为了减少中间环节，以最有利的价格采购餐饮原材料，很多餐饮企业坚持与大企业、大公司或大型超市发展业务联系，加大自采力度，掌握采购的主动权。

第二，公开招标，择优采购。

餐饮企业在供货商及公众的监督下，以规定的方式和程序，在保证质量的前提下，依据价格优势，对所需的餐饮原材料进行采购。由招标方式确定供货渠道和供货商，使采购的过程和结果始终公开透明，通过公开、公正、公平的竞争，净化采购环节，杜绝采购上的黑暗交易的现象发生。

第三，联合采购。

越来越多的连锁餐饮企业或几个餐饮企业，采用联手采购的方式采购餐饮原材料，以量压价，有效地加强对采购价格的控制。

第四，实行供货商保证金制度。

为了防止供货商在原材料过程中发生有价无货、以次充好和掺杂使假等情况的发生，有些餐饮企业在与供货商签订供货协议时，要求供货商交纳一定金额的保证金，用来制约其供货行为，一旦发生以上情况，以供货商交纳的保证金来补偿餐饮企业的损失。

6. 验收控制

验收工作对确保餐饮企业的产品质量具有极为重要的作用。验收工作人员不仅要有强烈的责任心，而且必须熟悉、掌握各种原料的验收标准、程序和制度。为了确保验收控制效果，保证产品质量，应对验收人员进行培训。培训的内容包括采购标准、采购批量确定的方法、验收程序及企业有关规章制度等。通过培训，全面提高验收工作人员的素质，为堵塞漏洞、保证原料质量、降低企业成本、提高企业效益打好基础。

规定验收程序不仅可避免因人而异的随意性，还可保证验收工作有条不紊、验收项目全面细致，提高工作效率。

验收程序通常是：

第一，检查订货单。

根据"订货单"验收购入的原材料，"订货单"中未订购的原材料不予受理。

第二，核对价格，验收质量和数量。

根据供货发票检查原材料的价格，根据"订货单"和"采购规格书"验收质量和数量。为了提高工作效率，避免造成人力和财力的浪费，应按先核对价格，再验质量，最后验数量的顺序来进行原材料的验收。对验收不合格的原材料，应及时办理退货手续或补购进手续。

第三，受理原材料。

在前两个程序完成后，验收员应在供货发票上签字，确认收到货物，并接受原材料，同时填写"验收单"。检验认可后的原材料，发生任何问题应由本餐饮企业负责。

第四，送库储存。

验收后的原材料应及时入库。及时通知厨房领取鲜活原材料，库存原材料及时由专人送库储存。原材料入库应有专人搬运，不得随便让外单位送货人员进入仓库。

验收环节除了对购进原材料的价格、质量、数量等进行控制外，还应做好防盗工作，以保证购入的原材料全部安全入库。

第五，填写日报表。

鲜活原材料送抵厨房、库存原材料入库后，验收人员应填写"验收日报表"，汇总当日收进的原材料，作为进货的控制依据。财务成本核算员可凭此进行鲜活原材料成本的核算，财务人员也可据此保证不重复付款。"验收日报表"应分别由厨师长和仓库保管员核签，确认收货。

第六，验收时应注意事项。

① 到货数量和订购单上的数量是否一致。验收员应根据订购单核对发货票上的数量、价格和实物计量单位。如有不一致之处，验收员应根据管理人员的要求做好记录。无论出现何种问题，验收员都应报告经理，请经理解决。

② 核对发货票的价格与订购单上的价格是否一致。

③ 检查到货质量是否和采购标准规定质量要求相符。

④ 定期做好检查验收工作。由优秀的餐饮产品采购员检查验收部和验收员的工作；由厨师长经常检查餐饮原料的质量，了解餐饮产品成本。企业财务主管每天应抽空到验收处检查工作，企业管理者应该每天或不定期检查验收部的工作。

⑤ 做好验收环节防盗工作。

四、餐饮原料存储成本的控制

餐饮企业成本控制的主要对象就是原料。原料在存储过程中时刻都存在着损耗的可能。餐饮企业的原料存储管理就是避免一切可能造成的浪费，也就是积极预防而不是被动处理已经发生的浪费现象。这就要在进货数量上把好第一关，规范库房业务程序，避免工作流程不畅造成原料损失。

（一）发料的控制

发料环节控制的任务是在保证各餐厅厨房得到及时、充分的原料供应的前提下，控制领料手续和领料数量，避免原材料的流失，并正确计算餐饮产品的成本。

1. 实行"领料单"制度

发料人员应坚持原则，做到没有"领料单"不发放，不经审批的不发放，有涂改或不清楚的不发放，手续不齐全的不发放，变质过期的原材料不发放。

原材料发放的控制还应得到厨师长的配合。厨师长既要把住"领料单"的审核关，又要把好复核关。审核关的控制内容，主要是签字笔迹一致，不随意变换字体；将原材料最后一项下面的空白栏划去；加强数量控制，只领当日经营所需的原料，以免浪费或流失。复核关的控制是指原材料从仓库或验收领回后，管理者要善于观察，并进行数量、质量的抽查，发现问题，立即追究责任，坚决堵塞领料过程中的漏洞。

2．原材料发放实行"先进先出法"

餐饮原材料发放实行"先进先出法"。所谓"先进先出法"，即先购入的原料先发出，后购入的原料后发出。其目的是保证餐厅厨房使用的原材料的质量，避免原材料变质、过期造成损失。

（二）存储量的确定

餐饮企业库房管理关键是量的控制，即每个品种的量的控制。包括消耗定额、储备定额和订货时间。

1．原料消耗定额

原料的消耗定额是指在一定的设备技术条件下，为加工所需菜肴而消耗的原料数量标准。制定合理的原料消耗定额，对改善餐饮企业的经营，降低消耗，增加利润非常重要。制定原料消耗定额的方法有经验估计法、统计分析法和技术分析法三种。

经验估计法是以有关人员的经验和历史资料为依据，通过分析估计来确定原料消耗定额的方法。因为餐饮原料品种多，数量变化大，季节性强，进货质量和净料率各不相同，很难用统一的方式来测定。核定消耗定额的方法一般以历史经验为基础，在分析餐厅的接待能力、淡旺季的差别后大致确定的。

统计分析法是根据实际原料消耗的历史资料，通过计算和分析，确定原料消耗定额的方法。对每个菜肴的用料要进行实地测算，计算出成率、标准用量，并根据销售量计算原料消耗量。例如，炸鸡翅，每千克生鸡翅可生产出成品 0.65 千克，每份炸鸡翅的重量是 0.65 千克，如果当日售 30 份，则需生鸡翅 30 千克。

技术分析法是根据实地观察、测定资料或者通过技术计算确定原料消耗定额的方法。此方法虽比较精确，但工作量较大。

2．原料储备定额

原料储备定额是指在一定业务技术条件下，为完成一定的生产任务，保证经营活动连续性所必需的最经济合理的原料储备数量标准。定额做到既不影响企业的经营业务，又不形成积压，而采购、储存费用又最低，需要运用技术分析方法计算和确定。

餐饮原料的储备通常由经常储备、保险储备和季节储备三部分组成。

经常储备是指前后两批原料入库的间隔期内，为满足餐饮经营所需的原料储备。

经常储备定额=前后进货间隔天数×平均每天需要量

保险储备是为防止交货误期、运输受阻等原因造成的产供脱节而设立的一种后备性质的原料储备。保险储备定额的计算公式是：

保险储备定额=平均每天需要量×保险天数

某项原料的储备定额=经常储备定额+保险储备定额

为了克服原料受季节性或政策性生产的影响，还需要建立有季节储备。

季节储备定额=平均每天需要量×中断天数

[例1] 某饭店计划一季度需要 360.00 千克的香菇，每 3 个月进货一次，但由于购货地点较远，有运输受阻的可能，需要有 15 天的保险天数，该原料经常储备、保险储备各为多少？总储备定额为多少？

解：

进货间隔天数=30×3=90（天）

平均每天的需要量=360.00÷90=4（千克）

经常储备定额=90×4=360.00（千克）

保险储备定额=4×15=60.00（千克）

香菇的储备定额=经常储备+保险储备

=360.00+60.00

=420.00（千克）

答：香菇的经常储备定额为 360.00 千克，保险储备定额 60.00 千克，总储备定额 420.00 千克。

[例2] 某酒店平均每天需要对虾 20 千克，需要在产虾季节储备，中断供应天数 210 天，季节储备应为多少？

解：

季节储备=平均每天需要量×中断天数

=20×210=4200（千克）

答：对虾季节储备为 4200 千克。

以上三种储备定额的确定，主要是考虑企业外部供应条件和满足供应而确定的，没有考虑到企业储备多少用量是最经济的。因为企业储备的原料越多，原料订货的次数就越少，订货费用就越小，存储费用反而越多；反之，企业储备的原料越少，存储费用会越少，但原料订货的次数就越多，订货费用就随之增加。因此，应通过合理确定订货批量，使企业的存储费用处于最低状态。

最优经济批量的计算公式如下：

$$EOQ = \sqrt{\frac{2FS}{C}}$$

其中：F—每次订货的费用；S—原料日需求率；C—单位储存成本。

[例3] 某饭店月消耗香菇 90 千克，每次订货费用为 300 元，每千克每天的存储费用为 0.02 元，求香菇存储总费用最低的经济批量。

解：

$$EOQ = \sqrt{\frac{2FS}{C}}$$

$$= \sqrt{\frac{2 \times 300 \times \dfrac{90}{30}}{0.02}}$$

$$= 300（千克）$$

答：香菇存储总费用最低的经济批量为 300 千克。

3. 订货时间的确定

五、餐饮产品生产成本的控制

餐饮企业是劳动密集型企业，生产加工过程需要投入大量的人力，餐饮企业员工有很多机会接触餐饮原料。因此，生产加工过程每个环节和每个人都可能成为成本漏洞，很容易造成浪费，且控制起来难度也很大，是餐饮企业原料成本控制的核心。生产加工过程成本控制内容主要有环境因素成本控制、组织分工成本控制、标准化成本控制、能源成本控制等。

（一）环境因素成本控制

餐厅环境设计不当会导致劳动效率低、劳动力成本加大和设施设备损坏率高。

如，行走路线的设计要尽量避免交叉，避免人员和物品碰撞造成的工作效率降低和用具损坏。下水管道设计应考虑废水的再利用，可将洗碗间的下水管道设在厨房下水道的上游，让有洗涤剂的温水冲刷有油污的厨房下水道，可避免管道堵塞，又无须增加任何成本。多楼层的餐厅可设一个中心厨房，向各楼层的分厨房供应原料，既可以减少使用电梯的成本，又可提高上菜速度。

（二）组织分工成本控制

组织分工成本尚有很大潜力可挖，应以组织合理分工和降低劳动力成本为改进方向，做到按照烹调方法分出各种灶台，以保证菜肴质量和批量化生产，从而克服因烹调方法不同在不同灶台交替使用而导致烹饪时间、耗油量和能源的增加。加强对厨房人员在不同岗位能力的培养，以便在客人减少时用"多面手"值班，不需各个岗位都留人等待，以避免由于分工过细而造成劳动力成本的浪费。

（三）标准化成本控制

标准化成本控制可从以下几方面开展：

1. 制定成本标准

成本标准是指采用科学的方法，经过调查、分析和测算，制定在正常生产经营条件下应该达到的成本水平。

2．制定标准菜谱

为保证菜谱上各菜品的质量达到一定的标准，并具有一定的稳定性，反映本餐厅的餐饮风格，有必要对菜谱制定标准。这样不仅可以有效地进行厨房成本核算控制，还能对厨房生产进行标准化控制。标准菜谱就是指厨房对每一个菜品所规定的各项质量标准的文件。它是质量和成本的控制工具，包括菜肴名称、菜肴的标准烹制份数、菜肴的标准份额、标准的原料组成及用量、标准的制作程序及每份菜肴的标准成本等内容。

第一，菜肴名称。菜肴名称是菜肴质量的基础。一个高水平的菜肴，它的名称必须符合它使用的食品原料品种和规格，符合该菜肴的制作方法，符合该菜肴的特点，能说明其寓意。

第二，菜肴的标准份额。菜肴的标准份额是指每盘菜肴在价格固定的前提下规定的各种原料的数量或重量。每份菜肴成品每次销售给顾客的数量或重量必须是一致的。这样，不仅使顾客产生信任和公平感，还有利于控制菜肴的成本。

第三，菜肴的标准烹制份数。在菜肴的生产过程中，有的菜品只适合一份一份地单独烹制，有的菜品可以数份甚至数十份进行烹制。为了保证菜肴质量，保证标准份额，保证每份菜肴的标准成本，必须对菜肴的标准烹制份数有明确地规定。

第四，标准的原料组成及用量。标准的原料组成及用量是指规定生产某菜肴所需的各种主料、配料和调味品等及标准数量。标准原料组成及用量是菜肴成品质量的基础。

第五，标准的制作程序。菜肴的标准制作程序是保证菜肴色、香、味、形的重要措施。它规定了菜肴的原料加工切配方法、烹调的程序方法、烹调的温度和时间、菜肴生产使用的工具和设备，以及菜肴盛装的餐具和菜品拼摆方法。

第六，每份菜肴的标准成本。每份菜肴的标准成本是控制成本的工具，是菜品定价的基础。其计算公式为：

每份菜肴的标准成本=$\sum$（各种配料成本单价×各配料数量）÷烹制份数

每份菜肴的标准成本率为标准成本额占菜肴售价的比例。

即：每份菜肴的标准成本率-标准成本额÷售价

标准菜谱是餐饮产品生产成本控制的重要手段。它列明某一菜肴在生产过程中所需的原料、配料和调料的名称、数量、操作方法、每份分量和装盘工具、装饰的搭配、剩余原料的使用方法及其他必要信息。制定标准菜谱对于运用电脑等现代化手段进行成本控制，避免和减少客人因菜肴的变化而产生反感甚至投诉，避免和减少生产过剩的问题会起到减少监控费用、降低管理费用和培训费用及销售损失的作用，便于标准化控制和进行针对性服务。

生鱼片的标准菜谱能将原料与制作过程对应，在制作过程栏只需说明制作方法，而不必再将原料列出，既可节约表格空间，又便于工作人员一目了然，提高工作效率。

3．制定单位产品标准量

单位产品标准量是指标准菜谱生产批量除以份数。如上例批量为 1000 克，共制作 5 份，则每份菜肴的用量为 200 克。如何控制每份菜肴的用量呢？可在标准菜谱中予以说明，厨房人员按照分量控制标准可做到每份菜肴投料相同，确保每份菜肴的成本相同，顾客品尝到的菜肴相同。厨房人员每次配菜和装盘时，必须了解每份菜肴的分量，必须使用量具、量勺、量标、量杯等分量控制工具。

4．制定单位产品标准成本

单位产品标准成本是指生产单位菜肴所耗费的原料成本。制定标准菜谱和单位产品标准量之后，管理人员应计算单位产品的标准成本，并运用单位产品的标准成本对餐饮产品原料成本进行控制。

管理人员制定单位产品标准成本可运用以下三种方法来确定：

第一，公式计算法。其计算公式为：

$$单位产品标准成本＝单位购价÷单位原料可生产的份数$$

公式计算法主要适用于由供应单位加工切配好的外购餐饮产品原料，这类原料包装上往往注明主料、配料和调料的份数，只需用单位购价除以份数，即可求出单位产品的标准成本。

第二，投料成本卡。投料成本卡与标准菜谱均描述有菜肴名称、产量、原料名称和数量，但前者介绍有单价和金额，后者则描述生产过程。

管理人员计算各种原料的成本之和后，即可确定某一标准菜谱的总成本，再用总成本除以份数，可求出每份标准成本。如原料市价稳定，采购各种原料没有浪费，计算出来的每份标准成本就是每份标准分量菜肴的生产成本；如果原料市价发生变化，管理人员应随时重新计算每份标准成本。管理人员应根据市场情况，并考虑到员工的时间和精力，决定应多久计算一次。

（四）预测生产销量，制订生产计划

预测生产加工销售数量是有效控制餐饮产品生产加工成本，避免产品生产加工浪费或不足而导致成本损失的基础性工作，通常用预测销量结果来确定生产计划。

1．生产销量的预测

饭店管理人员应使用各种可以获得的、适用的资料，对今后各种菜肴销售量做出预测。如果管理人员能精确地预测销售量，就能制定正确的生产计划：采购适应数量的原料，并根据预计的销售量生产各种菜肴，从而减少浪费、产品变质、生产过剩等问题的发生。由于饭店的大部分原料具有极易变质的特点，而且饭店是在顾客点菜后再生产菜肴的，所以，正确的销售预测是饭店餐饮产品成本控制工作的一个极为重要的环节。

饭店销售预测的第一步，通常是预测某一天或某一餐的顾客人数。管理人员应

查阅销售历史资料，了解最近一段时间内与预测日类似的若干天的总销售量。如果以往若干天的销售量存在明显的差异，管理人员必须尽力查出引起差异的原因。通常，管理人员可以根据销售历史资料上记录的天气情况和其他环境因素查明原因。分析环境因素对以往销售量的影响之后，管理人员应通过了解当地即将发生的重大事件、天气预报，或向其他有关信息来源了解情况，判断在将来某一天发生类似情况的可能性，就可以对将来某一天的总销售量作出估计。例如，在天气晴朗的星期一，晚餐总销售量在175～200份，那么，如果根据天气预报，下星期一也是天晴，即可作出晚餐总销售量为200份的估计。如果菜单没有变化的话，管理人员可估计菜单上各种菜肴的销售量。如果菜单发生变动，就比较难以预测。但如果饭店保存销售历史资料，仍可根据某些菜肴在与其他菜肴一起销售时的适销指数进行预测。假定某菜肴的销售量在星期一晚餐总销售量中占20%，管理人员就可假定下星期一晚上该菜肴的销售量也将是200份总销售量的20%，即40份。其他各种菜肴可使用同样的方法进行估计。

预测销售量应有一定的灵活性，根据情况的变化而随时进行修改。管理人员应将销售预测数通知有关人员（如餐厅经理），便于安排员工的工作时间，做好人工成本控制；厨师长能更好地估计需要厨师人员数量，了解应领取原料数量；采购员能更好地决定应采购多少数量的原料。

2. 以销定产，制订生产计划

饭店管理人员在生产经营过程中，必须贯彻"以销定产"的原则，经常编制生产计划，在生产计划表上列明各种菜肴名称与上述预计的销售量及预计调整数量，从而规定厨师需生产的数量。因此，生产计划表是管理人员控制生产、防止浪费的一种手段。一般的做法是，管理人员应在预测日前一天修改"预测数"，厨师长在预测日早上修改"调整数"。

（五）按标准制作，物尽其用，减少损耗

1. 加工阶段

餐饮产品的加工过程包括原料的初加工和细加工。在加工过程中，还应对原料的出成率进行严格控制。原料的出成率即净料率，它是影响成本的关键。由于各种餐饮产品原料的质量、鲜活度和加工处理方法不同，其出成率也不一样。管理者要制定各种原材料的出成率标准，把它作为厨师工作职责的一部分，加强监督检查，尤其是把贵重原材料加工作为检查和控制的重点，要求做到分档取料，注意节约，精心加工和细心操作，物尽其用。这样才能保证加工质量，降低损耗，提高经济效益。

2. 配份阶段

配份也称配菜、配料，是使菜肴具有一定质量、形态和营养成分而进行的各种原料搭配过程。配份是厨房生产菜肴的主要工序，影响菜肴的内在质量、感观质量、份额量和成本。因此，把好配份关，首先要配备有经验的厨师。配份厨师要了解任务情况，十分熟悉各种餐饮产品原材料的性能、分量、用料比例和配制方法，熟悉掌握刀工处理的技巧，懂得成本核算，才能保证配份质量。其次，把好配菜原料的质量关，尤其要注意餐饮产品原料经过加工、存放是否发生质量变化。第三，管理人员要经常核实配份中是否执行标准配料，是否使用了称量、计数和计量等控制工具。即使再熟练的配菜厨师，不进行称量也很难做到精确。常用的方法是在配两三份菜后称量一次，如果配制分量合格可接着配，若配量不准，以后的配制要继续称量。最后，要做到凭单配发，顺序配菜，要保证配制的每份菜都有凭据，避免重复、遗漏、错配的现象发生。

3. 烹调阶段

烹调过程虽然时间短，但对技术要求十分严格，它没有固定的操作方法，菜肴品种不同，烹制方法不同，所用配料及火候掌握不同，这个过程完全取决于厨师的专业技术水平。因此，控制烹调质量，首先要选经验丰富的厨师担任烹调工作，他们技术水平高，熟悉不同菜肴的烹制方法，可确保产品质量。其次，督导炉灶厨师认真贯彻执行标准菜谱中规定的制作程序，避免烹调的随意性，任何只图方便违反规定的做法和影响菜肴质量的做法一经发现应立即加以制止。当然，对于未列入标准菜谱的新产品或特殊风味的菜肴，厨师就应充分发挥个人的独特烹调技艺。最后，要严格控制每次烹调的出品量，这是保证菜肴质量的基本条件。

餐饮产品生产质量的控制也是成本控制的内容，是餐饮管理中十分重要的问题。为了保证控制菜点质量、标准的有效性，除了制定标准，重视流程控制和现场管理外，还必须采取有效的控制方法。餐饮产品生产加工成本控制方法很多，涉及面也很广，下面主要介绍几种方法：

第一，全员控制法。全员控制法是一种全体全工积极参与来实现企业成本控制目标的方法。在采用这种方法进行成本控制时，要求广大干部职工要有较强的成本管理控制意识，充分认识到成本控制在实现企业销售利润上、提高职工的工资福利待遇上及企业今后的发展上都具有非常重要的现实意义。

第二，厨房制作过程的控制。从加工、配菜到烹调的三个程序中，每个流程的生产者都要对前一个流程的产品质量实行严格地检查，不合标准的要及时提出，帮助前道工序及时纠正，如，配菜厨师对一道菜配制不合理，烹调厨师有责任提出更换，管理者要经常检查每道工序的质量，使整个产品在每个流程都受到监控。

第三，责任控制。通过目标分解可以把任务落实到生产过程中的每一个环节。成本控制指标更应如此。例如，毛利率指标就可以通过厨房，将其分解落实到具体的每一个环节。各个环节之间和各环节内部交班的沟通都有书面的记录。这样才能将责任落实到每一个具体的环节和个人。按厨房的工作分工，每个部门都担任着一个方面的工作。首先，每位员工必须对自己的工作质量负责。其次，各部门负责人必须对本部门的工作质量实行检查控制，并对本部门的工作问题承担责任。厨师长要把好出菜质量关，并对菜肴的质量和整个厨房工作负责。为了加强餐饮产品生产加工产品控制，建立健全一套成本控制奖惩制度是十分必要的。成本控制奖惩制度主要对成本控制不利的管理人员和员工，按其责任大小，相应地给予一定的处罚；对能主动找出餐饮生产成本控制漏洞，提出新的成本控制措施和意见的部门和个人给予相应奖励。只有这样，才能增强员工节约成本的积极性，最终使餐饮生产成本得到有效的控制。

第四，重点控制。把那些经常和容易出现问题的环节或部门作为控制的重点。这些重点是不固定的。如，配菜部门出现问题侧重点控制配菜间；灶间出现问题，则重点控制灶间。这种控制法并不是头痛医头、脚痛医脚，而是随着控制重点的转移，逐步确保工作质量，不断提高工作水平。

第五，定期盘点与核对。为了解决餐饮成本控制中有标准菜谱和销售额的统计数据，却没有每种菜肴的销售量和厨房剩余量的统计数据的问题，必须加强生产统计工作，以便为成本控制提供详细的基础资料。在实际工作中，常常利用盘点进行实地统计，即专门配备一名核算成本员，定期进行盘点统计，及时确定厨房原料剩余量等相关数量，最终为成本控制奠定基础。盘点是为了提供实物数据，将出库量减去厨房盘点剩余量就是实际用量。将实际用量与标准用量进行比较，就能知道餐饮产品生产加工成本控制的效果如何。标准用量要根据标准菜谱来计算，即将每道菜肴的用料品种与数量除以该菜肴的销售量，就是该菜肴的标准用量。标准用量与实际用量的差额就是餐饮产品生产加工成本控制的对象。

（六）能源成本的控制

能源包括、水、煤气、煤、汽油等。一般而言，餐饮企业能源占营业额的 6%～10%，其中燃料费用呈不断上升趋势。重视能源控制与否，决定成本控制目标能否实现。节能方法主要有三种。

1. 尽量选用节能设备和成本低的能源设备

如选购冰箱要考虑是否节能；用微波炉烹制含水量大的菜肴；使用煤浆代替煤炭，可节约煤的成本 1/3 以上；可选用节能照明系统和感应照明设备，使照明做到人走自熄；在水电费价格上涨之前，动力部门要采取相应地管理措施，对餐饮厨房燃料进行改造。随着我国节能技术的不断涌现，将会有更多的节能方式可供选择。

2. 充分利用剩余热量

如烤箱的余温可用于保温食品；蒸汽可以回收，节约热能。目前市场已有回收蒸汽的锅炉。

3. 落实责任

能源节约责任应落实到使用者身上，如区域照明的节能落实到区域负责人身上。发现浪费能源，查明负责人，对之进行教育，并采取有力的处罚措施。

六、餐饮营销成本控制

（一）运用菜单进行"营销成本控制

不同菜肴的利润率通常是不同的。高价菜肴的利润率一般高于低价菜肴。要增加利润，管理人员应设法增加利润率高的菜肴的销售量。因此，管理人员必须要求服务员积极推销菜肴，而不是消极地接受顾客点菜。科学的菜单设计既有利于餐饮销售量的增加，扩大餐饮利润的来源，又有利于降低餐饮成本，增加餐饮销售利润。

菜单是餐饮企业最重要的促销手段之一。菜单是餐厅提供产品的目录，包括餐饮产品和饮料的品名和价格，可简单说明功能和特色及规格，便于企业管理的顾客了解产品信息。由于各种菜肴的成本、利润率、成本率不同，因此，管理人员可通过便只能是企业获得最高销售量、特别是能使盈利能力最高的菜肴获得最高销售量的菜单，控制餐饮产品成本率和毛利。

1. 菜单形式的选择

菜单的纸张、颜色和印刷字体等都应根据餐饮企业的特点和类型来确定，如马路上的小饭店不宜使用上等纸张精心制作印刷的菜单，豪华餐馆也不会用最便宜的纸张印刷字体不清的菜单。不同类型的餐馆都应根据本饭店的类别采用适当的菜单设计方法。在设计制作菜单之前，管理人员应请专家进行指导；根据管理部门对毛利、菜单等要求，结合行情制定菜品的标准分量、价格；会同财务部门成本控制

人员一起控制餐饮产品和饮料的成本；审核每天进货价格，提出在不影响餐饮产品质量的前提下，降低餐饮产品成本的意见。

2. 试制菜单烹制样品

根据菜单设计目标制作出一个菜单，让有关人员进行讨论研究，以确定修改方案，再进行批量制作。这样可以避免批量制作后，因菜单不符合要求而造成的损失。有的餐饮企业常常以为聘请有经验的厨师，就不必试制样品了。其实，试制样品虽增加了一些费用，但在其他方面节约了大量成本。如让服务人员观看并品尝样品，有利于服务人员推销和避免上错菜；让管理人员或聘请客人品尝决定此菜的取舍，这样即可避免不经试制而购进大批原料后，产品不受欢迎或服务人员不会推销而造成成本的浪费。

3. 运用菜单科学定价

科学的定价有利于菜肴的推销，增加企业营业收入，降低企业的产品原料成本率，从而增加企业效益。可以综合考虑影响菜肴价格的各种因素来制定菜肴价格。在计算单位产品原料成本时，将主料、配料、调料成本相加即为单位产品原料的成本；参照确定的毛利率，得到一个基本价格；再参照同行业价格，确定参照价格；最后考虑本店特色、环境和服务等因素，确定竞争价格；以及根据顾客心理需求确

定合理价格。

4．收集信息，改进菜单

制作菜单后，并不意味着菜单设计一劳永逸。在菜单使用过程中还应注意信息反馈。服务人员在为顾客点菜时，应注意观察顾客点菜时的喜好；在顾客用餐时和用餐结束后，注意观察顾客对哪种菜肴感兴趣，对哪种菜肴不感兴趣。由各领班定期将收集的信息交餐厅经理。对顾客剩余量较大的菜肴，进行重点分析，判断是点菜过剩还是菜肴不符合顾客的口味，抑或者是制作有问题。上述信息为改进菜单提供依据。

菜单使用一段时间后，管理者应根据上述信息的反馈，对菜肴品种、菜肴的编排以及价格进行调整，可以1个月或1个季度进行一次。具体程序如下：

第一，计算平均销售量和参考销量。

$$平均销售量=销售菜肴份数÷菜肴品种数$$

$$参考销量=平均销售量×0.7（系数）$$

第二，计算菜肴平均毛利额。

$$菜肴平均毛利额=毛利总额÷销售菜肴份数$$

第三，计算每道菜毛利额和销量。

第四，调整。如果某个菜肴的毛利额低于平均毛利额，同时销量也低于参考销量，则在菜单上此菜肴应取消；如果某菜肴的毛利额高于平均毛利额，同时销量也高于参考销量，此菜肴需在菜单上放在更醒目的位置上；如果某个菜肴的毛利额低于平均毛利额，销量高于参考销量，则此菜肴价格需提高，从而获得较高的利润。

[例]　某饭店2018年3月共销售菜肴16 000份，菜肴品种80个，月毛利额320 000.00元。那么：

$$平均销售量=16 000 4÷80=200（个）$$

$$参考销量=200×0.7=140（个）$$

$$菜肴平均毛利额=320 000.00 4÷16 000=20（元）$$

菜肴、毛利额、销量分析见表7-2。

表7-2　菜肴毛利额与销量及分析表

单位：元、份

菜肴名称	毛利额	销量
A	25.00	120
B	23.00	90
C	18.00	260
D	12.00	12

表中菜肴 D 的毛利额低于平均毛利额，销量仅为 12 份，低于平均销量，此菜肴在菜单改进时可取消；菜肴 A 的毛利额 25.00 元，高于平均毛利额，销量 120 份，低于参考销量，此菜肴应调整到菜单的更有利的位置，以利促销。

（二）销售收入的控制

销售收入控制就是要通过建立销售收入控制体系，制定科学、有效的控制措施、采取有较强针对性的控制方法，堵塞销售收入漏洞，防止销售收入流失，降低成本，增加利润。在实际工作中，营业收入额录入时可能会记错、收款时可能会出差错，客账单可能会丢失，等等。因此，任何企业都应制定营业收入控制程序。

餐饮管理人员对实际和标准成本率进行比较分析时，发现食品成本率过高之后，往往会降低食品成本。但是，如果企业内部存在着严重的贪污，即使食品成本数额合情合理，但由于营业收入数额减少，食品成本率也会变得过高。可见，在分析控制体系的效率时，管理人员不仅应分析食品成本数额，还应分析营业收入的数额。

1．标准销售收入

设计营业收入控制体系应先制定标准。如果管理人员只知道实际的营业收入数额，而不知道营业收入应该是多少，就无法评估营业收入控制体系的效率；反之，如果管理人员只知道标准营业收入，而不知道实际营业收入，客人签单多，付账少，打折多，利润少，相对而言成本反而加大。每日营业终了，如果营业收入控制体系没有出过差错，那么，客账单总额就应是企业当日获得的营业收入总额。

2．实际营业收入

要确定实际营业收入，需要确定服务员或出纳员实际收款数额。每位餐厅服务员都应领用客账单，并严格遵守各种有关程序。服务人员在接受顾客点菜之后，应将客账单第二联交给厨师或发菜员，或使用预先入账机入账。顾客准备付款时，服务员应准确计算客账单金额，再送给顾客，向顾客收款。

3．标准营业收入和实际营业收入比较

实际营业收入与标准营业收入存在差异是许多饭店常有的事，管理人员应对标准营业收入和实际营业收入数额进行比较，通过调查，找出原因，并及时采取措施加以预防，以避免企业蒙受重大损失。标准营业收入和实际营业收入产生差异的原因很多，可采取的相应措施也很多。如，由于打折太多，必将导致实际营业收入与标准营业收入产生差异。为了减少打折现象，管理者必须完善经营管理制度，提高服务质量，以优质服务吸引顾客，避免消费者提出打折要求。

4．营业收入控制方法

第一，服务员与柜面收款员互相制约的办法。服务员开出结账单，由收款员凭单收款，并在上缴款项报表（即缴款表）上签字。

第二，柜面收款员设两人，一人负责收款，另一人负责开票。

以上两种方法适合小型餐馆使用。

第三，设置入厨单。入厨单要与餐厅账单一同复写，由收款员计数收款，服务员根据客人意见，填写一式四联点菜单，四联分别为入厨单、账单、传菜单和服务员用单。收款员凭此单结账，入厨单作为制作菜式的依据。

5．防止贪污和逃账

餐饮企业的用餐顾客很多，餐厅的部分营业收入又是现金，个别员工可能会趁忙乱之机，浑水摸鱼，贪污饭费；少数顾客可能逃账，这些都将增加餐饮经营成本。管理人员必须高度重视防止贪污和逃账现象发生，并采取一系列有效措施，防止或减少由此所造成的损失。

七、餐饮场地设施设备与器具成本的控制

餐饮企业经营与服务是通过一定的场地、设备器具用品来实现的，没有一定的物质基础，餐饮企业的经营和服务无法进行，而场地设施设备和器具必须与餐饮经营的规模、档次、服务对象、市场定位相适应，如果一味地追求大排场、高档设备和器具，将会增加企业成本，直接减少企业利润；反之，如果不注重营业场所的档次，使用低档设备器具，而定位高档消费，则会影响餐饮销售，从而违背餐饮业"超值服务"原则。这就要求对餐饮企业的场地、设施设备与器具进行科学管理和使用，做到既节约成本，又提高效率。

（一）场地租赁费控制

我国众多的餐饮企业中，除部分是国有企业外，大部分为个体经营企业，经营与服务的场所大多是租赁而来，租赁场地需要支付一笔可观的费用。场地租赁费控制的好坏，对餐饮企业的成本和利润影响很大。餐饮业主要根据客流量进行多比较、多采点、多分析来选择地段和楼层，如高楼层的租赁费要比低楼层的相对要低；选择黄金地段与偏僻路段结合部的租赁费要比黄金地段的要低。总之，场地租赁要充分考虑租赁费给企业带来的承受力和风险压力。

（二）进场装修费控制

实行进场装修经费预算最小化，以便有利于实现实际支出最小化。由于人们的审美观不同，因此，对餐饮场所的装修也有不同的要求。装修风格可与竞争对手区别开来，每个餐馆都应有适宜而独特的装修，以吸引足够数量的顾客，从而增加销售量和利润。家庭就餐一般喜欢非正式、轻松愉快的氛围；到风味餐馆就餐的顾客通常偏爱有地方特色的装修场所；商务聚餐喜欢高档雅致的装修场所。可见，餐馆的装修档次高低很大程度上决定了顾客的类型与数量。在装修费用控制上，餐饮投资者必须做到在不影响装修效果的前提下，尽量节约成本。装修成本的节约将大大地减少餐饮的资金压力和投资的风险性，转嫁到客人的折旧费也就大为减少，其餐饮产品自然有更大的竞争力。场地装修必须与企业的规模与档次相适宜，"二星价

格、三星设施、四星服务"的做法，最终会导致企业成本增加、资源浪费，造成营业收入与营业成本的不匹配。

（三）设备器具成本控制

餐饮设备一般包括照明设备、通风设备、供排水设备、音响设备、餐饮产品加工设备等；餐饮器具一般有陶瓷餐具、玻璃餐具、银餐具和其他餐具，上述设备与器具的成本由购买成本、运输成本、安装成本、保养成本、维修成本、管理成本和使用成本所组成。

设备与器具用品成本控制的方法一般有以下三种：

1. 重点管理法

餐饮企业设备与器具用品种类繁多，餐饮经理要有重点地进行成本控制。各个部门也要根据部门拥有设备与器具用品的具体情况，有重点地进行管理。如果所有设备与器具用品都采取同样的管理方法，必然会对部分设备与器具用品管理过头，得不偿失，而对另一些设备与器具用品管理不够，造成这些设备与器具用品的不必要的损耗，增加成本，减少企业利润。如，对设备的管理要由设备部门登记并制定维护计划，财务部门登记入册，重点控制，而对一些低档器具则可由服务人员直接管理。

2. 程序化管理法

任何设备与器具用品都有一定的使用程序，员工必须按程序操作和使用，否则就会缩短设备与器具用品的使用寿命，增加设备与器具成本。因此，必须严格执行设备与器具用品的使用方法和操作程序，同时，对使用设备与器具用品的交接班也要实行严格的程序控制。只有这样，才能保证控制工作的制度化和透明化，提高设备与器具用品的管理效率，降低使用管理成本，增加企业的利润。

3. 全员控制法

餐饮经理应充分认识到加强设备与器具用品成本控制的重要作用。设备与器具用品的成本控制与增加企业营业额一样，可以增加企业营业利润。餐饮经理还应该经常教育员工，增强全体员工的设备与器具用品成本控制意识，要让员工知道，企业增加利润的方法并非仅仅是增加营业额，加强设备与器具用品成本控制可以在不增加劳动量的情况下增加企业利润，提高企业经济效益，从而提高员工进行成本控制的自觉性和主动性，使全体员工积极参与到设备与器具用品成本控制中去。

八、餐饮用工成本的控制

餐饮企业是劳动密集型企业，其用工成本占营业额比重达 20% 左右。目前，大多数餐饮企业的组织管理还实行以往的简单的粗线条的管理模式，浪费了许多劳动力资源，也浪费了大量用工成本，餐饮企业降低劳动力成本的潜力是很大的。如果采取新的思维方式，劳动力成本可降低 1/3 以上，占营业额的 6%。一般餐饮企的纯利润仅占营业额的 10%左右，由此可见，采取有效的用工成本控制措施，可以在营业额一定的条件下相当于为企业增加近 50%的利润。

用工成本基本上由两大部分组成：人工成本和管理费用。人工成本包括固定工资和福利待遇；管理费用包括人力资源部的管理费、材料费、招聘费、培训费及解聘费等。其中，招聘费包括招聘广告或信息费、招聘面试过程中发生的用品费，以及招聘人员的工资、福利、房租和设备损耗等各种费用；培训费包括聘请教师的讲课费、员工培训期间的工资、教室和设备及教材费、外派学习的学杂费、差旅费等。以上这些费用在部分餐饮企业还没有引起足够的重视。其实，这些费用正在不断上升。同时，用工成本构成和控制都有其特殊性。有效地控制用工成本不单是节省人工开支，重点应放在如何提高员工劳动生产率上。可从以下几个方面进行：

（一）合理设计组织机构

餐饮企业组织设计对节约成本费用开支和提高劳动效率意义重大。而每次进行组织设计都会耗费管理者大量的精力，最好的组织设计办法是采用表格进行。

1. 企业员工人数的确定

测算可容纳客人数量时，一般是宴会厅人均占地面积在 1.5 平方米左右，快餐厅在 0.7 平方米左右。具体容纳人数最终由饭店依具体情况而定。其计算公式是：

员工总数=可容客人数×员工系数。

上例中员工系数定为 25%，则：

宴会员工总数=200×25%=50（人）

零点员工总数=204×25%=51（人）

餐厅可根据经营档次来确定每个值台员服务的客人数。一般高级宴会服务员人数与客人数比例为 2∶10，中高级 1∶10，中档 1∶20。值台员与迎宾员和传菜员的比例都为 5∶1。领班、主管、经理可根据服务员数确定。一般是 6～8 名服务员确定 1 名领班；3～4 名领班设 1 名主管；2～4 名主管设一名经理。员工总数可根据前厅员工数的一定比例来确定。

员工总数=前厅员工数×2×（1+10%）。

此外营业系数就是由于营业时间长短不一，班次也会有所变化，所需人数也随之变化，如座位周转率低于 2，员工数可适当减少。

[例 1] 依上表，某餐饮企业以中高级宴会和中档零点为经营特色，营业面积 700 平方米，计算该企业员工总人数为多少？

解：

前厅人数=45+9+9+10+3+1=77（人）

厨房人数=前厅人数=77（人）

员工总人数=77×2×（1+10%）=169（人）

答：该企业员工总人数为 169 人。

2．厨房人员的配置

厨房人员分配比例，一般是灶台人员占 50%、切配人员占 20%、面点人员占15%、冷荤间人员占 15%。根据这一比例，厨房各环节人数分别为：灶台 39 人，切配 15 人，面点 12 人，冷荤 11 人。

（二）努力降低培训和解聘费用

传统的厨师培训要求培训厨师全才，即从厨工到厨师再到技师。这种要求费时很长、培训费用很高、培训效率低，而且餐厅花了大力气培训出来的厨师水平越高，支付的工资就越高，厨师很容易在人力市场上被其他餐馆挖走。新的培训观念是改变组织要求，即将厨师分成两类，一类是操作工，一类是行政总厨或厨师长。极少数厨师（行政总厨、厨师长）承担研究制定创新菜谱和制定保持菜肴品味质量标准的操作工艺规程的责任。这些人的技能和工作态度是企业资产的一部分，应该拥有企业的部分股权。一般厨师如果有修改工艺标准的建议应该提出，但未经行政总厨、厨师长修正，任何厨工不能自行其是，这样烹制菜肴才能保持稳定的口味和质感。由于对操作工的技能要求简单，培训操作工相对容易，工资与培训费用均较低，而且他们大多不会离开，即使有人要离开，企业从人力市场上再招聘人顶岗也容易。美国快餐连锁店就是用这种方法来组织厨房劳力，这样做既保证用人质量，又节省人力费用，所谓"肯德基不需要厨师"就是这个意思。

餐饮企业中员工主动解聘和被动解聘是常有的事。解聘员工产生的费用和解聘后对工作的影响和损失是难以估计的。因而除了那些工作态度恶劣而且对酒店产生不利影响的员工必须要解聘外，一般情况下尽量留住员工。餐饮企业员工的流动多是主动的，如何降低员工流动率，让公司认识并规避不良流动的危害？企业应如何降低解聘费用？最主要的还是减少员工主动辞职，这是上策。如，服务员频繁辞职，普遍的原因是管理人员对服务员太不公平，那么就应解决这个不公平的根源，以保持服务员队伍的稳定。

（三）推行弹性工作制

推行弹性工作制的根本目的，是充分合理地利用人力资源，更好地节约劳动力成本，实现最低的劳动力成本和最佳企业利润。在弹性工作制的设计和执行过程中，必须遵循以下原则：

1．保证最佳经营效果

实行弹性工作制，是为了合理利用员工的时间，降低劳动力成本。无论怎样推行弹性工作制，都必须以保证餐饮企业的经营效果为前提。如小型饭店的厨师长兼大厨，每餐菜肴制作都离不开他。在这种情况下，厨师长不可能有长时间的休息，而只能利用各餐之间的时间进行休息，实行小周期频繁弹性工作制。再如，小型饭店的财务管理不必每天管理账务，只需定期自理即可，所以就可以对其推行大周期的大弹性工作制。

2. 充分挖掘人力资源，降低劳动力成本

许多餐饮企业采用延长工作时间的方法来使用人力资源。其实，这种破坏性掠夺式的人力资源利用方法，往往是导致人才严重流失的重要原因。因此，为合理挖掘人力资源，企业推行弹性工作制时，应有效利用员工的工作时间，把两餐之间休息时间用弹性方式还给员工。也可以把一些人的中间休息时间利用起来，然后让这些员工在下一个周期充分休息。总之，企业不应以员工工作时间为管理目的，而应让这些员工在有限时间内发挥无限作用，然后再给员工一段时间让其得到充分休息。

3. 让员工得到充分休息

任何岗位的员工都不可能在所有上班时间都工作。有的企业要求两餐之间也让员工在岗，而员工此时主要是闲聊；而有的企业由于客源少，经营不景气造成员工无所事事。这并不等于说，员工上班无所事事就是得到休息。虽然他们在身体上和精神上处于半放松状态，但并未得到充分休息。如果员工在岗时经常处于无所事事状态，会养成一种工作的惰性，久而久之，工作效率降低，工作热情降低。

4. 为员工创造学习条件

员工素质的形成和提高绝不是仅靠日复一日的工作能够实现的，还需要员工走出企业进入学校，走出城市去旅行、去见识才能实现。企业应为员工创造这样的条件，为每位员工提供几天及至一个月的弹性休息时间，让他们去学习。也可以每天为那些正在学习的员工创造条件，让全体员工明白，只要想学习，企业可以在工作时间上做调整，在保证正常工作运转的前提下，尽量给员工以方便，提高员工学习的积极性。

弹性工作制在我国餐饮业已经推行，只是弹性的程度和形式有所不同。目前，我国餐饮业弹性工作制执行得还不够彻底，没有从根本上解决人员管理与经营需要的基本矛盾。企业还需要不断探索，创造出适合国情、符合企业具体情况的弹性工作制。

第一，局部试行。可以从一些迎宾、传菜、洗碗、清洁卫生等非管理层或技术性不强的岗位上开始试行，待积累经验后再全面推行。

第二，计算岗位每天所需工时。确定试行弹性工作制的岗位后，就要对这个岗位计算正常经营情况下所需的工时，从而确定不同时间岗位的工时数。

首先，计算员工数：

$$某岗位员工数=客人总数÷某岗位员工可服务客人数$$

然后，确定工时数：

$$某岗位工时数=工时时间×岗位员工数×座位周转率÷2+值台工时$$

[例2] 某餐厅以午餐和晚餐为主，餐厅共有包房 12 个（12 人/包房），大厅宴会桌（10 人/桌）15 张，散台（4 人/桌）10 张，每名传菜员服务客人 50 人。午餐

时间为11：00～14：00，晚餐为下午17：30～21：30，座位周转率为200%。每餐准备时间和收尾时间各1小时，一天合计2小时。非营业时间内有少量客人用餐，计算传菜员岗位工时多少？

解：

$$客人总数=12×12+15×10+10×4=334（人）$$
$$传菜员人数=334÷50=6.68（人）$$
$$工作时间=3+4+2=9（小时）$$

每天各餐中间和晚餐后可留守1人，即6小时

$$每天传菜岗位工时为9×6.68×2÷2+6=66.12（小时）$$

答：传菜员岗位工时是66.12小时。

第三，了解员工，制定排班制度。了解员工是希望集中一两天内工作，还是希望每天工作几小时；是愿意紧张工作一段时间后放松一段时间，还是愿意不紧不松地正常工作，这要充分了解员工的意愿。在此基础上，让员工了解弹性工作制的意义，让员工知道排班是方便员工，再制定可行的排班制度。可每月每周推出排班表，员工安排班日程上下班，如有变动，须前提前一天报主管批准。

第四，设计排班表，下达排班通知。根据工时统计数，先确定各岗位各餐工作时间，再由员工自己选择合适的工作时间。实行弹性工作制，每人每天工作时间不固定，需要排出每个岗位的工作时间表，让员工自己选择具体工作的时间。

第五，检查落实情况。

管理者要依据排班表，经常检查员工出勤情况和工作效果，如出现不良现象，应及时调整排班表，甚至调整弹性工作制的形式。

九、经营费用的控制

餐饮企业费用支出占营业收入比例很大。及时、有效地监督餐饮企业经营过程中的各项费用支出，是提高餐饮企业经济效益的重要途径。

（一）费用内容

根据我国实施的新的旅游企业会计制度，餐饮企业费用主要包括以下内容：

1. 营业费用

营业费用，是指餐饮企业经营部门在经营中发生的各项费用。营业费用一般包括营业部门人员工资、福利费、工作餐费、服装费、物料用品消耗、折旧费、修理费、低值易耗品摊销、运输费、装卸费、包装费、保管费、燃料费、展览费、广告宣传费、水电费、差旅费、洗涤费和其他营业费用等。

2. 管理费用

管理费用，是指餐饮企业管理部门为组织和管理餐饮企业经营活动而发生的各种费用。管理费用一般包括不分摊到各营业部门的行政管理部门人员工资、福利费、

工作餐费、服装费、办公费、差旅费、会议费、物料用品消耗、折旧费、修理费、低值易耗品摊销、燃料费、水电费和其他行政活动费（公司经费、工会经费、员工教育经费、劳动保险费、待业保险费、外事费、租赁费、咨询费、审计费、诉讼费、排污费、绿化费、土地使用费、土地损失补偿费、技术转让费、研究开发费、注册会计师和律师费、房产税、车船使用税、土地使用税、印花税、无形资产摊销、开办费摊销、交际应酬费、坏账损失、存货盘亏和毁损、上级管理费等）。

3. 财务费用

财务费用，是指餐饮企业为筹集经营所需资金而发生的一般财务费用。财务费用一般包括利息支出、汇兑损失、金融机构手续费等。

（二）经营费用控制

餐饮企业费用支出涉及面广，控制难度较大，管理者需要认真细致地工作，才能达到理想的控制效果。

1. 餐饮企业支出费用控制程序

第一，制定餐饮企业费用控制的标准，即费用开支限额。

第二，衡量成效。用实际执行结果和原定标准进行比较，根据产生的偏差判断费用控制的成效。实际耗费小于控制标准为顺差，表明费用控制取得良好的成效；反之称为逆差，表明费用控制的成效不好，要找出原因为纠正偏差提供依据。

第三，纠正偏差。针对产生逆差的原因，采取措施，使实际耗费达到标准的要求。

2. 费用控制方法

餐饮企业费用控制的方法比较多，从我国传统的费用控制方法来看，主要有如下一些控制方法。

第一，预算控制法。预算控制法，是以预算指标作为费用支出限额目标；根据分项目、分阶段的预算数据来实施费用控制。具体做法是把每个报告期实际发生的各项费用总额与预算指标相比，在接待业务量不变的情况下，要求费用支出成本不能超过预算。当然，这里首先要求有科学的预算指标。一般编制滚动预算，使预算具有灵活性，更加切合实际情况。这是一种随着时间的推移而自行延伸从而始终使预算期保持在一个特定的期限的预算方法。如 2017 年全年费用预算已编制完毕，当 2017 年第一季度的预算执行完毕时，又续上 2018 年第一季度的预算，这样始终保持四个季度的预算。采用这种预算方法，由于需要每期修改编制，因而工作量较大。但正是由于每期对编制进行修改，不断适应变化了的情况，从而使费用预算更加符合实际，更加便于控制。

例如，某餐厅 2017 年全年营业费用预算为 300 万元，其中第一季度 45 万元，第二季度 91 万元，第三季度 90 万元，第四季度 74 万元。当第一季度过去后，要将 2014 年第一季度的预算提上，如 2014 年第一季度费用预算为 47 万元，这样整个预算期仍为四个季度，四个季度的费用预算共为 302 万元。如此类推，连续不断。除了按季滚动外，还可以按月、旬滚动，甚至按日滚动。

第二，主要费用指标控制法。主要费用指标，是对餐饮企业经营费用有着决定性影响的指标。其费用总和占餐饮企业全部费用总额的比重较大。主要费用指标控制，就是抓住主要矛盾，对餐饮企业的主要费用指标进行严格地控制，以保证费用预算的完成。控制主要费用指标，关键还在于规定这些指标的定额，定额本身应当可行。一般餐饮企业在制定费用开支限额的同时，还应随时注意非主要费用指标的变化，把费用控制在预算之内。

第三，制度控制法。这种方法是利用国家及餐饮企业内部的各项费用管理制度来控制费用开支。例如，各项开支的审批制度、日常考勤考核制度以及费用节约与超支的奖励与处罚制度，对于努力降低各种费用支出并有显著效果的，要予以重奖，对控制费用不力，造成超支的要予以惩罚。只有这样才能真正调动员工节约费用、降低费用支出总额的积极性。

第四，定额控制法。费用定额控制，是指采用科学的方法，经过调查、分析和测算，制定在正常经营条件下应该实现的费用定额。费用定额是控制费用支出，评价实际费用水平高低，衡量工作质量和效果的重要依据。如提供单位产品服务所消耗的人工费用定额等。这些定额发挥着控制费用的作用。

对各项费用规定一个绝对金额作为定额，以此对费用支出进行控制。在具体执行过程中，又有两种办法：第一种，是支出不能超过这个定额数，一旦达到定额，财务部门不予支付，这也叫绝对限额指标控制；第二种是用下达费用指标的方法来实施定额控制，即以是否超过指标来衡量费用支出情况的好坏，并根据指标完成情况进行及时调整和控制。运用定额控制法进行费用控制的基本步骤是：

首先，制定费用定额。这是一项极其重要的工作。定额制定得过高或过低，都不利于费用的控制，应该在过去一定时期平均实际费用的基础上，考虑到未来变动趋势，经过努力能达到的费用水平，来综合制定出费用定额。

其次，进行费用差异分析。就是将实际费用与费用定额的差异找出来，并分析形成差异的原因。如何进行分析差异，将在成本费用成果分析里举例说明，这里不再赘述。

最后，对费用差异实施管理。无论费用定额制定得如何科学，都会由于影响企业费用的许多因素都在随时发生着变化，而导致费用差异总会存在。管理的目的在于通过对可控差异进行管理，寻找降低费用的有效途径，找出企业可以控制的因素，分清差异形成的责任，提出处理意见。

第五，费用率控制法。费用率也叫费用水平，是费用额占企业收入的百分比，表明每百元收入开支了多少元费用。费用随着营业收入的增加而相应增加。费用额与营业收入额的对比关系，即费用率的高低，在一定程度上能够衡量费用开支的经济效益。费用率越低，节约费用就越大，经济效益越高，费用控制水平越好。反之，费用控制效果不好。

费用率控制就是核定一定时期各部门费用水平应该是多少，作为硬指标，将执行这个指标和上期水平（或上年同期水平）作为衡量执行定额的好坏，同时与奖惩制度挂钩，以此来推动员工节约费用，提高经济效益。

上述几种费用控制方法是互相配合、互为补充的。在实际工作中，要根据各餐饮企业的规模和特点、组织机构的设置，以及管理工作的需要和条件，灵活掌握运用。只有这样，才能探索出一套适合企业内在特点、有较强针对性的费用控制体系，以获得理想的费用控制效果，取得良好的经济效益。

十、成本控制中要注意的问题

对餐饮成本进行严格而有效地控制绝非成本控制的全部。成本控制尚需注意以下几个问题：

（一）成本控制的全过程性与全面性

成本控制的客体是企业的全部，它应涉及企业中的每一人、每一物。除饮食、劳务成本外，企业的成本控制还应包括变动成本中的低值易耗品、固定成本中的建筑和设备折旧、财务费用、管理费用，以及半变动成本中的水电费、燃料费等，所有这些都是企业成本控制的对象。

（二）成本控制的全员性

成本控制的主体是企业全体员工。成本控制不仅要靠企业管理人员、财会人员及专职控制人员来实施，还需要全体员工的积极参与。只有如此，成本控制才能得以顺利且有效地实施。员工处于企业的最前线，企业的成本是否控制得好，归根到底取决于员工的个体行为。餐饮企业是一个流动性相对较强的行业，老员工的作风极大地影响着新员工的行为，这就需要建立企业勤俭节约的文化。特别是在企业开业时形成的一些工作习惯会保留相当长的时间，并且影响着后来的员工。企业文化的建立是一个长期的过程，企业领导的榜样作用是非常重要的。只有企业的每一位员工都自觉地节约每一张纸、每一滴水、每一度电，企业才能真正地做到低成本良性运转。

（三）成本控制的前提是满足顾客的需要

企业不能为了节省开支而忽略顾客的正常需求和合理要求。在削减费用开支的同时，要考虑顾客的正当权益，考虑其所产生效益的大小。总之，既要杜绝不必要的浪费，又不能轻率削减必要的开支。

第三节　餐饮可控费用分析

　　除了餐饮经营成本外，餐饮企业经营过程中还会发生各种服务用品、办公用品等物品的消耗，餐具等设备的损耗，固定资产的折旧，各项费用的开支和人力的消耗，在财务核算上，这些统称为餐饮企业的营业费用。营业费用是影响餐饮企业经济效益的另一个重要因素。因此，餐饮企业经营预算的控制，绝不能只重视营业成本和营业收入的控制，而忽视了对营业费用的控制。

　　餐饮企业经营的目的就是为了实现经济效益，取得利润的最大化。企业在认真核算餐饮成本的同时，必须努力降低各种费用，包括营业费用、管理费用和财务费用，努力完成和扩大销售计划，以降低成本费用率。费用与利润是一种此增彼减的关系，即费用增加，利润等额降低；费用越低，利润就会越高。企业必须加强对费用的控制管理，增加生产，厉行节约，最大限度地降低企业的费用水平，增加企业的利润。

一、餐饮可控费用的内容

　　餐饮费用的控制主要是对可控费用的控制。餐饮可控费用主要包括物料消耗、能源费用和人工费用三个方面。其控制的方法都是以月度为基础，以预算费用消耗额为标准，每月分析实际成本及其与预算消耗额之间的差额，进而找出原因，提出改进措施，达到费用控制的目的。

二、如何降低可控费用

　　降低可控费用，一般应从以下几个方面进行：

（一）制订合理的费用预算并保证其实现

　　餐饮企业的餐茶用品，如餐具、茶具、酒具、台布、客用物品、清洁用品等，这些用品部分属于一次性消耗的物品；茶叶、餐巾纸等，这些用品属于多次性消耗物品。这些物品名目繁多，使用分散，容易散失和损耗，难以管理，因此要严格控制各种物料的消耗。对上述费用的控制，首先，作月度预算或标准费用，并在月度预算的基础上，根据每月消耗核算的统计数字来进行，将每月实际消耗的费用和预算进行比较，即可分析费用差额。在执行预算或标准费用过程中，要经常注意对费用的分析和检查，找出影响费用差额的各种因素，及时采取改进措施。

（二）调整人员结构，提高工作效率

　　人力资源具有技术强、创新能力强、取得成本低、流动性大的特点。"重物资

资源，轻人力资源"的思想正逐步被"人力资源是各种资源中最宝贵的第一资源"的观念所替代，企业竞争在于人才的竞争。人工费用既是餐饮成本费用的重要组成部分，又是创造餐饮收入和利润的重要条件。人是生产力中最积极、最活跃的因素。餐饮管理必须坚持以人为本，合理使用人员和安排人工费用消耗。降低招聘成本、离职成本已成为企业控制人力成本的重要环节。有的企业随意解聘员工，实际上反映出管理手段的匮乏和管理水平的低下，也必然导致对人力资源的管理和绩效考评的松懈。如果用成本观念的眼光看待离职的话，员工的离职将会使企业付出高昂的代价，如离职前成本、技术损失、新员工招募及其培训成本。因此，控制人工费用绝不是要减少员工工资待遇和简单的减员，而是要更加科学地组织生产经营服务，合理安排人员结构，提高劳动效率。餐饮人工费用的内容主要包括基本工资，奖金工资、社会统筹、员工福利等。劳动密集型企业的工资和福利费用支出大是一个显著的特征。企业要根据自身规模、经营需要和餐饮管理特点，制定出符合企业实际的岗位和人员编制，努力做到不设闲岗，不配闲人；要科学合理地使用人力，按照经营需要招聘使用员工，注重使用好"季节工"，在经营旺季时可扩招员工，旺季过后要及时解聘。在岗人员工作应满负荷，防止苦乐不均；要建立科学合理的分配制度，根据不同岗位的特点，采取岗位工资、效益工资、计件计时工资与奖励提成工资相结合的形式，使工资真正成为调动员工积极性的有力杠杆。其控制的方法是以月度为基础，根据月度预算和各月实际需要来调整用工计划。

（三）节约用水电、燃料

餐饮能源消耗包括水电费、燃料费等费用。随着能源价格不断上涨，能耗比较大的餐饮业一定要做好节能工作。企业要加大科技开源力度，采用空调余热技改、太阳能和热泵等降低电和油的消耗；要重视提高设施设备的节能效果，将老式锅炉更换成节能型锅炉和热水炉；选用节能型照明器材。餐饮水电和燃料消耗属于餐饮营业费用的范围。在餐饮管理中，这些费用都是每月事先做出费用预算，形成标准费用，然后将每月核算实际消耗额与标准费用进行比较，分析产生费用差额的原因，并采取有力、可行的措施，厉行节约。

（四）加舞设施设备的维修保养，提高利用率

建立和健全财产管理制度，按类或分部门进行财产保管，实行财产保管和使用的责任制。加强各种设施、设备的维修保养，可以延长设施、设备的使用寿命，提高利用率，降低设备费用的支出，也能相对减少折旧费的提取以及修理费用、租赁费、零星购置费用等。

（五）在降低行政费用上下功夫

行政费用包括办公、业务招待、交通、差旅等方面费用，如何把这些费用控制好，对降低餐饮企业的经营成本费用至关重要。企业管理者要严格控制业务招待费用，采取指标包干形式，签单权力集中在主管领导身上，接待应严格根据经营和业

务需要，坚持既要热情，又要防止铺张浪费的原则；要严格控制办公费用，尽量做到少开会、开短会；办公用具的领取和使用要实行登记统计制度，打印、复印各种文件材料要注意节约纸张，提高纸张的重复使用率；要严格控制交通费用，工作用车要严格实行审批和登记制度，对车辆维修、加油、路桥等费用要加强监督和检查；要严格控制差旅费用，出差人员应按规定乘坐交通工具，给予出差补贴，报账时财务人员应严格把关。

（六）全员参与，努力扩大销售

销售收入是企业利润的主要来源。企业经济效益的好坏，既取决于该企业成本费用的高低，也取决于销售收入的高低。企业通过提高服务质量，扩大销售额，虽然会引起费用总额的增加，但也会使费用率下降，从而提高利润率，增加企业的利润。

企业开发的不是产品，而是市场。营销不完全是专职营销人员、营销经理、公关部经理的事，而是全体员工应该参与的活动，应做到全员参与。比如，餐厅服务员和厨房工作人员与消费者接触最多，促销机会最多，达成交易可能性最高，特别是餐厅服务人员应利用这种优势，积极推广本企业的菜点，大力向顾客推销酒水，以提高顾客的消费额，从而达到企业的营销目标。

第四节　成本核算成果的分析

一、餐厅营业收入的分析

餐厅营业收入是进行经营分析的一项基本指标。它的大小决定了餐厅利润的大小，也反映出餐厅的经营规模和水平。通过对餐厅营业收入状况进行分析，既可及时发现经营中存在的问题，找出造成营业收入下降的原因，巩固已有的业绩，又能通过分析为下期确定新的经营措施提供依据。

（一）饮料的销售收入分析

虽然饮料的销售收入在餐饮总收入中所占的比重不大，但是如果能采取有效措施扩大饮料的销售收入，可使利润有较大的增加。为饮料的毛利率要比餐饮产品的毛利率高。要增加饮料的销售收入，采取措施努力扩大软饮料的销售量，特别是要国产饮料的销售量是扩大利润的一个重要增长点。同时对于收入增加较多的鸡尾酒要继续搞好销售服务，提高档次，增加品种，以便更好地满足客人需要的同时，增加饮料的销售收入。

（二）餐饮产品销售收入的分析

餐饮产品销售收入是餐饮企业收入的主要来源，这里的"收入"是指在餐厅就地消费的那部分收入，不包括外卖等收入。构成餐饮产品销售收入的因素主要有以下三个方面：

第一，餐位数。指餐厅一次能容纳多少客人同时就餐的座位数。

第二，餐位周转率。指就餐时间或一天之中，每个餐位使用了多少次。餐位数只能说明能容纳多少人就餐，却不能说明实际就餐的人次。为了便于分清主客观原因，要用餐位数量和餐位周转率共同来说明餐厅的就餐人次。一般情况下，餐位数是个常量，是客观因素；餐位周转率则是主观因素，企业经营管理好，餐位周转率就高，反之，餐位周转率就低。为增加营业收入，必须从主观上努力提高餐位周转率。

$$餐位周转率=就餐人次÷餐位数×100\%$$

如计算一天之中午餐和晚餐的餐位平均周转率，可按以下公式计算：

$$每次餐位的平均周转率=一天就餐人次+（餐位数×2）×100\%$$

为提高餐位的周转率，必要时可征得客人同意，将不统一付费的客人安排在一张餐桌就餐。撤台次数越多，餐位的周转率就越高。所以，分析餐位周转率和经营状况的一项十分重要的指标便是撤台数。

第三，人均消费水平。指每位客人的消费能力。客人消费水平越高，餐厅的收入越多。所以每个餐位的平均消费水平可以用公式表示：

$$人均消费水平=餐厅销售收入÷就餐人次$$

二、餐厅成本费用分析

做好经营预算的编制、控制和考核分析工作，是餐饮企业管理人员的主要职责之一。在完成预算的编制和实施控制之后，企业经营预算管理中最重要也是最有意义的一项工作就是对预算结果进行考核。通过考核与分析预算控制结果，可以衡量经营绩效，检查各项控制措施的实施情况，发现经营管理中存在的问题，以便采取有效的措施，在下一个经营周期改进经营管理工作，逐步提高餐饮企业的经营管理水平。餐饮成本费用预算控制的考核一般有以下四个步骤：

第一，确定标准成本率或标准费用率。

$$标准成本率=标准营业成本÷标准营业收入×100\%$$
$$标准费用率=标准营业费用÷标准营业收入×100\%$$

第二，计算实际成本率或实际费用率。

$$实际成本率=实际营业成本÷实际营业收入×100\%$$
$$实际费用率=实际营业费用÷实际营业收入×100\%$$

其中，实际营业收入可根据当期利润表中获得，实际营业成本数据则可根据餐饮成本月报表中取得，或通过以下公式计算实际成本：

实际营业成本=直接购入成本+仓库领用成本+内部调入成本-内部调出成本-员工用餐餐饮产品成本-招待用餐餐饮产品成本-员工购买餐饮产品收入-下脚料销售收入-其他杂项

第三，比较标准成本率和实际成本率，或比较标准费用率和实际费用率，了解预算控制结果。

将成本费用预算执行的实际结果与预算进行比较，能考核餐饮企业成本费用控制的质量，了解实际成本（费用）率与标准成本（费用）率之间的差异。但只将实际成本（费用）率与标准成本（费用）率进行比较，无法发现差异存在的具体原因，需进一步分析差异存在的原因。

第四，对预算控制的结果进行分析，找到差异存在的原因和具体责任人，提出今后改进经营管理措施的建议，以提高餐饮企业经营管理水平。一般采用因素差异法进行分析。其步骤是：

① 确定影响预算数据变动的相关因素，并列出关系式；

② 对相关因素进行分析，确定相关因素的排列顺序，并按顺序对相关因素进行替代；

③ 计算各相关因素对预算数据变动的影响大小；

④ 分析差异存在的原因，并提出改进建议，或总结出成功经验进行推广。

[例1] 某餐厅2017年标准营业成本为1 200 000.00元，其标准单位原料成本为40.00元/人，标准就餐人次为30 000人；实际营业成本是1 260 000.00元，实际单位原料成本为45.00元/人，实际就餐人次为28 000人。试对成本因素差异进行分析。

解：

（1）该餐厅实际营业成本=实际单位原料成本×实际就餐人次

$$=45.00 \text{元/人} \times 28\,000 \text{人} = 1\,260\,000.00（元）$$

（2）用标准单位原料成本替代实际单位原料成本

营业成本1=标准单位原料成本×实际就餐人次

$$=40.00 \times 28\,000 = 1\,120\,000.00（元）$$

（3）用标准就餐人次进一步替代实际就餐人次

营业成本2=标准单位原料成本×标准就餐人次

$$=40.00 \times 30\,000 = 1\,200\,000.00（元）$$

（4）计算各因素的变动对变动结果的影响程度

① 单位原料成本因素的影响

实际营业成本-营业成本1=1 260000.00-1 120 000.00=140 000.00（元）

即：该餐厅由于实际单位原料成本高于标准单位原料成本5元，使实际营业成本高于预算营业成本额 140 000.00 元,超过了预算开支 140 000.00 元。

② 就餐人次因素的影响

营业成本 1-营业成本 2=112 000.00-1 200 000.00=-80 000.00(元)

即:该餐厅由于实际就餐人次比预算中的就餐人次少了 2000 人次,使实际营业成本低于预算营业成本额 80 000.00 元,比预算节约了 80 000.00 元。

由于单位原料成本和就餐人次两个因素的共同影响,该餐厅实际营业成本比预算中的标准营业成本增加了 1 260 000.00-1 200 000.00-60 000.00 元。

[例2] 某餐厅 2012 年标准营业收入为 2 000 000.00 元,其标准营业费用率为 25%,标准营业费用为 500 000.00 元;实际营业收入是 2 200 000.00 元,其实际营业费用率为 24%,实际营业费用为 528 000.00 元,试对营业费用因素差异进行分析。

解:

(1)该餐厅实际营业费用=实际营业费用率×实际营业收入

=24%×2 200 000.00

=528 000.00(元)

(2)用标准营业费用率替代实际营业费用率

营业费用 1=标准营业费用率×实际营业收入

=25%×2 200 000.00

=550 000.00(元)

(3)用标准营业收入进一步替代实际营业收入

营业费用 2=标准营业费用率×标准营业收入

=25%×2 000 000.00

=500 000.00(元)

即该餐厅的标准营业费用为 500 000.00 元。

(4)计算各因素的变动对变动结果的影响程度

① 营业费用率因素的影响

实际营业费用-营业成本 1=528 000.00-550 000.00=-22 000.00(元)

即:该餐厅由于实际营业费用率低于标准营业费用率 1%,使实际营业费用低于预算营业费用额 22 000.00 元,节约预算开支 22 000.00 元。

② 营业收入因素的影响

营业费用 1-营业费用 2=550 000.00-500 000.00=50 000.00(元)

即:该餐厅由于实际营业收入高于预算中的营业收入 200 000.00 元,使实际营业费用高于预算营业费用额 50 000.00 元,超过预算开支 50 000.00 元。

由于营业费用率和营业收入两个因素的共同影响,该餐厅实际营业费用比预算中的标准营业费用增加了 50 000.00 元-22 000.00 元=28 000.00 元。

成本费用是企业的一项重要经济指标。企业经济效益的好坏，既取决于该企业收入的多少，也取决于成本费用的高低。对餐厅来讲，经营成本费用的高低，不仅仅影响利润，而且还影响到与其他餐厅竞争地位，成本费用越低，竞争的主动性越大。在收入相等的情况下，成本费用越低，盈利越多。从这个角度来说，对成本费用进行分析，寻找降低成本费用的途径，是提高餐厅经济效益的基本手段。

（一）餐饮产品成本分析

构成餐厅费用支出的有直接成本与营业费用两部分。直接成本是指餐厅耗用的餐饮原材料、调味品和配料的支出。餐厅直接成本的高低不仅与餐饮产品的制作有关，而且与顾客的人均消费水平高低有直接关系。顾客的人均消费水平高，餐饮产品菜肴的成本就高，反之成本便低。

1. 实际成本与标准成本比较

标准成本率是企业应努力实现的目标。餐饮产品成本率是以每份菜肴的成本除以售价计算的，但不同的菜肴，其标准成本不同，需要将不同产品的成本率计算加权平均标准成本率，以便与实际产品成本率进行比较，见表 7-3。

表 7-3　某餐厅标准产品成本计算表

单位：元

菜肴名称	销售量	单位售价	销售额	单位标准成本	标准成本总额	标准成本率
A	150	100.00	15 000.00	65.00	9 750.00	65%
B	66	58.00	3 828.00	38.00	2 508.00	65.5%
C	10	25.00	250.00	12.00	120.00	48%
合计			19 078.00		12 378.00	64.88%

表中 A、B、C 三种菜肴的标准产品成本率分别为 65%、65.5%、48%，则平均标准成本率=12 378.00÷19 078.00=64.88%o

例如，该餐厅 2018 年 6 月份实际销售额为 22 000.00 元，实际成本为 13 332.00 元。那么，对该餐厅的成本可做以下分析：

第一，实际成本与标准成本差异额=13 332.00-12 378.00=954.00（元）

第二，实际成本率=13 332.00÷22 000.00×100%=60.6%

第三，成本率因素对成本的影响：

$$19 078.00×（60.6\%-64.88\%）=-816.60（元）$$

说明成本率的降低使实际成本比标准成本减少 816.60 元。

第四，销售额因素对成本的影响：

$$（22\ 000.00-19\ 078.00）×60.6\%=1\ 770.70（元）$$

说明销售额的增加，使成本增加 1 770.70 元。

以上两个因素综合影响，导致实际成本比标准成本增加 954.00 元，即 $-816.60+1\ 770.70=954.10$ 元。

[例 3] 某餐饮企业本月下夹心面包 30 000 只，实际耗用面粉 3 300 千克，面粉实际单价 6.40 元/千克；单位标准用料为 0.1 千克，每千克面粉的标准价格为 6.00 元/千克，试对原料成本差异做分析。

解：

第一，实际成本与标准成本的差异。

$$3\ 300×6.4-30\ 000×0.1×6.00=21\ 120.00-18\ 000.00=3\ 120.00（元）$$

第二，面粉单价因素对成本的影响。

$$3\ 000×（6.4-6.0）=1\ 200.00（元）$$

说明面粉单价提高使成本增加 1 200.00 元。

第三，面粉耗用量因素对成本的影响。

$$（3\ 300-3\ 000）×6.4=1\ 920.00（元）$$

说明面粉耗用量增加使成本增加 1 920.00 元

综合上述两因素，共使成本增加 1 200.00+1 920.00=3 120.00 元。

2. 本期成本与历史先进水平（或同行业先进水平）比较

历史先进成本水平是企业曾经取得绩效较好的成本水平，是本企业通过努力后可以达到的成本水平；同行业、同档次的先进成本水平是本企业成本管理的榜样，也是本企业成本管理工作追赶的目标。因此，可以将本期的成本水平与历史先进水平或同行业先进水平比较，寻找差距和努力方向，提高成本管理水平。

3. 实际成本与预测成本比较

为了能为管理人员迅速提供有关信息，需要经常对预测成本和实际成本进行计算，编制预测和实际产品成本计算。

第一，确定标准成本率。首先，预测销售量，即在确定了每份标准分量菜肴的标准成本和售价之后，进行销售预测。销售量预测准确与否，直接影响标准成本率的高低，因而，它必须是在综合考虑各种因素下才会精确。其次，计算各菜肴标准成本率。每份菜肴的成本可以根据标准菜谱和成本卡记录的资料进行计算，标准成本率是每份菜肴的标准成本与售价之比。最后，计算标准成本总额和营业收入总额，确定标准成本率。各种菜肴的标准生产总成本为每份菜肴标准成本与预计销售量的乘积。各种菜肴的标准生产总成本之和是所有菜肴的标准成本总额。用同样的方法可计算各种菜肴的总销售量。总销售额之和为所有菜肴的营业收入总额。用标准成本总额除以预计的销售收入总额，可求出标准成本率。

第二，确定实际成本率。根据销售记录，在表中填入各种菜肴的实际销售份数，然后，根据每份菜肴的成本和售价与售出份数的乘积，分别求出各种菜肴的实际成本和总销售额。

第三，对预测的标准成本率与实际成本率进行比较。两者比较会产生一定的差异。产生差异的原因是预测的总销售量通常不可能与实际总销售量完全相同，某些菜肴的销售量低于预测销售量等。如果某些菜肴的实际销售量高于预测数，管理人员应分析厨房员工是否严格地执行生产计划。虽然销售量增加可给企业增加销售额，但是，如果厨房员工未按规定的生产目标进行生产，则表明某一控制程序没有起到应有的作用。如果总份数是确定的，每一份的分量不足，也可能增加实际售出的份数，这会引起顾客的不满，甚至会失去顾客。因此，管理人员应对差异进行分析，尽量使预测接近实际，充分发挥销售预测在制定经营目标、指导生产计划工作方面的作用。

4. 实际毛利率与预计毛利率比较

从实际毛利率与预计毛利率的差异，可以看出市场需求的变化。毛利率下降，但是营业额上升，使最终利润达到预计目标。因此，管理者应适当提高标准成本率，降低毛利率。

（二）餐厅费用分析

随着接待量的增加，销售收入不断上升，可变费用随着增加也是正常的。因而，要运用到费用率指标将费用与销售收入综合起来进行分析才能找到答案。这里的费用率，是指餐厅的可变费用与餐厅的销售收入之比，其公式为：

费用率=餐厅可变费用÷餐厅产品销售收入×100%

该公式表明每 100 元的销售收入所发生的可变费用额，费用率越低，说明实现一定销售收入所发生的费用越少，费用控制越好。

用费用率来分析餐厅的费用，虽然比用总额绝对值进行分析前进了一步，但是仍存在一定局限性。因为费用率指标是两项指标共同作用的结果，在费用一定的情况下，它会随着销售收入的增加而下降，而销售收入又会受顾客人均消费水平的影响。顾客人均消费水平高，营业收入就会增加，费用率就下降，这就掩盖了费用变化的真实情况，从而不能发现问题的所在。为了避免这些因素的影响，可对收入进行相应地调整，让进行相互比较的两期人均消费水平统一在一个水平上，使费用率只反映费用变化的影响。

但不能无限制地提高，因为毛利率提高就意味着成本率的下降，会影响到顾客的利益和餐厅的声誉。最有潜力可挖的还是餐位周转率和人均消费水平及营业费用。

造成利润总额发生变化的原因，就是前面分析的每个餐厅利润额发生变化的原因。如果将上面分析的原因简化一下，就是收入、毛利率及营业费用的影响，或者更简单地说表现为收入和利润率变化的影响。此外还有一个原因，就是餐饮收入结构的变化，即各个餐厅收入在总收入中所占比重发生变化。反映收入结构变化给利润带来影响的因素就是利润率的高低，测定这种影响的程度是用报告期收入利润率与比较期收入利润率之差，乘以报告期收入总额。不过导致利润率变化的原因除了收入结构以外，还有各项收入毛利率和营业费用的变化。

第八章
餐饮用工成本控制

第一节　用工成本控制概述

　　用工成本一般要占餐饮成本费用总额的 1/4 左右。与食品和酒水成本控制不同，用工成本不仅包括固定成本和可变成本，而且其控制方法与前者有很大差异，不能用简单的用工成本率来衡量员工工作表现，因此，用工成本构成和控制都有其特殊性，有效地控制用工成本不只是节省人工开更，至点应放在如何提高员工劳动生产率上。

一、用工成本构成

　　用工成本基本上由两大部分组成：人工成本和管理费用。人工成本包括固定工资和福利待遇。福利待遇一般包括带薪假期、劳动保护金、社会保障金、待业救济、医疗保险、膳食以及病休等。由于福利待遇在各餐饮有所不同，即使两个相近的餐饮也很难进行用工成本总额的比较。在财务报表方面，固定工资和福利待遇往往被列为两种不同的费用栏目，尽管如此，餐饮在制定用工成本目标时，用工成本核算应该包括员工福利总额；管理费用包括人事部门的管理费、材料费、招聘费、培训费以及解聘费等，这些费用在我国部分餐饮还没有引起足够的重视。

二、影响用工成本的因素

用工成本受到许多因素的制约。有些因素是餐饮内部可以控制的，有些因素是餐饮没有能力控制的。这些因素一般包括：

（一）劳动法律规定

劳动法律规定主要是员工与餐饮签订的劳动合同，属于不可控因素。

（二）餐饮的设施布局

餐饮设施布局影响雇用员工的数量设计完美的布局能有效地降低员工人数，节省用工成本。

（三）餐饮所处的地点

占有地理上优势的餐饮或设施，其业务坟一般都很大，能相对降低人工成本率。

（四）营业时间

相对来说，营业时间集中，用工成本相对较低；营业时间分散，用工成本较高。

（五）设备

销售额高的餐饮使用设备代替人力可降低用工成本，销售额不高的餐饮使用恰当的工具也可以降低劳动强度，提高劳动效率，降低用工成本。

（六）菜单

菜单对于用工成本有直接的影响菜单类型的选择、菜看品种的确定、厨房所需的生产时间、相应的服务方式和内容、方便食品的使用都会对用工成本产生影响。

（七）员工流动

员工流动率越大，用工成本增加就越快，新招聘员工需要增加招聘、广告、培训、督导等费用。

（八）人员工作安排

业务量的波动不仅影响人员的工作安排，也对用工成本造成一定的影响。生意火爆或经营清淡的时间，安排相同的人数，就等于增加了经营清淡时的用工成本。

三、用工成本分析

与食品和酒水成本分析相比，用工成本分析方法相对简单些，但都是先建立标准，后按照标准进行评估

（一）建立岗位工作标准

在建立和实施用工成本标准之前，需要做好工作分析，制定岗位职责和操作步骤等准备工作。

1．工作分析

所谓工作分析，就是分析员工工作岗位的各个方面情况，提出问题，进行分析。内容包括工作目的、地点、时间、人员等方面通过对这些问题的提出和分析，管理人员可以找出出现低效率的区域，并加以改进一工作分析是决定员工工作效率高低的重要标准，在成本控制方而起着重要作用，工作分析也为制定岗位职责提供了便利条件。

2．岗位职责

岗位职责的内容一般包括工作性质、工作内容以及具体实施时间，岗位职责不应该过于具体，但内容要充实，便于员工做好工作，便于管理人员管理。

3．操作步骤

在餐饮经营过程中，许多岗位要求员工承担多种工作每一项工作都要求员工遵循一定的步骤，并确保提高工作效率在一些情形下，这些步骤可以演示并传授给员工。为了便于员工掌握，最好将这些操作步骤以文字的形式固定下来，确保员工读懂、理解并遵照执行。

（二）建立员工劳动生产率标准

提高员工劳动生产率是控制用工成本的关键，劳动生产率就是单位时间里劳动产值和效益餐饮在制定员工生产率标准时，要号虑不同时期、不同地域.不同餐饮类型、不同质量标准。

1．不同时期的餐饮劳动生产率

五年前的餐饮服务员工资翻是现在的 1/3，劳动法新的出台又增加了餐饮的用工成本，所以餐饮要根据时代变化制定劳动生产率。

2．不同地域的餐饮劳动生产率

经济发达地区需要聘用外地员工，用工成本相对提高，劳动生产率相对降低。但是，由于经济发达地区，饮产品销售量大，劳动生产率又会提高所以，不同地域的劳动生产率只是相对而言，不是绝对的。

3．不同类型餐饮的劳动生产率

夫妻店型的餐馆劳动生产率可能会高，但是营业额有限；宾馆下属的餐饮部相对来说劳动生产率会高一些；火和烧烤类等客人自助服务较多的餐饮劳动生产率会低一些。

4．不同质量标准的餐饮劳动生产率

质量标准与餐饮劳动生产率呈正态的比例关系。质量标准很低的餐馆劳动生产率高，质量标准在不高不低之间劳动生产率低，质量标准很高的餐饮劳动生产率较高。这个观点可以从下列现象中得到证明：质量很低的小吃店能生存，质量想高但是又不舍得高薪聘请人才的餐饮倒闭的多；而那些质量很高但价格不高的连锁型餐饮因为有快速复制企业和培养人才的模式形成了劳动生产率较高的优势，这类企业不断发展壮大质量标准与餐饮劳动生产率呈正态的比例关系。

除了确定餐饮的质量标准，还应确定员工生产率标准。不同档次的餐饮产品，质量标准是不同的，员工生产率标准的建立必须与之相吻合。在餐饮经营过程中，只依靠用工成本率的数据来评估经营结果是有一定困难的。原因在于成本率低，其毛利可能低；成本率高，其毛利有可能相应地增加。因此，用工成本占销售额的比例，应该仅作为计划和经营过程中的指南，而不应该视为衡量用工成本的唯一标准。

（三）评估劳动生产率的方法

1. 每人工小时生产率来评估劳动生产率的方法

这种方法主要是用来分析每人工小时完成的工作量在多数情况下，这种分析是在经营以后进行的。

2. 接待每位顾客的人工成本

利用这种方法时，工资应保持不变。因为工资的增加会相应提高接待每位顾客的人工成本，除非增加的人工成本通过减少工作时间和工资来解决。

四、用工成本控制方法

由于用工成本的增减直接受到员工人数的影响，因此，用工成本的控制应以最大限度地减少员工数量，保持员工队伍相对稳定，提高员工劳动生产率为主要目标。

（一）明确工作内容

已往的餐饮组织设计只是确定若干岗位，如经理、领班等，而没有确定全部工作内容。任何餐饮组织设计若想成功，都必须首先明确餐饮的工作内容，然后根据内容确定岗位。例如，一个中型餐饮，虽然都有营销工作和对内管理工作，但是如果客源以公司内部客人和关系户为主，就不需要进行太多的公关销售活动，因而也就没有必要设计一个专职公关部，只需将这项工作划到办公室或前厅经理的工作范围就可以了，这样就可以节约销售人员用工成本。

（二）根据工作内容确定组织机构和人员编制

根据工作内容确定组织机构，并将工作内容落实到各个岗位上。明确上下级之间的关系和横向部门之间的联系渠道与程序，可以避免因关系不情而导致工作遗漏或相互推诿，影响工作效率，造成不必要的损失，组织机构以简单为宜，能由两个岗位完成的工作任务，就不能设三个岗位将三个岗位合并成两个岗位，就必须提高员工素质.确保员工能够胜任工作，圆满完成工作任务，既能满足客人需要，又能提高餐饮效益。

（三）确定用工条件

确定用工条件就是根据各岗位职责确定上岗人员的必备条件。这些条件不仅应包括基本的业务素质，还应包括文化、思想修养等素质。一般来说，餐饮都要求员工必须具有能够胜任两种以上工作任务的能力，以便员工有岗位调换和临时用急，根据这些用工条件进行招聘，确保员工有较高素质。

（四）确定合理的工资标准

餐饮员工工资标准的确定，必须遵循按劳分配的原则。要根据各岗位的工作职务、任务及能够给餐饮创造的效益来进行，并根据餐饮经营绩效进行必要的调整。对工作能力强，身兼数职，而且完成出色的员工。一定要给予相应的高工资，以合理回报员工的付出，调动员工的工作积极性和主动性，为餐饮创造更大的效益。

（五）合理排班

餐饮经营不同于其他企业，员工工作的大小主要取决于就餐客人的数量。为了节约用工成本，餐饮必须加强销售预测，根据预测结果安排员工班次，避免因客人数量较少时员工无所事事而造成用工成本损失；客人多时，因员工不够而降低服务质量，影响餐饮形象而造成餐饮长远利益的损失。当然，合理排班还要有利于员工充分休息，以保证员工有充沛的精力投入工作，提高工作效率，保证产品和服务质量。

（六）安全生产

餐饮的生产经营需要使用一定的机械设备，员工在进行生产和服务时，由于设备使用不当或操作失误，都有可能造成员工的身心伤害。员工受伤轻者不能正常上班，影响餐饮正常经营，不仅浪费人工成本，而且会因营业收入的下降影响餐饮利润。重者重伤残废或死亡，不但会浪费大量的人工成本，而且增加餐饮的医疗和社会保险费用，大量增加餐饮意外成本开支；更为严重者可能导致餐饮破产或倒闭，如发生严重火灾等。加强安全生产管理，就是要建立健全安全生产管理制度，加强员工的安全知识培训，增强员工的安全意识，提高员工的安全生产技能，促使员工正确操作生产设备，确保餐饮生产安全运行。

第二节　餐饮组织设计

餐饮组织设计包括工作岗位的确定、各个岗位的需要人数、各岗位人员素质要求、各岗位工薪标准四项工作餐饮组织设计是餐饮组织基础，它决定着餐饮的半变动成本中不变成本的那个部分，组织设计不当会增加餐饮固定成本，增加餐饮经营的压力。下面从几个方面加以论述。

一、工作岗位的确定

工作岗位的确定是餐饮管理者根据餐饮的规模、档次、经营特色以及环境设备等因素确定所需的岗位。

工作岗位确定时需参考同行业的岗位设计和以往的经验，最主要是根据本餐饮的具体情况，在保证质量的前提下从控制成本的角度考虑工作岗位的确定。

（一）经理岗位的确定

经理岗位的确定就是对总经理、副总经理和各个岗位的经理的设置与否和人数的多少的确定。

1. 部门经理的设定

各个部门都要设置经理这个岗位，有的可以算作岗位的，就不必设经理岗位比如，某餐饮有一定关联度的六个独立岗位，餐饮就可以将这六个岗位组合成一个部门，选出一个领班或主管

2. 是否设副经理岗位

考虑这个问题要从餐饮规模和营业时间等角度出发。

（1）分工的角度出发

规模大的餐饮全面管理工作要分工，就可以设副总经理的岗位。可以分前合和后台，也可以是选择关键环节来设置，关键环节可设厨房、餐饮服务、餐饮销售制总经理，外资餐饮基本叫作行政总厨、餐饮总监、销售总监。

（2）从值班的角度出发

规模大、营业时间又长的餐饮，需要总经理倒班，就可以直接设值班总经理。如果餐饮想推出新项目和不断发展，就可以配两个副手.以便让经理有更多时间出去考察和策划新的发展项目。

3. 特殊经理岗位的设置

从顾客需求或餐饮长期发展等其他角度出发可以设置一些特殊岗位的经理。

（1）营业经理

产品经营成功的四大要素是质量、价格、服务、沟通。沟通已经成为产品经营是否成功的一个越来越重要的因素消费者是否到本餐饮消费的关键因素，有时候取决于与这个餐饮的某个人是否沟通愉快、业内流传的一句话"不信广告信朋友"。从消费者的这些需求出发，规模大的餐饮增设了营业经理这个岗位，营业经理负责某些餐饮消费区域的顾客，这些经理只负责联络感情、了解一些客人只想向经理传达的信息，与客人以朋友相处。餐饮设计这个经理岗位看似增加了成本，其实让客人有被尊重感，容易成为餐饮的忠实顾客。

（2）开发部经理

这是指那些已经发展和准备发展成连锁型的餐饮，为了不断开发新产品和开拓市场而设的开发部经理。如果规模不大，营业时间相对集中，又是经营普通快餐，就大可不必设副经理。这样就可节约一笔可观的管理费。

（二）公关销售岗位的确定

这个岗位的确定取决于餐饮产品适合的市场。

1. 团体客人

如果市场以团体消费为主，需要经常专访的客人多，地理范围广，或需要做大量宣传工作的，要加强公关销售的力度的餐饮都应该设立公关销售部。

2. 分布很广的为主题而来的客人

以历史上某个名人生活过的地方命名的餐饮，会以全国乃至东南亚为客源市场。这就需要大量的公关销售工作，公关岗位非设不可。

3. 被食品和价格吸引的客人

以特色食品和价格取胜的并且以家庭消费者为主的餐饮可以不设公关销售部。

（三）厨房工作岗位的确定

厨房工作岗位主要是根据本餐饮的食品风格、工种、菜系、技术等级、工作批来确定。

1. 根据食品风格和生产模式确定岗位

以火锅和烧烤食品为特色的餐饮不需要在厨房烹制食品，所以厨房只需有摘洗岗位、刨片岗位、腌制岗位以生产基地和加盟餐饮模式运营的餐饮，只需要加热或付货岗位即可。

2. 根据工种确定岗位

大多数餐饮都是按水案、热灶、冷荣、面点等工种设置岗位的。

3. 根据菜系确定岗位

现代化高档餐饮又按菜系的不同定岗，随着客人口味的变化，餐饮除了拥有国内几大知名菜系和相应的厨房生产岗位外，还增设了烹调农家菜的岗位和烹调索食的岗位。

4. 根据技术等级确定岗位

以往的灶上厨师不仅要烹制菜肴，还要刷锅、清洁灶台。现代化的高档餐饮应把灶上厨师与清洁卫生工分开，增加一个，师助手岗（打荷），以提高工作效率和降低劳动力成本。

5. 根据工作量确定岗位

岗位确定时应考虑这个岗位的工作是否饱和，是否可以由其他岗位完成。如果能分解到其他岗位中去，这个岗位就讨以不设立，同理，如果可由店外专职人员或餐饮提供服务，也可以在店内取消这个岗位如中小餐饮的海鲜喂养就可以由海鲜供应商来承担。

二、岗位人数的确定

餐饮各岗位人数的确定应考虑管理者的控制幅度、营业时间、营业状况、劳动强度、规模、档次、经营特色等因素，这些因素必须均衡考虑，虽无公式可直接借用，却也有规律可探讨。这需要设计者具有丰富的经验、敏锐的思维和深刻的洞察力，才能在考虑众多因素中确定最佳岗位人数。

（一）餐饮岗位定员考虑的因素

各个岗位员工人数的确定，要根据餐饮的具体情况和员工素质情况来确定，下面根据影响员工确定的因素进行详细分析。

1. 控制幅度

从管理角度说，控制幅度就是一个管理者所能管辖的人数，或某种岗位的一个人所能服务的客人数。餐饮管理者的控制幅度平均为 6 人，因管理层次、工作技术的复杂性、工作时间以及置厅布局等因素而增减，如高层管理者管理下属一般少于6 人，而基层管理者则多于 6 人，服务人员所能服务的客人数是受服务人员个人能力、餐饮环境布局、工作程序的设计、经营的档次（服务程度不同）、经营特色（自助）以及设备设施（如快餐车、电脑点菜、按铃）等因素影响。

2. 个人能力

每个人的能力都有不同，有的动作迅速、思维敏捷；有的则行动迟缓，工作效率较低。这种个人能力差异与其性格，生活经历、是否受过专业训练、工作经验以及敬业精神和管理者的激励有关。

3. 环境布局

餐饮厨房烹制出的食物需要快速传递，如果餐饮环境布局不合理或松散.就会造成员工的工作时间没有走路时间长，也就是无效时间长，这就会增加岗位人数。

有一个快餐厅生意很好，只是规模太小。于是扩大规模，无奈隔壁房间不肯出让，只好在隔壁的隔壁租了房子当作快餐厅，而厨房还在原处。这样，一份份快餐就由服务员一份一份端过去。显然，这些前厅服务员有 1/2 时间花在路上，这就等于一个服务员本可以控制 8 桌的客人服务，而因这种环境布局只能控制 4 桌。也就是说，本可以安排 2 个人的岗位现在需要 4 个人来完成。

4. 工作流程

餐饮工作流程是指向客人提供产品的工作过程和环节，不同方式必然由不同的流程来完成。

（1）买餐券自取食品方式的流程

出售餐券—提供食品收取餐券—核对餐券与食品量。这种流程对服务人员来说只有三个环节，但不一定方便客人。

（2）现点现做的点菜方式流程

接受点菜—送点菜单取食品—提供给客人—结账。这个流程有 4 个环节，而且等待和走路时间会降低工作效率。

（3）成品点菜方式流程

服务员用餐车提供食品—客人自选自取—结账。这种方式只有三个环节，而且方便客人，提高工作效率这种方式适合那种客源较多的餐厅。

总之，工作流程的设计一定要在方便客人、保证经营风格的前提下，最大可能减少环节和无效劳动，设计最佳流程，才能保证员工尽可能为更多的客人提供服务。

5. 经营档次

餐饮按消费标准分为高、中，低档，不同档次的餐厅向客人提供的服务也是不同的。高档餐厅需要服务员斟酒、点菜等细致服务，低档餐饮只需上菜就可以了又如高档餐厅，一个餐桌服务员只能为一桌客人服务；中档餐厅一个服务员可以为两桌以上客人服务；低档餐厅，一个服务员可以为四桌以上客人服务。

6. 服务形式与特色

这是指客厅以何种形式向客人提供食品和服务及其服务与食品的特色。自助是火锅式自助餐还是成品式自助餐，点菜是菜单点菜还是超市式实物点菜，快餐是成品快餐还是稍做加工需等候的快餐，不同形式的经营服务方式必然产生生产和服务时间差异，也就是一个服务员或厨师及其他工作人员所能服务的客人数会随服务方式不同而有差异。

服务与经营形式及特色不一致，必然会导致不同的生产工作最，其结果会有两种：一是客人不满意；二是限制了每个员工所能服务的客人数势必增加员工，使劳动力成本提高从提高服务质量上看，多以增加人数为宜。但从成本控制角度出发，以节省人数为目标，那么如何解决二者的矛盾呢？就应该结合本餐饮的经营服务形式和特色考虑，既要满足客人物有所值的需要，又要尽可能减少各个岗位的人数。

7. 设备设施

设备设施的好坏直接影响着工作效率，直接影响着餐饮员工服务客人的数量设备设施包括餐车或传送菜和食品车、电话、对讲机、按铃以及电脑传送信息等，这些都可以减少员工走动的时间，从而提高服务客人的数量。

就我国国情来看，必须考虑劳动力成本与设备设施投资的关系如果劳动力节约的成本不足以抵销或超过各种增加设备的折旧爽，在成本控制方面，这种设备设施的投入就是不可行的。

8. 营业时间

各个岗位人数的确定，必须考虑营业时间因素。早餐、午餐、晚餐营业时间不同，需要人数不同，这就必须均您考虑。每餐营业时间的长短不同，各岗位人数确定也不同。

9. 营业状况

就是餐饮在某一时期的客人数和营业收入情况。如果在某一时期客人较少，就可以减少人数当然，减少并非解雇，而是以让员工去学习或以休假形式减员。待营业状况好转时，再增加人数。某餐饮在经营淡季及客人极少时进行适度减员，由28人减至16人，每月可节省费用万元以上，收到了良好效果。

10．劳动强度

一般都以每天8小时工作为标准来确定岗位人数，但有些劳动强度极大的岗位就应少于8小时。如灶上厨师面对的是火烤与烟熏，急的是快快出真，忧的是质量保证，可以说劳动强度扳大。所以，就不能以炒菜的时间计算工作量，应包括准备工作时间和部分休息时间来计算8小时。不过，目前厨师工作量都是灵活掌握，一般以天来计算，而非以小时计算。

（二）餐饮岗位定员的步骤

很多餐饮管理者认为餐饮定岗定员是开业前做的工作，开业后每天按部就班就可以了。其实餐饮定岗定员工作是贯穿整个经营活动的。餐饮管理者遵循先简单后豆杂、先设定后观察修订的原则，按照一定地步骤进行定岗定员，不断提高工作效率，降低劳动成本，最终形成一个最佳的组织模式，为发展连锁型餐饮打下坚实的基础。

1．认真研究本餐饮的经营档次和服务形式与特色

研究本餐饮是自助餐还是风味小吃的快餐，是豪华档次还是大众化。现在有人看好快餐业，包括那些无力经营中高档餐饮的人士纷纷转向快餐，在定岗定员时套用了零点餐厅的模式，致使快餐微小的毛利难以支付流程复杂而带来的工资费用。

2．设计和不断完善工作流程

一些餐饮的工作流程是套用以往有经验员工的工作习惯。这对一个没有餐饮投资和管理经验的餐饮来说，是最简单最直接的进入经营状态方法从提高工作效率和提供个性化服务角度出发，餐饮应该结合自身的特色设计流程。步骤参考如下：

（1）借鉴和分解流程

设计流程可以在借鉴现有的工作流程基础上，把流程分解为最小化的环节。

（2）增减流程

根据本餐饮的需要进行增减，使本餐饮的工作流程不断优化，工作流程的设计还应考虑经营形式，是自助餐还是风味小吃的快餐，是豪华档次还是大众化。

（3）消除限制与影响

在设计流程时总免不了受到以往经验的影响。现在有人看好快餐业，包括那些无力经营中高档餐饮的人士纷纷转向快餐，致使快餐微小的毛利难以支付流程复杂而带来的工资费用。当然，也有从事低档餐饮经营者扩大经营规模，提高经营档次而沿用小吃店的服务方式，结果是服务质量难以保证。

总之，工作流程的设计一定要在方便客人、保证经营风格的前提下，眼大可能减少环节和无效劳动，设计最佳流程，才能保证员工尽可能为更多的客人提供服务。

3．结合环境布局和设备设施计算完成一个单位工作时间

（1）计算各个步骤的时间

结合餐饮的楼层结构、是否有电梯运送食品、同一楼层是否在一个平面上等因素计算各个步骤所需要的时间。

（2）累计步骤时间

累计各个步骤的时间就是完成一个单位工作时间。例如，传一份食品到餐桌包括取菜时间、运送时间、等候和交给服务员的时间，完成传菜的一个单位工作时间为：45 秒+110 秒+35 秒=190 秒。

（3）降低工作单位的时间

餐饮经过分析发现，运送食品时间过长的原因，是厨房与消费区距离过大；又发现运送的全部过程都是在一个平面上。因此，餐饮让传菜员穿上旱冰鞋传菜的方法，能够降低传送一次食品所需要的时间。

（4）改进流程降低一个单位的工作时间

如果中低档餐饮餐桌服务员因忙于餐桌服务，致使传菜员等候交给服务员的时间过长，可改进流程。

（5）通过培训降低一个单位的工作时间对传菜员进行培训使他们能够规范地将所传食品直接上到餐桌。

餐饮经过以上分析和改进，将原来的完成传菜的一个单位工作时间减少为 110 秒。这样可以节省服务员和传菜员两个岗位的时间各 20 秒，运送环节少了 40 秒，接下来就按照结合本餐饮的环境而改进的流程计算传菜和服务员完成一个单位工作时间。

三、工资标准的确定

工资标准的确定是餐饮降低成本、增加利润的关键点。工资标准低，难以稳定优秀员工；工资标准高，提高工资成本。确定恰当的工资标准有利于稳定员工和降低成本。工资标准包括本餐饮最低工资、各岗位基本工资、各岗位浮动工资差额以及各种形式的奖励工资。

不同餐饮、不同时段、不同发展阶段工资成本上升的原因各有差异。

1．人员数量过多

日本某餐饮对员工的动作分析能够精细到每秒钟，相比来说我国目前餐饮还属于粗放式管理的行业。我国餐饮的组织结构多是借鉴其他国家餐饮，没有进行精细化的工作分析与设计，也没有精细到每个半小时的排班工作。所以，我国餐饮在这样的背景下，员工数量超出实际需要，导致了人员数最过多，工资成本自然上升。

2．经过培训的人员不断流失

由于餐饮人才培养的周期长，餐饮特殊岗位人才高工资，导致餐饮人才流失严

重，餐饮人才流失的严重使餐饮放弃自主培养人才的计划，而选择高薪聘用人才的方式满足餐饮的工作需要。这就形成了"培养人才—流失人才—外聘人才—流失人才"的恶性循环。

3．某些岗位工资过高

我国餐饮业人才的培养周期长、对餐饮工作经验依赖性强，多数餐饮陷入了经验型能力培养模式和经验型人才的引进的怪圈也就是说，餐饮人才要经过 3～5 年的学校教育和 3 年以上的工作经验，才能成为岗位工作得心应手的人才。学校大批培养的毕业生只是准人才，目前餐饮竞争激烈，餐饮员工劳动强度大，工作时间长、心理压力大，加上一些餐饮管理不善，能在餐饮工作 3 年以上的已经是少数，只有在名牌餐饮工作过的并接受过培训的，既有学习经验又有工作经历的人，才被餐饮看为高级人才，这些人才数量有限、培养周期又长，满足不了我国餐饮业近些年的快速发展需要，餐饮之间的人才争夺造成了某些岗位的高工资，某些岗位的高工资也是餐饮工资成本上升的原因，只有那些跳出这个怪圈的餐饮才能降低高工资。

4．营业额的下降

餐饮某段时间营业额较低，但员工人数不变和工资不变的情况下，这段时间的工资成本就相对上升。

（一）确定工资标准的基本原则

1．可持续发展的原则

在确定工资标准时，从根本上说就是满足员工和保证餐饮的生存和发展，这就是说最低工资和基本工资必须能满足生存的需要，而浮动工资和各种形式的奖励工资则满足员工发展的需要；餐饮确定的工资也是以保证餐饮人才流失最少、利润最大化，及保证餐饮的生存和发展需要为前据。

2．差异化原则

要保证餐饮和员工的可持续发展，就要根据岗位和人员的差异制定差异工资. 否则容易造成级别高和贡献大的员工流失某外贸公司员工级别差很大，最低的是月薪 800 元，最高的是绩效工资一年收入达到 150 万元，公司不断发展壮大，现在已经成功上市。

3．相对稳定化

相对稳定原则表现之一是各岗位的人员的工资差异使员工队伍更加稳定，或者使能力差和投机取巧之人被淘汰；之二是餐饮管理相对稳定，不会因为工资标准而经常性地改革弄得人心不稳否则员工心态不稳，影响工作质量，员工只能以此餐饮为过渡。

4．匹配原则

（1）工资标准与餐饮的承受能力相匹配

餐饮为了吸引员工盲目制定高工资，结果难以兑现，最后是员工流失、餐饮形象破坏。

（2）工资标准与岗位技术含量和工作强度相匹配

餐饮厨师的工作技术含量相对较高，在经营时间内劳动强度极高，所以相对来说工资较高。

（3）工资标准与工作能力相匹配

实习生由于动手能力较差和工作经验不足，所以工资相对较低。

（4）工资标准与人才供给状况相匹配

行业人才供应充足，工资相对较低；行业人才缺乏，工资相对较高。

5. 总成本最低化原则

餐饮制定工资标准要以总额工资最低化和利润最大化为目标，制定一项工资标准时要考虑对整体工资的影响。例如，为了加强对员工的监督增加了一个管理人员或岗位，或相应地增加监督人员和管理人员的工资，结果增加了监督和管理的成本，减少了员工偷懒现象，却增加了员工流动，最终的工资成本是上升的。总成本最低化原则应该是减少管理层次使餐饮组织结构扁平化，减少高工资和降低员工工作压力而降低总的工资成本。

（二）总成本最低的工资设计条件

1. 规范化和人性化管理

餐饮的各项工作是在一定的规范程序下完成餐饮管理的规范化能使工资合理的新上岗员工在很短的时间内根据标准流程工作，达到优质服务的目的，厨房可以推行标准菜潜，打破高级厨师垄断技术的局面，有利弘扬中国美食文化，又可以让普通工资的厨师制作菜肴餐饮实行人性化管理并使人性化管理工作规范化，并不是把人性化管理停留在口头上和随意性上。

2. 布局合理

餐饮合理的布局使员工走动纸和走动时产生的交叉量变少，员工工作时间最节省，工资才能最低化。

3. 先进适用的劳动工具

把重复性强和劳动强度大以及标准化要求高的工作，用机械化和半机械化的工具代替，大大提高劳动效率，降低工资成本，例如，餐饮可以用定温定时的锅具，可以使用加工快速、使用加工后的原料形状统一的各种规格的切菜器。

4. 合理的组织结构和共享的信息通道

一个管理者每天用于沟通的时间在75%以上，可见减少会议和传达个体信息的时间是降低工资的重要方法。合理的组织机构信息传达的多角化和重复化，共享的信息通道是减少信息沟通时间，使各个部门员工在信息发布区共享餐饮的业务信息如餐饮在员工上岗的必经区域设信息板，所有的员工就可以用最短的时间获得必需的有用信息。

第三节　餐饮各项用工成本控制

餐饮全体员工是成本控制。餐饮投资者不应只把员工看作是成本控制的对象，而应把员工看作是成本控制的主人。只有每一个员工把成本控制当作是与完成服务工作同样重要的内容，餐饮成本控制才真正做到实处。

一、人事管理的成本控制

人事管理是餐饮为了满足经营管理的需要，对员工进行招聘、培训、录用及解聘等管理活动，这一系列的活动会支出一系列的费用。首先，人事部的员工工资、办公费、广告费、培训费，录用后成为熟练员工而支出的各种实习费、解聘过程的赞用，这些费用看似较少，其实零碎的费用积少成多。据美国统计资料，仅仅是一个厨房勤杂工从录用到成为熟练工，就会让餐饮支出 150 美元的培训费，而一个中级管理者则需要 6000 美元的培训费所以说，流失一个中级管理人才相当于至少损失 6000 美元如果我们把人小费用分解并逐项采取控制措施，一定会让餐饮降低成本，又能使餐饮树立良好形象在这里，只把培训管理费分解成招聘费、培训费、录用费、解聘费四项。

（一）招聘费用

招聘费包括招聘广告或信息费、招聘面试过程的各种费用。

1. 招聘广告费

餐饮为吸引优秀人才加盟和增加选择员工的机会，往往投入一定的财力，或登报或利用电台电视台进行广告招聘餐饮在保证招聘效果时、也要进行成本控制广告费用的控制.是以最小的广告费用取得最大的广告效果，这就要注意媒体的选择、版面或时间的选择，同时要考虑同一时期内是否有同类餐饮的招聘广告。同时广告语言的策划也会大大影响招聘的效果。而且对餐饮形象的宣传，在做广告时，也应用语言技巧体现出来。

2. 招聘信息费

餐饮在招聘时，为节省费用和使招聘更有针对性，往往要通过一些中介机构或中介人招聘人才。如招聘专业人员可到专业院校直接招聘，同时支付信息费或培养费，有的餐饮规模较小，不必登招聘广告，可以通过朋友介绍来招聘人才。若想节省费用又能招贤纳士，最好能与专业院校教师取得联系，因为他们总有一些相关学生的信息。通过这种中介不但能节省大笔费用，而且能招聘到最理想的人才。因为，他们最了解自己的学生和餐饮各个岗位需要的人才，许多酒店通过这条渠道招聘到

3．招聘面试过程的各种费用

包括各种用品费用、招聘人员的工资和福利、房租和设备损耗。首先，这些费用的节约必须通过制定切实可行的招聘计划和按计划执行来实现。如果招聘工作缺乏计划性，就会造成重复劳动和无效劳动，而且会严重影响招聘效果和餐饮形象。餐饮可以利用互联网传递个人简历和录像信息，以最快的速度和最低的成本完成面试工作。

（二）餐饮员工培训费用的降低

从开业策划到经营过程，餐饮都要对员工进行培训，这是国内外餐饮成功经验之一。只要有培训就会产生培训费用。餐饮的培训费包括聘请老师的讲课费、员工培训期间的工资、培训使用的教室和教材费用，派出学习的学杂费、差旅费等。一般来说，培训费占整个餐饮投资额的 2%～3%。但培训工作一定要在充分了解培训主体和客体的前提下进行，才能用有限的培训费用换取更好的餐饮服务水平。

1．了解培训的客体

培训的客体是餐饮全体接受培训的对象。它不仅包括前台服务人员，还包括后台工作人员及各岗位管理人员和后勤人员。要了解员工现有的知识水平、专业水平，各个员工的特长，岗位的具体要求。如餐饮新员工大部分是从服务学校来的，这些人员专业知识掌握到何种程度？如果是大概掌握，但不熟练这种情况下，就没有必要再开设一般专业知识课，只需用本餐饮技术骨干帮助员工不断训练技能就可以。待技术掌握到较熟练程度，再去聘请餐饮业的服务或管理的较权威人士，讲解餐饮服务的技巧和特别事件处理，目的在于强化和提高餐饮服务意识。这样就可以省去一笔聘请教师讲课费和训练费。

2．了解培训的主体

培训的主体是提供知识和技能的人或物。可以是专业教师、服务技师、管理人员，还可以是 VCD/DVD，自学教材和师带徒法，也可以是提供学习条件的学校、餐饮等。

餐饮在制定培训计划时，必然要考虑选择何种主体来培训员工。选择主体需要考虑的因素主要是主体自然情况、餐饮需求、主体的收费标准。主体的收费标准的高低不一定决定培训效果的优劣，所以一定要对各种主体加以研究，方可达到事半功倍的效果。

（1）专业教师和服务技师

专业教师和服务技师收费按课时计算，一般是每课时 40 元以上，外聘的为 100元以上。他们主要是起到讲解知识和示范动作的作用，因此，在考虑这两个主体时，应压缩课时，只需要突出讲解和示范的培训环节，不应请他们带领新员工训练，否则会增加课时费。

（2）管理人员

餐饮管理人员都有丰富的餐饮知识和熟练的服务技能如果他们能恰到好处地起到专业教师和服务技师的培训作用是再好不过的。如果不能，可以让其跟随员工一同接受服务技师的培训，然后带领员工训练技能。所以说，餐饮在聘请管理人员时就要考虑其是否具备培训员的能力，就是考虑能否节省一笔可观的培训费。

（3）VCD/DVD

VCD/DVD 提供的是专业知识和服务技术及岗位要求。餐饮利用 VCD/DVD 培训员工可以收到与聘请专职教师及管理人员讲解同样的效果，VCD/DVD 还可以取复播放，便于餐饮长期使用，从长远来看可以节约培训费，但对小餐饮来说一次购置几千元的 VCD/DVD 就难以接受，可以到服务院校去租用 VCD/DVD。

（4）自学和师带徒法

自学法适合开业后录用的零员工或文化程度较高的员工。开业后，由于人员流动必然会有新的员工补充空岗。这些员工的培训不可能用上面几种方法，只能以直接到岗跟老员工学习的方法为主。虽然，有时来应聘的员工有一定的工作经验，但是由于餐饮业是不断发展的。各个餐饮经营又各具特色，以往在其他餐饮学习掌握的方法不一定完全适合本餐饮，所以，要靠员工到本餐饮后自我总结、自我培训。当然这种自我总结的培训方法，最好由管理人员或领班组织员工进行，以实现岗位提高的培训效果。

（5）培训学校

培训学校对餐饮培训有两种形式，一种是学校自己提供生源培训后由餐饮挑选，餐饮按提供人数向培训学校支付培训费，这种方式可以减少餐饮的招聘费、培训期间的管理费另一种形式是餐饮自己招聘，将招聘的员工委托给培训学校进行培训。餐饮可以减少租用培训教室的麻烦。

这两种方式都证明了餐饮工作分工越来越细、越来越社会化的趋势，都可以节省培训费。

（6）餐饮岗位学习

一些餐饮特别是正在筹备的餐饮，为了将餐饮办出高水准，常常派员工到那些管理较好的餐饮去取经。这种培训方法效果很好，但费用高、时间长。如何降低费用和缩短时间呢？其实，只要在学习方法上稍做调整就可以了。比如，在上岗学习前，不仅让员工学习一些专业知识和技能，更重要的是告诉员工如何学习，这是至关重要的。如管理人员要学习现代餐饮管理的基本知识，掌握餐饮管理成功的根本原因是表格与制度控制和人情式管理。那么，管理者在上岗时就会在短时间内搜集表格和制度及人情式管理的案例，并进行认真分析，总结提高，取得理想的培训学习效果。

上岗学习前，餐饮一定要与培训主体（培训餐饮有关部门或人员）说明，要求在上岗前和培训结束后对员工加以指点和总结。采用缩短上岗学习时间法可以节省培训费 1/2 以上。

（三）录用费

据调查，有些餐饮人事部特别忙，总有录用的新员工，也有刚上岗几天的员工主动辞职，给餐饮增加大量无效的人事管理费。餐饮录用员工后，也会支出一系列的录用费首先要对员工进行就职指导，然后要发放劳保用品，还要办理录用手续。这些费用每个人可达 500 元以上，有些餐饮采用员工交押金的方式加以控制，这样只能控制一些劳保用品的损失，却不能控制人事部门在录用工作中的管理费，而且这种方法不利于餐饮长期发展所需要的形象所以，要从根本上尽量减少录用费的发生，就应减少录用活动和解聘活动如何节省录用费？最简单而有效的方法就是要向新员工说明餐饮的工作性质餐饮在员工上岗前，告诉员工应聘岗位工作的艰苦程度，让员工有思想准备，如果怕吃苦的员工自动放弃上岗，就不必录用，以免录用后再解聘增加解聘费用。

录用是餐饮招聘员工上岗的过渡环节，这个环节直接影响着招聘与上岗，所以，餐饮不能因为急于用人而不考虑各种影响工作后果的因素，否则会永远陷入频繁解聘的恶性循环之中，不仅增加费用，也有损餐饮形象。

（四）解聘费用

餐饮特别是私营餐饮，员工主动解聘和被动解聘是常事，解聘产生的费用和解聘后对工作的影响而损失的费用不仅是几百元的，当然这里需要排除那些工作态度恶劣对餐饮产生不利影响的员工的解聘。目前餐饮员工的流动多是员工主动的。餐饮如何降低解聘费用呢？根本原因还是减少员工主动辞职，如果员工主动提出辞职，应查明原因，解决根本问题，如果能解决问题而避免员工主动辞职，这是上策。如餐饮服务员频繁辞职，究其原因是管理人员对服务员太不公平，那么就应解决这个不公平的根源，以保持服务员队伍的稳定。

二、工作效率

（一）工作动机与工作效率

工作动机是员工工作的目的和动力源泉。有的员工把工作视为乐趣；有的员工把工作视为成长发展的必然过程；有的是想多挣钱。

1. 乐趣与发展过程的动机

这种动机支配下的员工会积极主动完成本职工作，并能用创造性的方法大大加快工作效率。这种工作动机并非与生俱来，多是受生活经历影响。因此，餐饮管理者在培训和日常管理中应结合这种动机，从根本上解决工作效率的问题。

2. 经济收入动机

这种动机支配下的员工把经济收入看作是工作的主要目的，为了多挣钱而积极提高工作效率。因此，餐饮应把工作效率与个人收益挂钩，这样才能刺激员工主动提高工作效率。

3. 个人享受的工作动机

这种动机支配下的员工会利用一切机会获得自己想获得的一切。他们心里一方面想着如何能干得舒服，另一方面又想着如何能少干活，因此工作效率低下。但这些人员多是油嘴滑舌，住往博得上司喜欢。所以餐饮管理者要客观地评价每个员工的工作效率，对这种动机的员工应加强教育和管理，促使其认识这种动机的不利后果，从而改进工作效率。

当然，这三种动机不是截然独立的，有时多种动机兼而有之。餐饮管理者应引导好的动机，抑制不良动机，从动机上解决效率问题，最终实现成本控制的目的。

（二）个人能力与工作效率

不能否认，在良好的动机支配下的工作效率也存在很大差异，这主要是因为个人能力的差异，有的人生来就是行动缓慢，有的则雷厉风行这并不等于说餐饮需要的人员都应是雷厉风行的人物，有的岗位需要严谨的工作方法，往往适合那些办事周到行动稳健的人。有的岗位工作量大、动作变换多的，则适合雷厉风行者餐饮应准确把握员工个性，恰当安排合适的岗位，让他们发挥各自优势，从总体上提高工作效率。

（三）分工粗细与工作效率

分工粗细直接影响工作效率

1. 一个人总是重复几个简单动作，效率必然提高

如果工作内容流程多、环节复杂，工作效率必然下降因为一个人由一个动作向另一个动作转变需要十秒钟的考虑时间。因此，餐饮应将工作细分化，让每个岗位的员工以尽可能少的动作完成一个工作周期，以便增加动作周期提高效率。当然餐饮规模小的也难以将工作细分化，但应有细分化工作的意识来提高工作效率，如餐桌服务员的工作就是在客人周围提供餐桌服务，他们的工作就不应有跑动取物的内容，那些送单、取饮品和食品的工作应由传菜员和服务员协助完成。

2. 餐饮分工过细，还会增加劳动成本

如果餐饮客人不多时，每个人只干本岗工作，就必须让全体员工上岗。因此，餐饮把各岗位细分化时，还要考虑员工能力的多样化，以便在早、晚值班时间中的客人不多情况下，一个人能完成多个人多个岗位的工作。因此，餐饮分工不应单一化，应多元化，既有岗位分工，又有工作时间差异的分工。这样才能真正做到分工粗中有细、细中有粗，实现辩证分工法，达到降低工资成本的目的。

三、工作积极性

员工工作积极性高，才能最大限度发挥潜能，提高工作效率、避免浪费。多数

人的本性总是有惰性的。一般情况下，有一些员工总是设法少出力，因此餐饮如果不采取有针对性的、切实可行的、强有力的措施，调动员工工作积极性，就会使餐饮各项管理费用大幅度增加，据调查，有些餐饮管理者私心重，不善管理，员工吃拿和浪费十分严重。有的员工不仅吃和拿走餐饮食品，而且进行破坏性浪费，他们竟然用未经发制的海参做菜，结果不能吃而扔掉。有些表现比较好的员工，在做菜时也不注意对原料的合理使用，制作雪锦豆沙需要用蛋清，剩余的部分蛋黄就被扔掉；制作用蛋黄的菜时则扔掉，浪费惊人。虽然这是一些极个别的例子。但不可否认，目前确实存在一些餐饮因不能调动员工的工作积极性而造成成本加大，只是程度不同而已。

有的餐饮管理者积极关心员工，主动帮助员工解决实际生活困难，为员工创造学习条件，员工不但节约成本，而且还创造性地节约成本。

第四节　餐饮弹性工作制

弹性工作制度是相对于固定工作制度而言的工作时间灵活工作制度，弹性工作制对餐饮来说，不仅是形式上的弹性，更主要的是内容上的弹性以往工作时间制度是由餐饮决定员工上下班时间，餐饮弹性工作制是确定总的工作时间，由员工自己决定上下班时间这是人性化理思想在餐饮中的具体运用，是对以往的工作制的一次革命，弹性工作制是社会发展的客观要求。目前，世界上还没有时弹性工作制作统一的定义和范围的界定，各行各业都根据自身特征推行不同程度的弹性工作制。餐饮业推行弹性工作制显得更迫切。

一、实行弹性工作制的必要性

大多数餐饮都面临着人员流动频繁、餐饮要求员工年轻化、员工心理压力大等问题，任何餐饮都被这些问题不同程度地困扰着；目前根据世界各国餐饮的成功经验，解决这些问题的最佳方法就是推行工作制度。

（一）弹性工作制度是适应餐饮业人员频繁流动的重要手段

人员频繁流动将加大成本，这是无可非议的。频繁流动的原因有多种，有行业原因，也有餐饮自身管理原因，如何解决这个带有普遍性质的根本问题呢？只能是因势利导，对症下药。餐饮对员工要求的年轻化、服务人员素质的高情商化，决定了餐饮用工制度难以实行全面的固定工制和终身制，餐饮职业将会成为一些年轻人的过渡职业和兼职职业。餐饮不可能像其他行业那样要求员工按每日 8 小时工作。

（二）弹性工作制度能从根本上解决餐饮行业员工年龄限制的问题

我国餐饮业前厅服务主要是由 19～25 岁的年轻人完成的，18 岁的低龄服务员，往往素质达不到要求；超过这个年龄的或者提升或者改行，其余的餐饮一般不再留用，因超龄而解聘确实让人不舒服，所以最好是实行弹性工作制，只录用 19～25 岁之间的员工，不做长期录用计划，放宽年龄限制和专业限制，餐饮可以有充分的回旋余地。

（三）弹性工作制有利于解决餐饮经营淡季工资成本率上升的问题

餐饮每年有旺季和淡季，每月有高营业额时期也有低营业额时期；每周有"星期一买卖稀"之说；每日的餐别不同，工作量也不同；营业高峰和低峰期工作量也有差别。此外还可能发生难以预测的突然高峰和低谷。不同的营业状况需要员工的数量是不同的客源少时，使用正常数的员工就会加大工资成本，客人非常多时，正常的员工数量又保证不了服务质量，如果再增加员工，势必又加大成本。只有实行弹性工作制，才能尽最大限度节约劳动力成本。

（四）能够给员工留有灵活的可支配的自由时间

许多餐饮实行全天工作制，全天制要求员工在非营业时间也必须在工作岗位，可以离岗也是时间有限，餐饮员工在企业的时间就长于其他行业，这也是餐饮招聘员工难和人员流动频繁的一个原因。如何缩短在岗位的工作时间，也是实行弹性工作制的客观要求。餐饮让员工每天只工作一餐或两餐时间，集中精力最大限度地发挥潜能做好一餐服务工作，余下时间满足他们继续学习深造的愿望。

（五）减少员工迟到和耽误在路上的时间

餐饮在退到问题上都采取了各种严厉措施，员工很怕退到而产生的心理压力大大影响了工作效率，由于员工每天按时上班，家远的会把大量时间浪费在路上。这样的员工就希望集中上班时间，余下的时间进行彻底休息他们往往愿意住在倒班宿舍，以便能够集中上两天的班，然后回家休息两三天，这样一张一弛的弹性工作制既能减少员工的后顾之忧，又能方便餐饮曾理工作。

二、推行弹性工作制考虑因素

推行弹性工作制的根本目的是充分合理地利用人力资源，实现最低的劳动力成本和最佳餐饮利润，在推行弹性工作制时必须考虑以下因素。

（一）餐饮经营的淡旺季

任何餐饮都有各自经营的淡旺季，或者是年末，或者是春秋两季.或者是炎热的夏季，还有由于某种原因造成的餐饮经营的情淡与兴旺。淡旺季的经营必然涉及各岗位需要员工数量的多少不同一毫无疑问，旺季用人多，淡季用人少。如何满足餐饮对旺季员工需求数量多，淡季员工需求数量少的现实需求，对餐饮控制劳力成本来说是大难题，如果用简单的方法旺季扩大招聘，淡季大地裁减人员，带来的麻烦也会很多。这就要求餐饮根据本企业的淡旺季特征实施弹性工作制。

（二）每天的营业高峰期

各个餐饮除每年都有淡季外，还有每周的"阴晴圆缺"，而且有明显的高峰低谷之分。有的餐饮白天大门紧闭，晚上灯火通明；有的餐饮 24 小时营业；有的餐饮只供午、晚餐；有的餐饮早午餐只是为了保本，主要营业收入在晚餐高峰期全体员工忙忙碌碌还难免服务不周。

（三）餐饮经营特点

餐饮经营特点包括餐饮供应餐饮的形式是快餐还是零点，是宴会还是自助？这些形式也或多或少地影响着员工的工作时间。快餐的工作高峰在准备和结束，出售时并不是最忙碌的；零点的工作高峰则在客人到达餐饮后；宴会的工作从准备到服务都是用人高峰所以，餐饮在接到宴会通知后，马上调整员工排班计划，也是那性工作制的一种形式。

（四）员工要求

餐饮由于种种原因招聘的员工有很大差异，有的长期聘用，有的希望短期聘用，有的希望阶段性实习，有的希望按小时计工资，还有的希望兼职，这些员工的特点是推行弹性工作制考虑的重要因素在安排工作时间时，有的可以是固定不变的；有的可以是在一定时期内相对稳定的；还有的是每周乃至每天的工作都是有弹性的。

（五）人才市场状况

餐饮人才来源广泛，但质量却难以令人满意原因是餐饮人才来源广泛与餐饮用人标准产生了矛盾。餐饮必须扩大人才来源，在不降低用人的素质要求的前提下必须放宽员工的工作时间要求只要素质符合条件，可以做兼职、小时工这种方式既能保证餐饮人才来源，又能降低餐饮人力成本在这方面，成功的典范首推世界快餐之王——麦当劳。他们以小时工为主，每人每天工作不足 4 小时，员工在 4 小时内以最高的效率为其工作，刚刚产生疲劳时就到了下班时间。

三、推行弹性工作制的原则

餐饮推行弹性工作制必须遵循一定的原则，否则就可能达不到理想效果。

（一）保证最佳经营效果

实行弹性工作制是为了合理利用员工的时间，降低劳动力成本。无论怎样推行弹性工作制，都必须以保证餐饮的经营效果为前提。

小型餐饮厨师长兼大厨，每餐菜肴制作都离不开他。这种情况下，厨师长不可能有长时间的休息，而只能利用各餐之间的时间进行休息，实行小周期频繁休息的弹性工作制。而小型餐饮的财务管理不必每天管账，只需定期整理账目即可，所以就可以推行大周期的大弹性工作制。无论怎样推行弹性工作制，都要以保证餐饮产品质量墙和业务需要为原则。

（二）充分挖掘人力资源，降低劳动力成本

许多餐饮采用的延长工作时间的方法是破坏性的、掠夺式的用人方法。最终结果是人才严重流失，餐饮总是陷入缺人的困境。因此，为合理挖掘人力资源。餐饮推行弹性工作制时，应有效地利用员工的工作时间，把两餐之间休息时间用弹性方式还给员工。也可以把一些人的中间休息时间利用起来，然后让这些员工在下一个周期充分休息。也就是说，餐饮不应以占用更多的员工工作时间为管理目的。而应让员工在有限工作时间发挥无限作用，再给员工一段时间让其得到充分休息，以便更好地在工作时间提高劳动效率，最终达到用有限的工资支出获得更大的效益。

（三）让员工得到充分休息

餐饮员工在岗时间长，但不是所有在岗时间都在工作状态上。有些餐饮能做到员工工作时间内工作饱满，有些餐饮两餐之间也让员工在岗，但主要是闲聊；而有些餐饮是由于客源少、经营不景气造成员工无所审事。这不等于说，员工在班上无所事事，就是得到休息虽然他们在身体上和精神上处于半放松状态，但并未得到充分休息，员工在岗时经常处于无所事事状态，就会养成一种工作的惰性，久而久之，工作效率降低，工作热情消失。

（四）为员工创造学习条件

餐饮对员工的素质要求很高，他们不仅要拥有熟练的技术，还应不断扩大知识面，提高文化素养和业务水平这些素质的形成和提高，绝不是靠日复一日地餐饮工作实现的。它需要员工走出餐饮进入学校，走出城市去旅行去见识才能形成，餐饮应为员工创造这样的时间条件餐饮可以为每个员工提供几天乃至一个月的弹性休息时间，让他们出去学习。当然.餐饮也可以在每天为那些正在学习的员工创造厂、条件，让全体员工明白：只要想学习，餐饮可以在工作时间上调整，给员工以方便，但工作量必须完成。

（五）严格把握和控制人员素质

弹性工作制的推行必须是对那些符合岗位要求的人员。为了保证各个岗位人员素质，可以扩大招聘范围，为那些不能常年全天候为餐饮工作的，但又非常符合餐饮某些岗位要求的人打开方便之门如在校大学生，可以提高餐饮形象，提供高质量服务的，就可以用弹性工作制大学教师不需当班，又有科研任务，餐饮可以给他们提供科研机会，他们可以为餐饮搞策划和做员工培训，这种情况，就不能对其规定工作时间，要运用自由弹性的工作制，餐饮需要的是这些人员的素质和给餐饮带来的有形和无形效益。

四、推行弹性工作制的方法

弹性工作制在我国餐饮业已经推行，只是弹性的程度和形式不同罢了。目前餐饮的弹性工作制推行得不够广泛，还没有从根本上解决人员管理与经营需要的根本矛盾。餐饮要推行弹性工作制还有一段过程，还要不断探索，创造出适合国情符合餐饮具体情况的弹性工作制。

第九章
信息技术与餐饮成本控制

餐饮企业的餐饮信息管理系统，不仅提高了餐饮企业的服务效率，而且给餐饮成本控制提供了一个方便高效的控制工具，可以使成本控制的管理效率大大提高。本章着重对信息技术在餐饮成本控制中应用的必要性、餐饮企业餐饮成本控制信息系统（单店）的主要功能、信息技术在餐饮成本控制中的作用等方面分别进行阐述。

第一节　信息技术在餐饮成本
控制中应用的必要性

即使我们制定了一整套餐饮成本控制制度，有时候也会由于种种客观条件限制而不能很好地达到控制效果。譬如，采用点菜单的编号管理、点菜单与账单核对、点菜单二联核对、点菜单修改的签字权限及账银核对等管理制度进行收入控制是一套有效的收入控制方法，但它的缺点是工作量相当大。餐饮部每天的点菜单有成百上千张，每天要进行其编号顺序核对、点菜单与账单核对、点菜单两联核对等营业收入稽核，工作量大又枯燥乏味。而且如果审核人员与收银员或服务员或厨师联手作弊，照样可以产生收入漏洞。又譬如，在厨房烹制生产环节的成本控制中，由于原材料的非标准性、菜肴产品的多样性及厨师生产的自由性，对原材料耗量的控制缺乏有效手段。虽然标准菜单上有每种菜肴的标准耗量，可以作为生产耗量的控制依据，但是由于原材料的多样性和菜肴的多样性，实际上要依据标准菜单计算出每天生产的菜肴所消耗的原材料的标准耗量是缺乏可操作性的。

餐饮企业的餐饮信息管理系统，不仅提高了餐饮企业的服务效率，而且给餐饮成本控制提供了一个方便高效的控制工具，可以使成本控制的管理效率大大提高。

一、餐饮业信息技术简介

为什么信息技术可以解决成本控制中的问题呢？这是因为信息技术具有手工管理所不具备的优势：

第一，计算机通过数据库技术可以将企业经营过程中发生的各种数据（如收入、产品、价格、销售量、成本）集中管理，供企业中所有相关人员共享，提高了数据利用的深度和广度以及管理者对数据的控制力（比如，管理者可以随时查阅到各种经营数据）。

第二，计算机通过局域网技术可以采集到发生在不同区域的有关联的数据，并进行集中处理。这对成本控制很重要，因为成本控制是一个多岗位、多环节的系统工程。

第三，计算机快速的数据处理功能（如快速的计算能力和搜索能力）可以使人工操作无法实现的控制方法得以轻松实施。如计算标准成本、销售分析等。

第四，计算机还可以通过软件设计实施权限管理。所谓权限管理，就是对各个不同岗位的人员在使用管理信息系统进行操作时，可以根据该岗位的工作职责范围对上机操作的人员赋予不同的操作权限，如服务员用自己的密码进入系统时，只有输入菜单的权力，如果要修改已经产生的菜单，服务员就没有权力了。也就是说，服务员想要修改菜单，计算机将不执行，只有主管或经理用授予的密码输入计算机后，系统才会执行修改菜单的命令。因此，计算机管理信息系统比人工管理更"铁面无私"。

二、信息技术在餐饮成本控制中应用的必要性

由于信息技术的种种优越性，所以在一个业务量较大的餐饮企业，采用餐饮管理信息系统来辅助成本控制将是一个明智的选择。基于网络技术和数据库技术基础上的餐饮管理信息系统可以具有以下的功能：

（一）支持业务运行层的日常运作

餐饮管理信息系统支持业务运行层的日常运作，特别是部门间、岗位间的作业协调。餐饮生产的业务流程为餐饮预订部的预订厨房的生产计划—仓库申购—采购—验收/发料—厨房生产—餐厅销售。各环节由一系列的数据信息来进行连接，如预订通知单、订购单、验收单、发料单、点菜单等。采用了局域网系统后，各环节间的信息由纸介质传递变为电子介质传递，各种审批权限管理及责任签字也可在网

上实现，这就大大加快了数据流的流速，从而提高了业务流的准确性和时效性，既提高了服务产品的质量，人员的工作效率也可大大提高。

此系统通过与饭店会计核算系统的接口及与客账系统的接口，也可提高会计核算的质量与工作效率以及客账管理的质量与工作效率。

（二）成本控制的标准管理

餐饮企业餐饮成本的标准管理主要包括对餐饮食品原材料的标准单耗、原材料的标准单位成本、原材料的标准出料率（原材料的净料与毛料的比率）、餐饮食品的标准售价等标准指标的制定、修改和使用。采用了餐饮信息管理系统后，标准指标的制定修改者与使用者可以实现在线沟通，即时刷新，即时使用。可充分发挥标准菜单等在成本控制中的作用。

（三）实时监控

成本控制讲究的是及时控制，当问题发生时，最好当时就能发现问题并找出问题所在。餐饮管理信息系统提供了这一良好的功能。通过成本差异分析，可以找到成本管理的漏洞在哪个部门、哪种原材料。通过系统共享的数据资源，可迅速查询具体是什么原材料，在什么地方，发生的是哪类问题，谁是责任人。这无疑给餐厅管理层及财务部成本管理者提供了一个功能强大的控制管理工具。

此外，除管理层可进行实时查询和监控外，各业务环节的管理者甚至员工也可实时查询成本控制情况，从管理心理学的角度讲，这种对行为的及时反馈，可帮助行为者进行及时的自我行为纠偏，达到自律的良好管理效果。

（四）决策支持

依托供应商数据库和由客人预订而形成的客人档案数据库及收银处形成的销售数据库，可以支持采购决策、菜肴及饮品的新品设计及旧品撤除的决策以及售价的决策。网络技术提供的数据共享和在线查询的功能，使决策所需的信息可以很方便地获取、处理及形成，从而也使决策更加科学化。

第二节　餐饮成本控制信息系统的主要功能

一、餐饮成本控制信息化流程

为了能从餐饮劳务整体管理流程上来了解餐饮成本控制的整个系统、各个环节的关系及管理信息系统是怎样进行工作的，下面先介绍三种餐饮成本控制信息化流程。

（一）采用一台计算机的餐饮管理工作流程

小型餐厅可以只用一台计算机来完成所有的管理功能。

（二）采用餐饮前后合局域网系统的信，电化管理工作流程

大型餐饮企业的经营场地分布较多小型餐厅，布局要分散得多，管理要求也更多，因此可采用由局域网技术将多台计算机联网，完成餐厅的各项管理功能。

（三）连锁餐饮企业信，电化管理工作流程

连锁餐饮企业除了在每个分店采用前两种店内系统外，还可以利用互联网技术将各分店的系统联结起来，达到集团管理控制的管理目的。

二、餐饮企业餐饮成本控制信息系统（单店）的主要功能

（一）采购验收和库存管理（物流管理）

第一，请购单管理。厨房根据销售预测输入请购要求。

第二，供应商管理。建立供应商数据库，包括供应商的各类信息及所提供的原材料的信息。

第三，入库单管理。仓库管理员在请购单的基础上验收确认后，所购物品方可入仓库存货账。

第四，出库单管理。由原材料使用部门填单确认，记入仓库存货账。

第五，存货明细账。根据入库单和出库单动态信息调整记录，可以反映每一种存货的即时状态。

第六，进出存报表。反映本月进出料的情况及结余。

（二）销售管理

第一，预订。在客人数据库登记客人的要求和信息；建立客人数据库。

第二，点菜输入。支持多种输入方式，如键盘输入、触摸屏、无线移动点菜等。

计算机在餐饮销售控制中最大的用处可能是省去了过去传统的手工写点菜单的程序。过去，由服务员开菜单，送至厨房，等厨师烧好之后再由服务员将它们端给客人。显然，这个过程要浪费很多时间，即使是在营业很顺利的情况下也是如此。服务员送点菜单至厨房后，不论是等在那里直到厨师烧好还是出来后再进去领菜都要花掉一定的时间。若服务员到厨房拿菜时，厨师还未烧好，这时服务员就要决定是否等在那儿直到一切都做好呢，还是返回照顾客人，过一会再去厨房端菜。

管理人员希望服务员最好能在客人身边待尽可能长的时间，因为这样可能会产生更多的生意。花在进出厨房上的时间是一种"死的时间"，要想办法使它成为生财的时间，管理得好的企业在上述情况下会根据客人的需要采取灵活的措施，而不是让服务员躲在厨房里把客人搭在一边。

在大多数使用计算机的餐厅里，服务员使用传统的订菜单接受客人点菜，然后开动服务终端记录客人的点菜并开好账单。服务终端有一个大键盘，和后台的中央处理机连接，用来输入日期、一张餐桌上的客人人数、食品和饮料数等，它一般设在餐厅内，也可置于收款台以取代传统的收银机。服务终端上的键盘可事先制好，每一个键代表一个菜单上的品种，一按该键，则代表该菜上了订单，其价格、名称立即在计算机的储存系统中打印出来。特选菜、附加品种的价格可储存在主机里，随时备查。

每个服务员都有一个专用键，一个密码，以便开启餐厅的服务终端，然后按下台号、就餐人数、账单号码，再将账单放入打印机，根据菜单按下相应的键，这时显示屏上会将服务员输入的菜肴项目一行一行地显示出来，服务员即可鉴别输入终端的信息是否正确。

第三，员工权限管理。根据不同的岗位和层次给予各类员工设置权限，如输入权、查询权、修改权。

第四，厨房分单打印。前台点菜完毕后，即时将点菜单发送至厨房打印机打印出来。

第五，加菜、退菜、换台、口味附注。可根据客人要求进行菜单调整，但调整需有权限控制。

第六，支持各种结算方式（现金、支票、信用卡、挂账、招待、IC卡等）。

（三）销售收入分析

第一，消费信息查询。

第二，就餐客人收银明细表。可以查询就餐客人的结账情况。

第三，收银报表。收银汇总表，可列出不同的结算方式（现金、挂账、信用卡、IC卡等）。

第四，餐饮毛利。

第五，金牌菜、滞销菜统计。可统计并列出销售量居前的金牌菜及近期没有销售量的滞销菜。

第六，疑问单查询。可以查询实际打折额大于规定打折额的点菜单。

（四）成本控制

第一，生成营业收入报表。

第二，标准菜单管理。进行标准菜单的设置；利用标准菜单进行采购量的决策与标准消耗量的计算。

第三，原材料消耗日/月报。可进行各类原材料消耗量的查询。

第四，生成餐饮成本报表。

第三节　信息技术在餐饮成本控制中的作用

一、提高操作层面的工作效率

从操作层面上讲，可以改善部门之间、工作环节之间的沟通协调，可以使数据流的流动更准确、更快捷，从而提高物流或业务流的准确性和时效性，为按质按量提供产品作保证。同时能提高人员的工作效率，减少差错率。如点菜功能可在服务员输入客人的点菜单的同时，将信息迅速传到厨房的打印机或显示屏，厨师便可立即按订单出品。

网络信息系统传递信息既准确又迅速，对于再烦琐的计算也只不过是瞬间之事。在客账的结账管理上，客人的餐饮消费即时地记入客账中，杜绝了客人走账的漏洞，保证销售款的全额收回。

此外，通过系统与账务处理系统的接口，可使餐饮成本和餐饮营业收入的会计核算更加自动化，提高了人员工作效率，从而可以降低人工成本。

二、加强管理层的控制力度

从管理层面上讲，对一个企业良好的管理，必须建立在对这个企业经营每一环节实施有效监控的基础上。掌握动态的前提是能实时地取到反映动态的数据，当管理层能及时获取信息时，就扫清了实施控制的一大障碍，使控制管理成为操作性很强的简单管理工作。如利用信息系统和标准菜单，就可以很方便及时地根据实际销售量计算每日或某一时期的标准成本，将其与当日或某一时期的实际消耗量比较，便可有效地控制成本。餐饮成本的价值链很长，环节很多，地理位置分布分散，只有网络化的信息管理才有可能对生成于不同地理位置上的数据进行实时采集。这样任何有关人员都可及时地在终端机上查询到所需要的信息。

此外，计算机信息系统的权限管理特点，也使手工管理时的漏洞得以根本改善。例如，菜单修改的权限管理，使一般服务员作弊的可能大大降低。因为一旦菜单输入系统，系统就留下记录，并且同时在收银、厨房产生同样的信息，如需修改，需要有权限的人员进行，并且修改会在系统日志里留下痕迹。因此"阴阳联""人情菜"等作弊手段就得到控制。实际上，计算机信息系统的权限管理使原来掌握在最基层服务员手中的权力被收回到管理层手中，这样就大大提高了管理效率。手工控制时的点菜单的三联核对，在使用了餐饮管理信息系统后也可以取消了，因为采用了电子点菜后，菜单输入时，收银、厨房同时就产生了相同的点菜信息，不可能

产生不同的单子，如果有修改也会同时修改，所以就不需要进行三联核对，也不需要单据连号审核，因为一旦在电脑里产生了点菜单，一般也不会丢失或遭人为撕毁。这不仅使管理力度加强，而且也大大减少了工作量。

三、提高决策层面决策的有效性

从决策层面上讲，实时地反馈销售及成本的动态，提供了及时进行决策的有效依据。系统能即时采集数据、快速分析，决策人员能及时进行查询是网络化管理的一大优势。譬如菜肴销售分析，是撤旧菜点、上新菜点、决定售价、决定营销方式等许多决策的重要依据，如果不应用网络信息技术，由于数据采集和分析计算的工作量太大而无法得到及时的信息，这种分析很难有实效。在应用了网络信息技术后，菜肴销售分析完全可以轻松进行，及时地得到菜肴销售信息是不成问题的。与此同时，采购工作中的供应商的选择，也变得简单而相对准确。此外，客人的资料数据库提供了企业进行客户关系管理的可能，管理者可以借助餐饮管理信息系统，对客人进行方便的各种市场分析，如回头客人数，消费累计，客人的消费倾向，客人的其他统计数据。

参考文献

[1] 郭宏亮. 餐饮成本核算实务[M]. 重庆：重庆大学出版社，2018.

[2] 匡仲潇. 图说餐饮管理系列餐饮成本控制与核算[M]. 北京：化学工业出版社，2018.

[3] 刘雪峰，董连才. 中等职业教育旅游服务类专业教材餐饮成本核算[M]. 北京：中国轻工业出版社，2018.

[4] 朱新展. 餐饮企业成本控制与会计核算全案[M]. 北京：化学工业出版社，2018.

[5] 郑家皓. 餐厅创业从设计开始[M]. 桂林：广西师范大学出版社，2018.

[6] 樊春元. 餐饮企业运营管理全程指南[M]. 北京：化学工业出版社，2018.

[7] 王瑛，王向东. 餐饮管理[M]. 成都：西南财经大学出版社，2018.

[8] 邢颖. 酒店餐饮服务与管理[M]. 北京：国家开放大学出版社，2018.

[9] 蔡万坤，蔡华程. 餐饮管理第5版[M]. 北京：高等教育出版社，2018.

[10] 饶雪梅，鞠红霞. 餐饮服务与管理[M]. 北京：高等教育出版社，2018.

[11] 宋春亭，刘志全. 饭店餐饮服务与管理[M]. 郑州：郑州大学出版社，2018.

[12] 刘颖异. 高速铁路动车组餐饮服务与管理[M]. 北京：北京交通大学出版社，2018.

[13] 王勇，杨华. 新烹饪系列规划精品教材现代餐饮企业管理[M]. 北京：中国商业出版社，2018.

[14] 郑寿儿. 沙县地方风味菜肴制作与经营[M]. 北京：北京理工大学出版社，

2018.

[15] 梁慧. 住餐业中小民营企业绿色管理逻辑—机制—战略[M]. 北京：中国政法大学出版社，2018.

[16] 刘继周，吕永红. 会计基础知识[M]. 北京：中国商务出版社，2018.

[17] La Vie 编辑部. 开一家店，过自己想要的生活[M]. 北京：化学工业出版社，2018.

[18] 郭海欧. 酒店餐企 3e 现场管理[M]. 北京：地震出版社，2018.

[19] 孙正林. 系统管控[M]. 北京：中国财富出版社，2018.